de Bicicleta no
CAMINHO DE SANTIAGO
GUIA ESSENCIAL DO "BICIGRINO"

Copyright © 2023 by Jorge Luiz Mitidieri
Todos os direitos reservados.

Book advisor: *Eduardo Viegas Meirelles Villela*
Coordenação editorial: *Eduardo V. M. Villela*
Revisão de língua portuguesa: *Malvina Tomaz*
Pesquisa e revisão de conteúdo: *Silvia Prevideli*
Diagramação e projeto gráfico de miolo: *Marcelo da Paz*
Ilustração de arte de capa: *Rogério Moll Rabelo dos Santos*
Arte de capa: *Marcelo da Paz*

Dados Internacionais de Catalogação na Publicação (CIP)
Bibliotecária Juliana Farias Motta CRB7/5880

M684b Mitidieri, Jorge L.

De bicicleta no Caminho de Santiago: guia essencial do bicigrino / Jorge Luiz Mitidieri. – 1.ed. – Rio de Janeiro: [s.n.], 2023.

416 p.; 16 cm x 23 cm .

ISBN: 978-65-87369-17-4

Giorgium Ludovicum

  1. Mitidieri, Jorge L. - Viagens - Espanha - Santiago de Compostela. 2. Peregrinos e peregrinações - Espanha - Santiago de Compostela. 3. Viagens em bicicleta - Espanha - Santiago de Compostela. I. Título: guia essencial do bicigrino

CDD 920.71

Índice para catálogo sistemático:

1. Mitidieri, Jorge L. - Viagens - Espanha - Santiago de Compostela
2. Peregrinos e peregrinações - Espanha - Santiago de Compostela
3. Viagens em bicicleta - Espanha - Santiago de Compostela

DEDICATÓRIA

Para Denise, Mariana e Mauricio, com todo o meu amor e carinho, pelo apoio incondicional, até nas maiores aventuras. Sem vocês, não teria chegado lá e não estaria aqui.

Ao meu primeiro neto, Guilherme, que foi gestado, nasceu e começou a "escrever" sua linda história ao mesmo tempo que este livro era concebido e enfrentávamos uma pandemia. Que ele sempre faça suas escolhas e seus caminhos.

Para todos aqueles que já pedalaram pelo Caminho, e aos que ainda o farão.

AGRADECIMENTOS

Em uma de nossas conversas na finalização deste livro, mencionei aos meus queridos Eduardo Viegas Meirelles Villela e Silvia Prevideli que cada um deles tinha trazido uma visão distinta para esta obra. Eduardo olhou para você, leitor; Silvia, para você, bicigrino; e eu, para minha aventura. Este livro combina essas três visões e, portanto, sem a ajuda deles, eu não teria conseguido escrevê-lo.

Meu agradecimento especial vai para o meu primo Mario Uchôa, companheiro parcial dessa incrível aventura. Que continuemos a pedalar juntos em todos os Caminhos que surgirem à nossa frente.

SUMÁRIO

Apresentação	9
Prefácio	13
Mensagem especial	15
Introdução	17

Capítulo 1
História, rotas e números 25

Capítulo 2
Por que você quer fazer o Caminho de Santiago? 39

Capítulo 3
A beleza do Caminho de bicicleta 53

Capítulo 4
Quanto custa fazer o Caminho de Santiago de bicicleta? 69

Capítulo 5
Quando fazer o Caminho? 83

Capítulo 6
A escolha da bicicleta mais adequada como sinônimo de Buen Camino 93

Capítulo 7
O que mais carregar na bike 105

Capítulo 8
O que levar de roupas, calçados, itens de higiene, primeiros socorros e remédios 115

Capítulo 9
Preparação física e psicológica necessárias
para fazer o Caminho … 127

Capítulo 10
O que esperar do povo espanhol, dos bicigrinos e
dos peregrinos ao longo do Caminho … 143

Capítulo 11
A hospedagem no Caminho … 151

Capítulo 12
O que comer pelo Caminho … 169

Capítulo 13
A Espanha dos vinhos pelo Caminho … 185

Capítulo 14
Malícias, macetes e curiosidades do Caminho … 199

Capítulo 15
Os símbolos marcantes do Caminho … 215

Capítulo 16
Principais riscos e problemas que podem
acontecer durante a viagem … 235

Capítulo 17
O início da viagem … 247

Capítulo 18
A região de Navarra e Aragón … 261

Capítulo 19
A região de La Rioja   283

Capítulo 20
A região de Castilla y León   301

Capítulo 21
A região da Galícia   357

Capítulo 22
O fim da viagem e a cidade de Santiago de Compostela   393

Para terminar...
Uma viagem que não acaba nunca!   407

Apresentação

Há um poema¹ na literatura libanesa, do pensador e escritor Khalil Gibran nascido em 1883 e morto em 1931, muito conectado à essência do Caminho de Santiago e que mudou minha percepção sobre as camadas da vida. Segue assim:

Dizem que antes de um rio entrar no mar, ele treme de medo.

Olha para trás, para toda jornada que percorreu, para os cumes, as montanhas, para o longo caminho sinuoso que trilhou através de florestas e povoados, e vê à sua frente um oceano tão vasto, que entrar nele nada mais é do que desaparecer para sempre.

Mas não há outra maneira.

O rio não pode voltar.

Ninguém pode voltar.

Voltar é impossível na existência.

O rio precisa se arriscar e entrar no oceano.

---

1 O poema está disponível em WATSON, Vajra; KEATOR, Mary. **The soul of learning:** rituals of awakening, magnetic pedagogy, and living justice. Routledge: New York City, 2022.

Somente ao entrar no oceano, o medo irá desaparecer, porque apenas então o rio saberá que não se trata de desaparecer no mar, mas de tornar-se um imenso oceano.

Quando deixamos o conforto de nossa casa para caminhar ou, neste caso, pedalar 800 quilômetros por um território desconhecido, sem saber o que nos espera no ponto seguinte, assumimos a figura do rio.

O medo e as incertezas predominam. O que estou fazendo aqui? Por que esse pensamento tão distante surgiu de repente? Vou conseguir chegar à próxima cidade? E se algo me acontecer? Como terminarei esta viagem?

Por isso, sempre me entusiasmo com livros que vêm para responder a muitas dessas dúvidas e, assim, incentivar outras pessoas a realizarem o projeto de vida chamado Caminho de Santiago.

Em De bicicleta no Caminho de Santiago: Guia essencial do bicigrino, Jorge Mitidieri relata sua experiência e dá todo o direcionamento para quem pretende descobrir e, principalmente, descobrir-se na rota de Compostela sobre duas rodas.

Logo no início e com muita precisão, o autor situa o leitor quanto à origem do Caminho e estimula a reflexão sobre os motivos que levam as pessoas a fazê-lo.

E Mitidieri vai além — o autor é muito feliz ao relatar sua decisão de tirar o terno e a gravata da vida executiva para vestir-se de bicigrino buscando compreender internamente os porquês de algumas dores e angústias.

As aventuras e os percalços pelos quais passou também estão presentes no livro, como nas vezes em que caiu da bicicleta sobre trechos de pedras e lama a caminho de Pamplona e, sobretudo, os momentos em que se levantou para seguir em frente.

Ele também faz importantes alertas relacionados à segurança do bicigrino nas carreteras e apresenta muito da cultura hispânica, deixando também espaço para que o viajante faça as próprias descobertas.

Assim, caro leitor, convido você a viajar na garupa de Mitidieri. O trajeto milenar por onde passaram e passam milhares de pessoas está pronto para recebê-lo e, inevitavelmente, transformá-lo em oceano.

Buen camino!

Daniel Agrela é enófilo e autor do livro *O Guia do Viajante do Caminho de Santiago: uma vida em 30 dias*[2].

---

2 AGRELA, Daniel. **O Guia do Viajante do Caminho de Santiago:** uma vida em 30 dias. São Paulo: Évora, 2012.

O CAMINHO DE SANTIAGO DE COMPOSTELA ESTÁ ESPERANDO VOCÊ DE BRAÇOS ABERTOS PARA UMA EXPERIÊNCIA QUE – EU GARANTO – SERÁ MUITO MARCANTE, INESQUECÍVEL E, OUSO DIZER, TALVEZ UMA DAS MAIS IMPORTANTES DE SUA VIDA.

Prefácio

Ao ser convidada para escrever o prefácio deste livro, fiquei me perguntando como poderia fazê-lo para alguém que fez o Caminho de bicicleta e se hospedado em hotéis ou pousadas.

Confesso que, pelas divergências em alguns pontos de vista, fiquei preocupada, mas Jorge faz um relato agradável, bem detalhado e apaixonado de seu Caminho, com muitas dicas e informações preciosas para o bicigrino e até mesmo para o peregrino.

Este livro vem preencher uma lacuna. Existem muitos livros sobre o Caminho, porém a maioria deles consiste de relatos de peregrinos para peregrinos. Para o bicigrino, as opções são limitadas.

Aqui, o futuro bicigrino encontrará informações sobre a opção de alugar bicicleta, em vez de levar uma do Brasil (dúvida de muitos), custos, lista de equipamentos e um detalhado Diário de bordo.

Encontrará, também, informações que poderão ser úteis tanto a bicigrinos como a peregrinos. Por exemplo: história do Caminho, Credencial de peregrino, Compostela, espécie de certificado de conclusão, alimentação, hospedagem, preparação física e mental para o Caminho, além de muitos *links* úteis. Um belo trabalho de pesquisa!

A opção do autor foi programar e reservar todos os hotéis com antecedência, e isso serviu muito bem para o que ele buscava no momento de sua viagem.

Fiz uns poucos Caminhos, sempre a pé, com a mochila (uma mochila bem ajustada torna-se parte do nosso corpo), e dormindo em albergues, alguns reservados de véspera ou no mesmo dia, nas localidades onde a oferta era limitada. Para muitos, hospedar-se em albergues não é uma questão financeira; é a oportunidade de se conectar a pessoas de diferentes partes do mundo, compartilhar experiências, emoções e mesmo refeições, preparadas a muitas mãos nas cozinhas coletivas. Ao reservar com muita antecedência, não fica margem para o acaso, para a espontaneidade, que tornam o Caminho ainda mais especial.

Entretanto, não há certo nem errado. Cada um faz o Caminho como deseja, como pode e quando o Caminho permite. A mesma pessoa, fazendo o mesmo Caminho em tempos diferentes da vida ou estação do ano, terá um Caminho diferente a cada vez.

Seja de bicicleta, seja a pé, reservando hospedagem ou deixando por conta do destino, o importante é fazer o Caminho no seu tempo e desfrutar de tudo o que ele tem a oferecer: história, paisagens, experiências, emoções, pessoas, até mesmo as adversidades que talvez se apresentem. Tudo tornará seu Caminho especial e inesquecível, como foi para o Jorge.

Ultreya! Buen Camino!

Silvia Machado Resende é diretora-presidente da Associação Brasileira dos Amigos do Caminho de Santiago (AACS-Brasil).

Mensagem especial

Desbravar estradas misteriosas, lindas paisagens e lugares nunca antes visitados. Olhar para dentro, mergulhar no mais íntimo da nossa alma, refletir e questionar nossas vidas, bem como a intensidade frenética de um mundo onde o excesso de ruídos e informações muitas vezes nos distrai do que realmente importa. Essas foram as reflexões que fiz durante e após a leitura de *De bicicleta no Caminho de Compostela*.

Lê-lo foi uma feliz oportunidade de me reconectar com um grande amigo de infância, Jorge Luiz Uchôa Mitidieri, uma vez que, no Colégio Andrews, todos tínhamos nome e sobrenome, e, muitas vezes apelidos. Jorge era nosso querido "Pintado". Um apaixonado por esportes, de uma família de valores e muito unida. Nos reuníamos frequentemente em sua casa para jogar bola e estudar. Ele sempre teve um talento nato na área de exatas.

Acompanhei à distância sua carreira de sucesso no mundo corporativo, assim como tenho a certeza de que ele me seguiu pelas quadras do mundo. Nossos caminhos se cruzavam eventualmente e, como todas as sólidas amizades da juventude, a impressão era a de que continuávamos sempre próximos.

Ao ler sobre o porquê de sua escolha pela aventura no Caminho, tive a convicção que seu questionamento e momento de vida fariam com que eu e tantas outras pessoas refletíssemos sobre as nossas. Ele parte, com o apoio de sua família, em busca de maior autoconhecimento, proximidade com sua essência, propósito e real significado da vida.

A prática cotidiana da meditação, buscando estar verdadeiramente presente e consciente em cada momento, seja sobre sua bicicleta ou durante as refeições, por muitas vezes sozinho, são inspirações de uma imersão de autoconhecimento e crescimento para nossas vidas.

O livro vai muito além de uma jornada espiritual: é um guia completo para qualquer pessoa que queira explorar as rotas do Caminho de Compostela. Traz dicas, orientações e informações sobre tudo o que é necessário e importante para quem quer se aventurar nessa viagem.

Aborda também a fase preparatória, pré-viagem, discorrendo sobre saúde e preparação física, o que vestir, listando desde o que é fundamental ao desnecessário. São tantos os detalhes e dados que, do seu conteúdo, podemos montar uma planilha de custos, materiais e planejamento de tempo.

Com seu histórico de executivo e homem de exatas, Jorge constrói um verdadeiro manual a ser consultado tanto antes quanto durante o percurso, indispensável para todos os que desejam conhecer as belezas, encantos e mistérios do Caminho de Compostela.

Bernardo Rocha de Rezende (Bernardinho) é amigo de infância do autor, empresário, filantropo, escreveu o livro *Transformando suor em ouro* e foi técnico de voleibol medalhista olímpico.

INTRODUÇÃO

Escrevo este texto com uma incrível sensação de dever cumprido. Afinal, alcancei duas grandes conquistas, o Caminho de Santiago de Compostela, como você verá nestas páginas, e este livro que ofereço com muito carinho a você, leitor.

Durante muito tempo pensei em fazer o Caminho, mas eu achava que não era para mim por não ter condições físicas de fazê-lo a pé.

Até que, pesquisando o assunto, descobri que poderia realizá-lo de bicicleta (e até a cavalo) e recebi o incentivo da minha família, que inclusive me presenteou com livros a respeito do tema, para seguir em frente com esse desejo. E assim, resolvi pesquisar mais e desenhar meu "plano de voo", de pedalada, na verdade.

Então, começo este livro dizendo: tire de sua mente o mito de que não é possível, que só atletas podem fazê-lo. Se você está acostumado a andar regularmente de bicicleta e tem uma condição de saúde minimamente boa, você pode, sim, desfrutar dessa vivência extraordinária.

Quis dividir minha experiência porque senti muita dificuldade de encontrar informação específica para quem deseja fazer o Caminho de bicicleta, tornando-se um bicigrino. Praticamente não encontrei livros nem *blogs* em português que falassem do tema, recorri a guias internacionais, mas muitos deles estão esgotados. Ah, como eu gostaria de ter tido um livro como este, que entrego agora a você, leitor, na época em que eu estava me preparando.

Espero que ele faça diferença na sua viagem, tanto no antes, no durante quanto no depois, porque me preocupei em detalhar cada etapa da viagem.

Soma-se a isso o fato de o Caminho ter me encantado tanto, me feito tão bem, me ajudado a equacionar questões pessoais e profissionais — que comentarei mais à frente—, que quis dividir essa experiência como um incentivo ao maior número de pessoas para que possam sonhar e realizá-la. Essa é uma das poucas viagens, e olha que já fiz muitas, que nos oferece a oportunidade de desconexão com o mundo exterior e conexão com o interior, de autoconhecimento, de desenvolver-se e tornar-se um ser humano melhor. Uma oportunidade para endereçar problemas, momentos difíceis pelos quais você esteja passando ou encontrar plenitude, abrir-se para coisas boas, conectar-se às energias positivas e voltar-se para o universo que existe dentro de você.

Destaco que escrevi este Guia porque senti falta de um material preparatório de boa qualidade e em português e porque quis dividir todo o bem-estar que o Caminho me proporcionou. Vou lhe mostrar que a bicicleta pode ser a melhor companheira nessa viagem. Um guia que possa ajudar desde a preparação e a conhecer a história, o sentido, o simbolismo, durante a viagem, pois ele está repleto de dicas valiosas (hotéis, restaurantes e todas as facilidades da viagem e sobre a bicicleta), até a volta e como manter vivo o Caminho dentro de você.

A seguir, apresento um resumo de cada capítulo para convidá-lo à leitura.

No **capítulo 1** vamos conhecer a história do Caminho de Santiago de Compostela, em seu roteiro francês, desde seu surgimento até os dias de hoje, com números oficiais de peregrinos e bicigrinos por gênero e idade e um resumo de suas diferentes rotas.

Respostas para as razões por que fazer o Caminho trago no **capítulo 2**.

No **capítulo 3** trato das diferenças entre fazer o Caminho de bicicleta e a pé, as vantagens e as facilidades de pedalar, bem como os prós e os contras de viajar sozinho ou acompanhado.

Quanto você gastará na viagem? Um bom planejamento financeiro é fundamental para viver uma ótima experiência. Assim, no **capítulo 4**, você verá como construí-lo.

O **capítulo 5** traz orientações para você escolher o momento ideal do ano para fazer a viagem, sem passar perrengues por causa do tempo quente ou frio ou correr riscos desnecessários por falta de organização.

Tudo sobre a escolha da bicicleta, de fundamental importância para que sua jornada transcorra em paz e em segurança, é o assunto do **capítulo 6**.

No **capítulo 7** falamos dos acessórios imprescindíveis para levar na bicicleta, além da manutenção adequada e como carregar seus pertences nela.

O que levar de roupas, calçados, itens de higiene, primeiros socorros e remédios? Uma lista completa para não sentir falta de nada que é essencial será apresentada a você no **capítulo 8**.

No **capítulo 9** você encontra informações importantíssimas para o preparo físico e psicológico necessário para fazer bem o Caminho.

O que esperar do povo espanhol? E como são os bicigrinos e peregrinos que você encontrará ao longo do Caminho? Eis os assuntos do **capítulo 10**.

No **capítulo 11** conversamos sobre as diferentes opções de hospedagem no Caminho. Descrevo cada uma delas para atender aqueles que desejam algo mais simples e econômico e para os que precisam de um pouco mais de conforto, como eu. Dicas valiosas para você não se meter em enrascadas.

O **capítulo 12** é uma tentação. Prepare seu paladar para viajar comigo pelos encantos da gastronomia do Caminho. Delícias, preços, pratos típicos e minhas dicas imperdíveis.

No **capítulo 13** falarei de outra delícia do Caminho — os vinhos ao longo da rota — com um convidado especial, não perca!

Você saberá no **capítulo 14** de algumas malícias, macetes e curiosidades do Caminho para aproveitar bem sua jornada.

No **capítulo 15** abordo os símbolos marcantes do Caminho e outras informações que serão relevantes quando você se deparar com alguns marcos ou ouvir falar deles.

Não há como não destacar os principais riscos e problemas que podem acontecer durante a viagem. Dicas importantes para evitar que você passe por transtornos ou algo mais grave são o tema do **capítulo 16**.

Dos **capítulos 17** ao **21**, você saberá onde e como comecei minha jornada e de que maneira dividi cada trecho até a chegada a Santiago de Compostela. Foram cerca de 800 km percorridos. Falo também das características e das peculiaridades dessas regiões da Espanha, com minhas impressões e dicas. O final de cada um desses capítulos traz ainda um quadro-resumo das informações principais dos trechos para facilitar seu entendimento e planejamento.

O assunto do **capítulo 22** é o fim da minha viagem, e nele relato tudo sobre a cidade de Santiago de Compostela para que você não perca nenhum detalhe desse patrimônio da humanidade, assim declarado pela Unesco em 1993.

Faço, na **conclusão** "Para terminar", nosso último capítulo, um balanço da viagem e comento como estou até hoje impactado. Conto mais alguns detalhes das minhas etapas de antes, durante e depois do Caminho.

O Caminho de Santiago de Compostela está esperando você de braços abertos para uma experiência que — eu garanto — será muito marcante, inesquecível e, ouso dizer, talvez uma das mais importantes de sua vida.

Seja muito bem-vindo ao universo dos bicigrinos e *buen camino*!

DE 2004 A 2020, DE ACORDO COM DADOS DA OFICINA DEL PEREGRINO, MAIS DE 45 MIL BRASILEIROS FIZERAM ESSA PEREGRINAÇÃO (SOMANDO A PÉ E DE BICICLETA). EM 2008 ERAM 1.365, JÁ EM 2018, 5.601. O NÚMERO CRESCEU MUITO. EM 2019, O BRASIL OCUPAVA A 10ª POSIÇÃO NO RANKING DE PAÍSES.

Capítulo 1

HISTÓRIA, ROTAS E NÚMEROS

Depois de muitos anos viajando no Brasil e no mundo, a trabalho ou a passeio, descobri que qualquer viagem pode começar muito antes do embarque em si. Até para nos prepararmos e aproveitarmos melhor a jornada, o que a maioria quer é conhecer previamente um pouco da história e da cultura locais, assim como levantar informações sobre o trajeto a ser feito (sou um apaixonado por viagens e na minha estante tenho diversos livros de turismo de muitos lugares onde já estive, sempre compro um antes da viagem e tenho até alguns de locais que um dia planejo conhecer).

Com o Caminho de Santiago de Compostela não podia ser diferente, já que é uma viagem com uma história, cultura e rotas peculiares, que recebe todos os anos centenas de milhares de peregrinos e bicigrinos de diferentes cantos do mundo.

Aliás, caro leitor, eu gostaria de esclarecer que, conheça você ou não o Caminho, vamos adotar neste Guia as palavras já consagradas: peregrino, para quem fez ou pretende fazer a viagem a pé, e bicigrino, para quem o percorreu ou percorrerá de bicicleta. Uma curiosidade é que a palavra "peregrino" vem do latim *per ægros*, "aquele que atravessa os campos", já "bicigrino", é um neologismo criativo e bem-humorado usual entre boa parte daqueles que peregrinam de bicicleta. Os peregrinos acham que os bicigrinos não fazem muito esforço e, por isso, os denominam quase pejorativamente de "turigrinos" (peregrinos em viagem de turismo). No entanto, isso não é verdade, conforme você verá ao longo do livro.

UM POUCO DA HISTÓRIA FASCINANTE DO CAMINHO DE SANTIAGO

Muitos já conhecem, ouviram falar ou leram alguma coisa a respeito do Caminho de Santiago de Compostela. Hoje existe muita informação disponível. Mesmo assim, não quero deixar de registrar aqui um pequeno resumo para que você possa se orientar ou relembrar. Ao longo de todo o livro também deixarei outras referências para sua consulta.

O que se diz afinal dessa história ou lenda?

São Tiago, apóstolo de Cristo, conhecido como Tiago Maior, para diferenciá-lo de Tiago Menor (primo de Jesus), foi pregar os ensinamentos bíblicos na Espanha, logo após a morte de Jesus. No ano 44 d.C., já de volta a Jerusalém, o apóstolo foi decapitado[3] (essa é a única morte de um dos doze apóstolos a ser narrada na Bíblia[4]). Dois discípulos recolheram seus restos mortais e levaram para a Espanha em um barco. Eles teriam chegado a Iria Flávia, então capital da Galícia, onde o sepultaram.

Depois de um tempo, o cemitério foi abandonado, até que, no século IX, um eremita avistou uma chuva de estrelas e, guiado pelas luzes, encontrou o túmulo do apóstolo.

Esse local passou a ser conhecido como Compostela (corruptela de campo estelar ou campo da estrela). Reza a lenda que os peregrinos, à noite, seguiam a Via Láctea como guia para chegar à cidade. Até hoje Via

---

3   OS OSSOS de São Tiago. Revista Super Interessante, São Paulo, 31 de outubro de 2016. História. Disponível em: https://super.abril.com.br/historia/os-ossos-de-sao-tiago .
4   DIA DE São Tiago. CNBB, 2019. Disponível em: https://www.cnbb.org.br/25-de-julho-dia-de-sao-tiago-um-dos-doze-apostolos-de-jesus/.

Láctea é um dos nomes dados ao Caminho na Espanha e em Portugal, assim como reciprocamente a galáxia é conhecida por lá como Caminho ou Estrada de Santiago.

Essa descoberta deu início às peregrinações, vindas de toda a Europa.

Uma curiosidade é que nunca foram encontrados documentos que comprovem que Tiago tenha feito pregações na Espanha. Também existiam questionamentos sobre a autenticidade dos restos mortais e do túmulo de Compostela, mas, em 1884, o papa Leão XIII manifestou-se pela veracidade dos ossos ali enterrados.

Durante a Idade Média, a Igreja concedia indulgência a todos aqueles que fizessem peregrinação à Catedral de Santiago com espírito de penitência, de arrependimento e de conversão[5].

Depois disso, o Caminho foi caindo aos poucos no esquecimento, também pelas convulsões sociais, novas formas de pensar o mundo, o distanciamento da Igreja, o Renascimento, as reformas religiosas e culturais na Idade Moderna. As peregrinações foram diminuindo e pararam definitivamente no século XVII.

A volta do interesse pelo Caminho ocorreu somente no século XX, mais precisamente no início da década de 1980, quando oficialmente estendeu-se a 800 km.

Depois dessa retomada ao longo dos anos, o Caminho foi rapidamente ganhando importância e, por fim, considerado oficialmente Itinerário Cultural Europeu, em 1987, e Patrimônio Cultural da Humanidade, em 1993.

O Caminho voltou a ter um forte significado na cultura ocidental e depois foi expandindo suas fronteiras. Há, inclusive, muitos asiáticos e norte-americanos no Caminho, mais para a frente falaremos disso.

---

5   COELHO, Paulo. **As rotas sagradas**. G1, São Paulo, 29 de agosto de 2010. Mensagem do Dia. Disponível em: http://g1.globo.com/platb/paulocoelho/2010/08/29/as-rotas-sagradas/ .

Hoje Santiago de Compostela, Jerusalém e Roma formam uma tríade: a das rotas sagradas e dos destinos mais procurados para peregrinação.

A rota mais antiga, do século IV, conhecida por *Via Francigena* ou *Via Romea*, que liga a França à Roma, levava até o túmulo de São Pedro e São Paulo, em Roma, saindo de Canterbury na Inglaterra[6]. Seus caminhantes tinham por símbolo uma chave e eram chamados de romeiros. Essa rota conta com diferentes pontos de partida, afinal "todos os caminhos levam a Roma", passando por quatro países: Inglaterra, França, Suíça e Itália[7]. Existem muitas rotas possíveis para percorrê-la. A original tinha cerca de 2 mil km, depois veio uma de mil km, para ser feita em 24 dias, e em seguida outra de 412 km. Sua saída mais conhecida é a de La Verna, na Toscana, onde se encontra com o Caminho de São Francisco de Assis, até o destino final, a cidade eterna e à Basílica de São Pedro em Roma.[8]

A Rota da Fé ou Trilha de Jesus, em Israel, reproduz o caminho que Jesus Cristo fez e passa por comunidades judaicas, cristãs e muçulmanas. São 60 km que podem ser feitos ao longo de três a quatro dias, começando em Nazaré, passando por Séfores, Caná, o penhasco de Arbel, Tabgha, o Monte das Bem-Aventuranças, Tiberíades, o mar da Galileia e o rio Jordão e terminando em Cafernaum. [9]

Aqueles que faziam esse caminho eram chamados de palmeiros porque tinham como símbolo as palmas com que Cristo foi saudado quando entrou na cidade.

---

6   HISTÓRIA da Via Francigena. **Via Francigena**. Disponível em: https://viafrancigena.com.br/historia-da-via-francigena .
7   VIA FRANCIGENA. **Peregrinos sem Fronteira**. Disponível em: https://www.peregrinosemfronteiras.com.br/via-francigena-italia .
8   COMO chegar a La Verna. **Via de Francesco**. Disponível em: https://www.viadifrancesco.it/pt/informacoes-sobre-o-caminho-de-francisco-de-assis/como-chegar-a-la-verna-partida-de-peregrinacao# .
9   BERCITO, Diogo. **Rota de Jesus passa por comunidades judaicas, cristãs e muçulmanas**. Folha de S.Paulo, São Paulo, 18 de setembro de 2014. Turismo. Disponível em: https://www1.folha.uol.com.br/turismo/2014/09/1517877-rota-de-jesus-passa--por-comunidades-judaicas-cristas-e-muculmanas.shtml .

E por fim, o Caminho de Santiago de Compostela, que tem várias rotas, mas vou descrever apenas três delas, as mais conhecidas.

Durante todo o período de sua existência, o Caminho nunca perdeu suas motivações religiosas e espiritualistas, mas também agregou outras vertentes. Há quem busque a solidão e o silêncio para o autoconhecimento, a vivência cultural, desafios físicos, gratidão e celebrações pessoais.

Falando um pouco de mim agora, eu estava buscando transformação mental e física, viver aquelas cidadezinhas bucólicas e medievais, que não temos aqui no Brasil, aquele clima de paz interior, de acolhimento. Decidi fazer de bicicleta por conta de algumas limitações físicas para percorrê-lo a pé. Pretendo fazer a viagem novamente no futuro.

Há, inclusive, uma curiosidade para os bicigrinos: o Caminho de bicicleta nunca foi desenhado oficialmente, mas isso não impede que ele seja feito com as mesmas segurança e orientação e o mesmo conforto de quem o faz a pé. Bom, conforto é uma palavra que pode gerar polêmica. Não me refiro a ficar horas sentado sobre o selim, mas sim de sempre poder contar com um banho quente, um bom ou razoável albergue/hotel para pernoitar e uma comida boa ao final de cada dia.

ROTAS VARIADAS COM UM MESMO DESTINO

Existem sete rotas históricas para fazer o Caminho, e as mais conhecidas são: o Caminho Francês, o Caminho do Norte e o Caminho Português. Os demais são o Caminho Inglês, o Caminho Primitivo, a *Vía de la Plata* e a Rota marítimo fluvial. Aqui, no livro, vou abordar detalhadamente apenas o Caminho Francês, que foi aquele que acabei fazendo, por ser o Caminho original das primeiras peregrinações e oferecer a melhor estrutura para quem fará a viagem de bicicleta, e falarei rapidamente de outros dois.

Há quem considere o trecho após Compostela até *Finisterra/Múxia* mais uma rota, mas muitos que vão até Santiago esticam um pouco mais e chegam lá — "no fim do mundo".

Caminho Francês - a rota mais popular e com a melhor estrutura para receber peregrinos e bicigrinos. Esse é o caminho original, também conhecido por Rota Jacobea. Por isso, muitas vezes quando se fala do Caminho a referência é a essa rota. Foi essa rota que percorri em 2018. Ela tem aproximadamente 800 km de distância e início em Saint-Jean-Pied-de-Port. A média de dias, a depender do esforço diário, para o peregrino completar a viagem é de 35 a 40 e para o bicigrino, de 15 a 20.

Vamos falar muito ainda sobre quando e em quanto tempo fazer o Caminho. Eu mesmo fiz em 21 dias (com uma pausa no meio), mas desde já comento que isso é muito relativo. Afinal, você pode escolher fazer do seu jeito, se tiver mais ou menos recursos financeiros e dias disponíveis de férias.

Essa é outra questão flexível desse Caminho, que aceita as suas decisões de como enfrentá-lo. Você pode calibrar o Caminho com as suas possibilidades. Isso não tira o mérito de ninguém, o Caminho é de quem o faz. De qualquer forma, minha recomendação é: se você não tem todos os dias necessários ou acha que não vai conseguir, faça um pedaço, mas faça o Caminho Francês. Ele é o Caminho de Santiago de Compostela por excelência.

Os pontos fortes dessa rota são:

→ muita tradição;
→ é o mais organizado;
→ é o mais bonito;
→ e o simbolismo maior está nele.

Nessa rota, você se encanta com muitas igrejas, monastérios, e cidades, mais ou menos a cada 25 km, que foram construídos especialmente para dar suporte ao peregrino. Uma rota que mistura arte, religião, arquitetura de diversos estilos: romano, gótico, barroco, medieval, neoclássico e plateresco (renascimento espanhol). Também é a que oferece mais opções de acomodação: albergues públicos e privados, hotéis e outros. Além disso, é uma peregrinação horizontal, que sai do leste em direção ao oeste e, assim, vai ganhando fuso horário e você acaba percebendo isso com o passar dos dias pela hora do amanhecer. A topografia e altimetria da região são muito variadas, mas não tem apenas subida e descida, como na Itália, tem também algumas regiões planas. São quatro as subidas mais importantes (os Pirineus, o Alto do Perdão, a Cruz de Ferro e O Cebreiro) e são espalhadas ao longo do Caminho, não são na sequência (conversaremos sobre elas, em detalhes, nos capítulos mais à frente).

Os primeiros livro e mapa que consultei sobre o Caminho Francês

Caminho Português - esta é a segunda rota mais conhecida, é mais curta e tem menos subidas e descidas. A saída mais comum é da cidade do Porto, mas há quem saia de Lisboa ou de outros pontos, sempre em Portugal. Conta também com paisagens inspiradoras que cruzam bosques, campos agrícolas, aldeias, vilas e cidades históricas. Saindo da cidade do Porto a distância a ser percorrida é de 240 km. A média de dias para peregrino é de 10 a 12 dias e para bicigrino, de 5 a 8 dias.

Caminho do Norte – também chamado de Caminho da Costa, é o menos popular e com menos estrutura, mas dizem que pode ser uma das rotas mais atraentes porque parte do trecho é feita margeando o mar Cantábrico (mar no litoral norte do Atlântico que banha a costa norte da Espanha e o lado sudoeste da costa Atlântica da França). Com certeza, tem mais brisa. Há também muito verde das montanhas, aldeias de pescadores e belas cidades pelo Caminho. Ela cruza quatro comunidades autônomas espanholas (País Basco, Cantábria, Astúrias e Galícia). Para os bicigrinos — atenção! Há uma subida bem forte. Com a saída a partir de Irún (Espanha), a distância a ser percorrida é de 815 km. A média de dias para peregrino é de 35 a 40 e para bicigrino, de 15 a 20, igual ao Caminho Francês. [10]

O CAMINHO EM NÚMEROS

Falando em números, no século XI, em torno de 500 mil pessoas percorreram o Caminho. Há relatos de que o aumento no número de peregrinos atraiu ladrões e, para manter a segurança do Caminho, criou-se em 1170, em Cáceres, a Ordem dos Cavaleiros de Santiago, cujos membros eram encarregados da vigilância da rota através da Espanha. A Ordem dos Templários, um pouco mais antiga e com a mesma finalidade de proteger os lugares santos, veio também mais tarde para proteger o Caminho. [11]

---

10 CAMINHO do Norte. Bikeline. Disponível em: https://bikeline.com.es/pt/caminho_norte.html .
11 BUZZO, Oswaldo. **História do Caminho**. Disponível em: http://www.oswaldobuzzo.com.br/artigos/a-historia-do-caminho-de-santiago .

Hoje o Caminho é bastante seguro. Não há surpresas desagradáveis pelas estradas. Com isso, nas últimas quatro décadas, o número de viajantes cresceu muito: só na década de 1990 saltou de 10 mil para 30 mil pessoas por ano e em três décadas foi para 300 mil[12]. Em 2019, foram registrados 347.578 mil, entre peregrinos e bicigrinos, sendo este último grupo composto de mais de 19.563 pessoas[13].

Ou seja, é uma conta simples: em um século se fez o que hoje se faz em menos de dois anos. Séculos foram necessários para alcançar o número de 500 mil pessoas e hoje a média anual é de 350 mil pessoas. Em 2020, devido à pandemia de covid-19, os números são bem menores, até outubro haviam sido contabilizados 70 mil peregrinos.

Esse movimento foi e é muito importante para Compostela e para a região norte da Espanha. Não tem como a economia das vilas e cidades não crescer.

Para a cidade de Compostela, cuja população é de aproximadamente 100 mil habitantes, as peregrinações aumentam em 1% por dia sua população. Quase mil pessoas chegam por dia à cidade; esse número foi um recorde registrado em 2019.

No ano de 2019, sabe-se que, das pessoas que chegaram, 94% fizeram o Caminho a pé, 5,63% de bicicleta, a cavalo (0,12%), por outros meios (carro, barco, ônibus) somam 0,07% e até 0,02% de pessoas fizeram a peregrinação em cadeira de rodas.

Já em termos de preferência pelas rotas, temos 55% pelo Caminho Francês, 21% pelo Português e 5,82% pelo do Norte, e o restante está dividido entre os demais. Sempre falando do geral de peregrinos e bicigrinos, pois não há um corte específico para as bicicletas apenas.[14]

---

12 *Ibidem*.
13 OFICINA de acogida al peregrino. **Informe estadístico:** año 2019. Santiago de Compostela: Oficina Del Peregrino, 2020. Disponível em: https://bit.ly/2J4L8AM .
14 NÚMEROS do Caminho de Santiago. Caminhos peregrinos, 19 de março de 2019. Disponível em: https://caminhosperegrinos.com.br/numeros-do-caminho-de-santiago/.

Pessoas fazendo o Caminho a cavalo na subida de O Cebreiro

Quanto ao gênero, as estatísticas falam em 51% de mulheres e 49% de homens; a maioria, 55% oscilando entre 30 e 60 anos de idade; os menores de 30 anos representaram 27% dos peregrinos; e os maiores de 60, 19%[15].

E quando falamos da nacionalidade dos viajantes, temos o seguinte retrato em 2019: 200 países estão representados, mas os números apontam para os europeus na liderança, sendo espanhóis (42,11%), italianos (8,27%), alemães (7,53%), norte-americanos (5,94%), portugueses (5,02%), franceses (2,66%), britânicos (2,63%) e coreanos (2,37%). O Brasil está em

---

15 OFICINA de acogida al peregrino. **Informe estadístico:** año 2019. Santiago de Compostela: Oficina Del Peregrino, 2020. Disponível em: https://bit.ly/2J4L8AM .

10º lugar, logo após os coreanos, com 1,73% do total de viajantes que fizeram o Caminho, o que representou 6.025 pessoas em 2019. Na América Latina, somos o país que mais envia peregrinos e bicigrinos ao Caminho.[16]

E disso tudo, podemos dizer que não há um recorte exato para a bicicleta, não se sabe o percentual preciso de quem faz o caminho original ou os outros, nem as nacionalidades que compõem essa modalidade.

É impressionante quanto pessoas do mundo inteiro afluem para fazer o Caminho, a partir de Saint-Jean, Burgos, León ou Sárria, pelo Caminho Francês, e todos chegam ao mesmo lugar. E com certeza as pessoas vêm imbuídas de algum propósito espiritual, nem que seja para celebrar um aniversário. Minha percepção é de que a maioria das pessoas no Caminho não o faz por turismo somente, não está focada em aproveitar os hotéis maravilhosos da Espanha, nem a comida é o centro das atenções (embora o menu do peregrino seja gostoso e falaremos dele mais para a frente), mas sim pela simplicidade que é oferecida para viver "a vida de peregrino".

Outra coisa muito comum no Caminho é que, mesmo se não for um religioso convicto, o peregrino sente-se atraído a ir a muitas igrejas, pela beleza arquitetônica, histórica e pela paz que se encontra nelas. Nos horários das missas dos peregrinos, essas igrejas ficam cheias, mas, tirando esses momentos, no geral estão vazias. Local ideal para refletir, meditar e rezar.

O BRASILEIRO NO CAMINHO

De 2004 a 2020, de acordo com dados da Oficina Del Peregrino[17], mais de 45 mil brasileiros fizeram essa peregrinação (somando a pé e de bicicleta). Em 2008 eram 1.365, já em 2018, 5.601. O número cresceu muito. Em 2019, o Brasil ocupava a 10ª posição no *ranking* de países.

---
16 *Ibidem.*
17 *ibidem*

O Caminho desperta muito interesse dos brasileiros porque somos aventureiros, adoramos andar, fazer trilhas, esportes ao ar livre, respirar ar puro, passear por lugares bucólicos, ver fazendas, mato e, muitas vezes, temos medo de fazer algo assim aqui. E o Caminho de Santiago é muito seguro. Eu não me senti ameaçado em nenhum momento e em nenhum lugar do meu trajeto, nem mesmo carregando o que temos que levar na mochila, às costas: passaporte, cartão de crédito, dinheiro, celular. As mulheres também não se sentem ameaçadas, assediadas.

Muitos brasileiros preferem fazer suas viagens de aventura e peregrinações no exterior, mas já se fala que o número de caminhantes e peregrinos vêm aumentando em nosso país. O interesse, por exemplo, pela rota do Caminho Real é crescente.

E no final das contas, o mundo inteiro sente isso, franceses, italianos, norte-americanos, asiáticos. Lá ninguém tem medo de andar no meio do mato e ser roubado. O número de furtos em vilas, cidades do Caminho e em Santiago é bem pequeno.

Na minha opinião, o número de bicigrinos podia ser bem maior do que os cerca de 6%, pois em 90% dos trechos tem uma estrada próxima ou em paralelo ao Caminho, o que permite colocar a *bike* para rodar. Dá para andar nas estradas, nas autoestradas, nas vicinais, nas interestaduais, e o ciclista é muito respeitado por carros e caminhões. Os motoristas mudam de pista para não criar uma onda de ar que "empurre" o ciclista. Como falei na introdução, um dos meus grandes objetivos com este livro é incentivar mais e mais brasileiros a realizarem a viagem de bicicleta. O Caminho com certeza pode ser uma experiência viável para tantas e tantas pessoas que não teriam condições físicas e de tempo para percorrê-lo a pé.

Afinal, para quem é indicado o Caminho de Santiago? Quais são as principais razões que levam as pessoas a fazê-lo? Quais são os benefícios que a viagem traz para a vida daqueles que a realizam? Por que você deseja percorrer o Caminho de Compostela? No próximo capítulo, responderei a essas perguntas e conversaremos sobre o sentido da viagem.

Capítulo 2

POR QUE VOCÊ QUER FAZER O CAMINHO DE SANTIAGO?

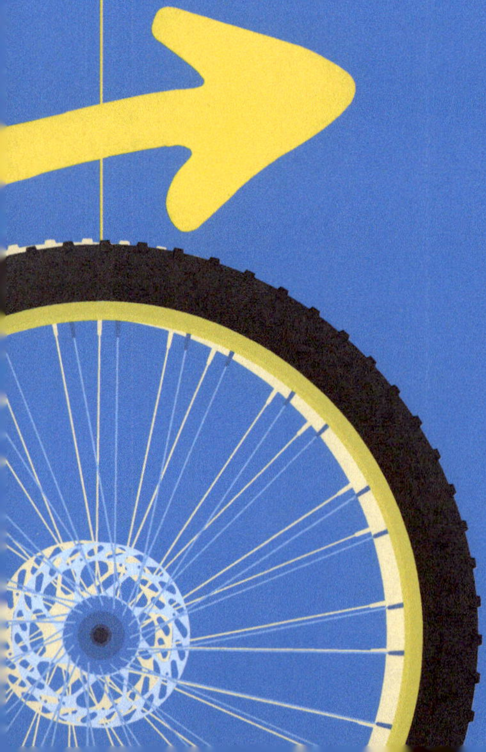

Ao conversar com muitas pessoas que fizeram o Caminho de Santiago, você descobrirá que a viagem foi para elas de certa maneira uma experiência de ressignificação da vida, proporcionando um ou mais dos seguintes benefícios: tornaram-se mais espiritualizadas; obtiveram mais autoconhecimento e clareza sobre o que queriam para a vida delas, assim como compreenderam tudo aquilo que não mais toleravam; desenvolveram a calma, a paciência, a capacidade de estar presente e de se auto-observar; conseguiram visualizar soluções para problemas pessoais e profissionais complexos; aprenderam a administrar melhor suas emoções; curaram ou amenizaram dores das mais diversas.

Daniel Agrela, peregrino, que realizou a viagem duas vezes, e autor do livro *O Guia do viajante do Caminho de Santiago: uma vida em 30 dias*[18], diz que quem faz o Caminho recebe benefícios similares aos daqueles que fazem terapia e análise. Concordando ou não com Agrela, é fato que o Caminho de Santiago costuma deixar uma marca muito profunda naqueles que o fazem.

Quero ajudá-lo aqui a responder às seguintes perguntas: o que leva você a querer fazer o Caminho de Santiago? Qual é o seu chamado para

---

18 AGRELA, Daniel. **O Guia do Viajante do Caminho de Santiago:** uma vida em 30 dias. São Paulo: Évora, 2012.

o Caminho? Porque você certamente aproveitará muito mais a viagem e obterá mais valor para sua vida se fizer o Caminho com um objetivo, um foco, definido.

Falando um pouco de mim, nunca havia tirado um período de férias sozinho, depois de 36 anos de casado. Pensando bem, na minha vida inteira, nunca tinha feito nenhuma viagem a passeio sozinho. Sou gregário e adoro estar com a minha família, esposa, filhos, amigos, mas naquele momento eu precisava me ocupar de mim.

Trabalho como executivo em uma empresa que faz parte de uma grande organização. Atuo nela há mais de vinte anos e a escolhi para me aposentar. Empresas do grupo envolveram-se em atividades ilícitas que resultaram em pesadas multas e condenações judiciais, mas a empresa onde eu estava (e estou até hoje) não se envolveu. Eu e os demais membros do corpo executivo fomos investigados passando por um momento bastante delicado, e isso afetou imensamente o nosso moral e bem-estar e o de nossos colaboradores. Na ocasião, eu estava com 56 anos e foram alguns anos me sentindo, de certa forma, humilhado e desrespeitado e, ao mesmo tempo, precisando provar a idoneidade da empresa e enfrentar desafios, como conquistar novos projetos, conseguir financiamento, trocar o nome da empresa, passar pelo processo de reestruturação financeira.

Isso mexeu com todo mundo e mexeu muito comigo, eu precisava entender como lidar com as dores, angústias, raivas e mágoas que surgiram em mim.

A primeira coisa que procurei foi a meditação. Fiz um curso de meditação transcendental e aprendi a meditar; mas, eu queria meditar mais e profundamente e rezar. Sentia a necessidade de um destino onde eu encontrasse meu equilíbrio e pudesse trazê-lo comigo na bagagem. Algo que me possibilitasse um processo de reenergização para, na volta, poder ajudar na condução do leme na turbulência e diminuir seu impacto sobre mim, minha família e minha equipe.

Nunca tinha considerado Santiago de Compostela. Inicialmente pensei em fazer um safári fotográfico, talvez no Pantanal, talvez no Quênia, mas achei que nesses lugares eu não conseguiria o isolamento, a tranquilidade e os momentos de reflexão que estava buscando.

Então o Caminho apareceu na minha frente, nas pesquisas na internet, em momentos nos quais fiquei um pouco sozinho em meus pensamentos. Ele surgiu mais precisamente numa visita a um *site*. Eu me interessei aos poucos em saber mais e fui ligando os pontos. Entendi os sinais como um chamado. É como se o Caminho de Santiago tivesse me encontrado.

Eu queria estar num lugar em que ninguém me conhecesse e nada me afastasse do meu objetivo. Queria dar um tempo para mim, um tempo para meditar, para rezar e também para me distrair, fazer um pouco de turismo e ver coisas belas.

Eu tinha parado de correr alguns anos antes e havia me reencontrado com a bicicleta (desde muito criança adorei andar de bicicleta), mais uma vez o chamado me levava ao mesmo lugar. Aí então, no Dia dos Pais (agosto) de 2017, o empurrão que faltava chegou e foi o presente dos meus filhos: dois livros sobre Santiago de Compostela e um bilhete que dizia:

"Feliz Dia dos Pais para o melhor!!! Depois de tantas vezes nos ajudando com nossos sonhos e vontades, agora é a nossa vez de te dar um empurrãozinho."

Decidi então pesquisar mais e me encantei — era bonito e seguro, a língua era fácil, a região do Caminho era propícia, o norte da Espanha tem um povo amigável e acolhedor, e o trajeto era muito bem-estruturado. Além disso, eu teria oportunidade de ver muita história, cultura, paisagens diferentes, igrejas, arquitetura riquíssima, flores, pessoas agradáveis, lugares grandes, pequenos e aconchegantes, como restaurantes e bodegas. E, talvez, o mais importante: lá eu poderia meditar no meio de uma praça, na rua, no quarto, na varanda, no Caminho.

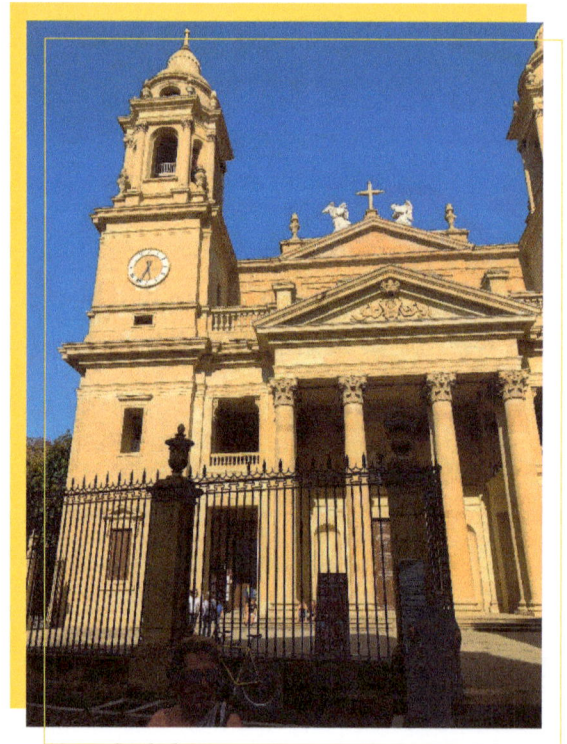

Catedral de Santa Maria de Pamplona

OS EFEITOS DO CAMINHO

Santiago começou a me fazer muito bem antes mesmo de eu ir. Quando eu estava aborrecido, pensava no Caminho, no que eu teria pela frente e logo me sentia melhor.

Cada um que faz a peregrinação tem seu motivo: religioso, espiritual, desafio físico, turismo de aventura e outros tantos. Há motivações para todos os gostos e objetivos: penitência, busca de autoconhecimento, descansar a mente, rezar, férias em grupo, inclusive há quem faça mais de uma vez por razões distintas.

E há também diferentes roteiros, afinal há quem faça tudo, absolutamente tudo, trecho a trecho, há quem pule um trecho ao longo do Caminho ou comece lá para a frente em Sárria, pois não dispõe de 30 dias ou mais para fazê-lo completo a pé. A bicicleta, então, passa a ser uma boa alternativa, pois você pode concluir o Caminho completo de 15 a 20 dias.

Eu sou um daqueles que fez o Caminho com uma intenção prévia, sabendo por que estava indo e que expectativa tinha. Por isso, se eu o fizer novamente, os motivos serão outros. Cada Caminho é único e específico.

Em 2018, eu fiz a viagem em 21 dias, o Caminho Francês completo, por opção, saindo de casa no dia 6 de setembro e retornando para o Brasil em 29 de setembro, e vou mostrar todos os detalhes da viagem nos capítulos que se seguem. A primeira parte da viagem fiz completamente sozinho e, a partir de León, encontrei meu primo, Mário Uchôa, com quem fui até a chegada a Compostela. Há bicigrinos que fazem apenas os 200 km finais para dizer a célebre frase: "Eu fiz e tenho direito ao certificado, a Compostela".

Eu queria me reconectar comigo mesmo e com o que estava ao meu redor e eu não estava mais enxergando. Por isso mesmo, durante toda a viagem evitei ao máximo outra conexão — a da internet. Ligava o meu celular apenas para falar com a minha família no fim do dia e dar notícias minhas e não queria saber das novidades do Brasil, da economia, da política e do meu trabalho.

No Caminho a oferta de conectividade gratuita é total, o que nos convida a nos distanciarmos da reflexão e a voltar a conviver com o nosso dia a dia pela TV, internet e pelas redes sociais. Você é que tem de decidir abrir mão disso. Nos meus primeiros 11 dias de viagem escolhi ficar desconectado, mas já esperava uma mudança quando meu primo chegasse para fazer os 10 dias restantes comigo. No meu 12º dia, a primeira coisa que ele fez no quarto do hotel foi ligar a TV e fez isso todos os dias quando chegávamos na nova hospedagem, depois de completar o trecho do dia. Passei a fazer as minhas reflexões e meditações em momentos diferentes, acordando mais cedo do que ele todo dia para meditar e pensar e depois à tarde fora do quarto.

Assim, eu mantive os meus momentos a sós, respeitei o fato de ele gostar de ver televisão e aproveitamos bastante a companhia um do outro, conversando muito e compartilhando diversas experiências agradáveis e inesquecíveis. O Caminho também é uma oportunidade para exercitarmos a nossa flexibilidade e capacidade de adaptação.

Mas isso é de cada um, eu queria ficar sozinho, criar espaço de reflexão, oxigenar meu cérebro. Eu percebi inclusive que, como bicigrino, tive uma chance maior de estar só, pois devido à velocidade de cada um, a bicicleta passa pelas pessoas e as deixa para trás. Como peregrino é mais comum passar ao lado delas e interromper sua meditação, seu silêncio, seu isolamento para cumprimentá-las e conversar. É claro que você pode ficar totalmente só como peregrino também, e as pessoas respeitam.

Tem gente que vai em grupo, de peregrinos ou de bicigrinos. Eu não me lembro de ter visto ao longo do Caminho algum bicigrino sozinho, como eu. Muitos iam em dupla. No meu caso, a ida do meu primo aconteceu sem muita programação. Andamos de *bike* juntos há muitos anos e quando comentei o que eu estava planejando, ele disse que ia fazer comigo um trecho pois não tinha tempo para a viagem completa. E então ele foi!

Dos meus 21 dias no total, os 11 que segui só foram fundamentais. Nesse tempo, até mesmo as refeições eu gostava de fazer sem companhia. Uma vez apenas, em Carión de los Condes, jantei com um grupo de brasileiros. Eu queria ficar comigo e o Caminho permite isso. Não é uma regra, cada peregrino faz o seu Caminho de um jeito e sente as coisas de uma forma particular. Se quiser parar no meio do nada, olhar para os lados e contemplar a natureza somente, está *ok*. Se quiser meditar ou rezar, tudo bem também. Há opções para todos os gostos.

O Caminho agrega muito para quem o faz. Benefícios como bem-estar físico, encontrar um lugar que nos permite ficar sozinhos, fazer perguntas e encontrar respostas. Um lugar onde não há com quem e por que discordar. Ali você fica livre de desavenças, totalmente focado no objetivo da sua viagem. Nem fone de ouvido eu usava, para ouvir música, preferia ficar com os sons e as mensagens do Caminho.

A decisão de fazer o Caminho deve ser pessoal e não uma influência de outras pessoas. É preciso ter plena convicção de suas razões, pois é uma viagem que exige muito do corpo e da mente. Fisicamente é um excelente desafio, afinal caminhando você pode fazer de 6 a 10 horas por dia e na bicicleta de 3 a 6 horas a depender de onde você quer chegar. E também exige bastante mental e emocionalmente, ainda que de modo positivo.

Se, além de tudo, você quer ir por motivo religioso, é uma realização. Há muitos locais para rezar, além das igrejas, pois existem diversos cantinhos convidativos para esse exercício. Eu que não estava em busca disso, mas tenho minha fé, fui em todas as igrejas que pude e, quando não havia missas, fazia uma oração, pegava meu carimbo e seguia em frente. Também tive oportunidade de assistir a algumas missas para os peregrinos e bicigrinos, que são lindas, como em Castrojeriz, Logroño, Portomarín e em Santiago.

Catedral de Burgos

A SIMPLICIDADE DO CAMINHO

Percorrer Santiago de Compostela é uma jornada em que você se ocupa de si mesmo, distancia-se de tudo e foca a solução de seus problemas e desafios pessoais e profissionais, não se distrai com tudo que compõe o dia a dia. E, é claro, contribui para isso o fato de ter pouca coisa para gerenciar: apenas o Caminho e você mesmo. Olhar para a estrada e cuidar para não se acidentar e o resto é pensar em sua vida e, quando não está pedalando no Caminho, cuida de sua roupa, alimentação, da bicicleta, descansa, visita as atrações das cidades, e medita. A equação é simples, sem muitas variáveis.

Para quem não serve o Caminho? Para quem o conforto é imprescindível, para quem não gosta de surpresas e imprevistos, como furar o pneu da bicicleta, uma bolha no pé, para quem não gosta de uma dose de aventura, não quer fazer exercício físico, não deseja encontrar muita gente e precisa de hotéis e restaurantes de muito bom nível.

Há quem pense: "Isso é uma loucura e não uma aventura."

Em nossa rotina, em nosso país de origem, há muita coisa para pensar, organizar, planejar. Vivemos em um mundo frágil e superficial: VUCA (acrônimo em inglês para *volatile, uncertain, complex, ambiguous* — volátil, incerto, complexo e ambíguo) ou BANI (acrônimo em inglês para *brittle, anxious, nonlinear, incomprehensible* — frágil, ansioso, não linear, incompreensível) como queiram. Existem mil siglas, mas a sensação que fica para mim é a de um mundo transtornado e que nos transtorna. Tudo passa muito depressa e não nos permitimos "doar" tempo para nós mesmos. O Caminho de Santiago é maravilhoso porque é uma experiência em que escolhemos dedicar tempo a nós mesmos, algo que poucas vezes, infelizmente, fazemos em nosso dia a dia.

Eu nunca havia feito análise na vida. Algum tempo depois que voltei do Caminho comecei a fazer. O Caminho é tão intenso que, em 11 dias, eu já estava encontrando parte das minhas respostas. Naquele momento era importante aceitar as coisas que eu estava vivendo, principalmente no meu trabalho. Aos 40 anos, talvez eu não estivesse preparado emocionalmente para passar pelo que passei e poderia ter tomado outra atitude. No entanto, por ser mais velho quando tudo aconteceu, estava mais maduro e considerava as pessoas que dependiam de mim, minha família e minha equipe. Eu precisava encontrar paz para transmitir paz. E foi isso que aconteceu. Aos poucos estamos virando a página, a empresa se reconstruindo e já desenhamos a visão para a companhia no período que vai até 2030. Eu, hoje, estou bem. E devo muito ao Caminho de Santiago pela paz, tranquilidade, paciência e calma que aprendi a cultivar no meu dia a dia.

Não quis neste capítulo catequizar ninguém para fazer o Caminho, mas mostrar o que ele pode trazer, a decisão será sempre sua, de cada um.

Por isso, é importante que você saiba o seu motivo e se prepare antes de colocar o pé ou a bicicleta na estrada. Reforço que percorrer o Caminho de Santiago lhe fará muito bem, desde que você tenha uma intenção muito bem definida, saiba quais são as razões que o motivam a querer viver essa experiência. Para se enxergar melhor, entender o que move você a querer fazer o Caminho e como ele pode ajudá-lo, sugiro que separe um tempo para pensar e responder com calma às perguntas abaixo.

O QUE VOCÊ DESEJA DO CAMINHO DE SANTIAGO?

→ Quais são as principais dificuldades que você tem vivido atualmente, tanto no campo pessoal quanto no profissional?

→ Você não tem tido tempo para refletir sobre esses desafios devido à intensidade da sua rotina?

→ De que você sente falta no seu dia a dia?

→ O que você deseja melhorar em si?

→ Gosta de ficar sozinho?

→ Enfrentou alguma perda recente (pessoa, emprego)?

→ Tem interesse por meditação? Esporte? Cultura?

→ Quando está viajando sente necessidade de conforto?

→ De quanto tempo de férias você dispõe: 30 dias corridos, 20 ou menos?

→ Você costuma andar de bicicleta? Com qual frequência e distância?

DEPOIMENTO DE ROGÉRIO LUIZ BRAUN, DE PORTO ALEGRE — AMIGO QUE FIZ NO CAMINHO

O caminho eu já vinha acalentando havia algum tempo. Paulo Coelho, meu mentor num curso que fizemos juntos, me ajudou a tomar a decisão. Me separei e fui fazer o Caminho como terapia. Queria ficar sozinho, mas quase nunca fiquei. O peregrino está sempre cercado de outros e apenas nas igrejas pude me dedicar ao meu eu. Recebi muitos conselhos e muita ajuda para seguir em frente.

Aprendi muito, Ultreia e Suseia, para cima e para frente. O caminho é... uma vida e cada etapa da viagem imita as etapas de nossa vida. Chorei muito e aprendi o que é o peso da mochila que hoje estou aprendendo a esvaziar.

Sou muito curioso, gosto de cultura e história, vivenciei muitas experiências e senti a importância do Caminho no desenvolvimento do norte da Espanha. Me senti parte dessa história.

Acabei aprendendo no caminho a deixar meio a vida me levar... e que precisamos de pouco para viver.

O lugar mais marcante da viagem foi O Cebreiro e depois fui até Finisterra, chegando ao fim do mundo.

Em seguida, falaremos por que vale a pena ir de bicicleta e das principais diferenças entre fazer o caminho a pé e pedalando. Detalharemos ainda todas as vantagens e as facilidades de pedalar pelo Caminho, bem como conversaremos sobre os prós e contras de viajar sozinho ou acompanhado.

ACHO QUE PERCORRER O CAMINHO DE BIKE É MAIS INCLUSIVO, POIS TORNA A VIAGEM MAIS ACESSÍVEL E VIÁVEL PARA MUITAS PESSOAS QUE NÃO PODERIAM FAZÊ-LO A PÉ POR LIMITAÇÕES FÍSICAS. OS SEGREDOS SÃO FAZER UM BOM TREINO NO BRASIL E ESCOLHER UMA BOA BICICLETA. SE VOCÊ É UM DOS QUE DESISTIU, PODE SE ENCORAJAR NOVAMENTE.

Capítulo 3

A BELEZA DO CAMINHO DE BICICLETA

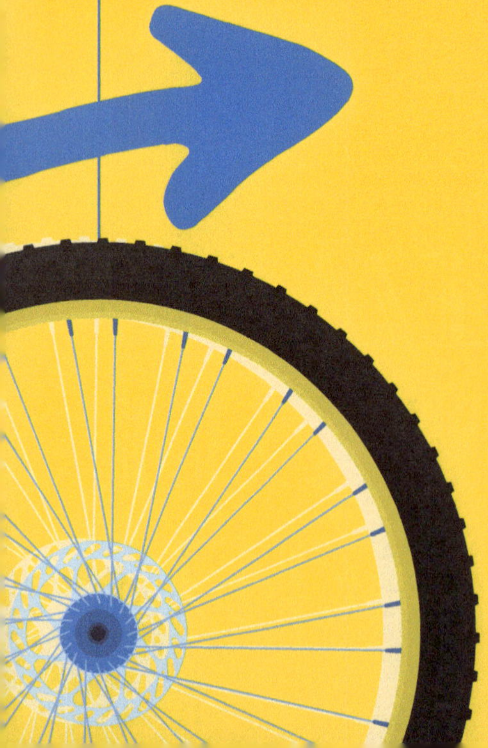

No passado longínquo, o Caminho era feito a pé pela maioria do povo, e apenas a nobreza usava cavalos para fazer o percurso. Foi somente na retomada do Caminho, por volta de 1980-1985, que as bicicletas se uniram aos andarilhos.

Cada um faz o percurso por caminhos e estradas distintas muitas vezes, e bicigrinos e peregrinos se encontram em muitos pontos, como a Cruz de Ferro, o Monte do Perdão, O Cebreiro e, é claro, Compostela, que são paradas "obrigatórias" para todos.

O crescimento do interesse pelo Caminho Francês fez com que aumentassem as sinalizações e os esforços para melhorar a segurança e a infraestrutura dos trechos originais e das estradas vicinais e autopistas.

E POR QUE DECIDI FAZER A VIAGEM DE BICICLETA?

Essa era a única forma possível para mim. O meu quadril, já muito prejudicado, na época não suportaria percorrer 800 Km a pé. Havia retomado meu antigo hábito de andar de bicicleta já fazia algum tempo como exercício e depois, para o Caminho, treinei bastante, o que vou relatar mais à frente.

Caminhos distintos para peregrinos e bicigrinos

Para mim, a bicicleta desmistifica um pouco a questão da peregrinação e do sacrifício de quem o faz a pé. Não que de bicicleta seja fácil, mas não ficamos com bolhas no pé e o convite à solitude é ainda maior. São quilômetros e quilômetros sem enxergar uma alma viva por paragens que nem os peregrinos conhecem, já que acabamos muitas vezes passando por estradas pelas quais o andarilho não vai.

Acho que percorrê-lo de *bike* é mais inclusivo, pois torna a viagem mais acessível e viável para muitas pessoas que não poderiam fazê-lo a pé por limitações físicas. Os segredos são fazer um bom treino no Brasil e escolher uma boa bicicleta. Se você é um dos que desistiu, pode se encorajar novamente.

O Caminho se desenvolveu bastante e hoje existem as vias alternativas, ou seja, rotas que podem ser escolhidas. Você pode ir pelas estradas principais do Caminho original, que têm pedras, escadas, subidas difíceis etc., ou pelas vicinais e autopistas.

Muitas pedras pelo Caminho

O Caminho original é muitas vezes difícil para a bicicleta, não tem como subir escada de pedra pedalando —, é preciso levá-la nas mãos.

Aliás, como o Caminho é muito variado, um mesmo trecho pode ser feito por duas rotas diferentes, uma que vai por um lado e outra pelo outro.

E ainda tem o fato de que o ciclista é muito respeitado na Espanha. Os veículos mudam de pista para dar passagem, no Brasil isso não é muito comum. Lá a receptividade é enorme. Nunca aconteceu nenhum incidente comigo, que dirá acidente grave.

O Caminho de bicicleta também é muito desafiador. Para chegar ao O Cebreiro, por exemplo, tem o trecho oficial do Caminho dos peregrinos, íngreme, pedregoso e muito difícil (acabei fazendo este) e três estradas diferentes, a carretera nacional A-6, a carretera inter-regional N-VI, além de uma estrada vicinal. As três margeiam o rio Valcarce. Você pode fazer um trecho alternativo, pelas estradas, ou pelo Caminho propriamente dito. Acabei subindo pelo Caminho, arrastando a bicicleta, é claro porque era inviável de outra forma. Foi o único trecho onde vimos cavalos ao longo do Caminho.

Fica a dica: se você for pelas estradas alternativas, provavelmente será viável subir de bicicleta o trecho inteiro e voltar um pouco para conhecer O Cebreiro de qualquer forma.

AS VANTAGENS DA BICICLETA

Para falar das vantagens de fazer o Caminho de bicicleta, não tem como não compararmos com a forma mais comum, ou seja, a pé. E como já dissemos, é a escolhida por 94% dos que por ali passam. Quando descrevo as diferenças não quero dizer que uma é melhor do que a outra, mas apenas apontar as diferenças para que você, leitor, possa também ter essa visão ampla.

E escadas também

Sob o ponto de vista de quem fez o Caminho de bicicleta, e já contei para você o que me motivou a fazê-lo assim, vamos então às diferenças:

DE BICICLETA:

→ é possível fazer em menos tempo, de 15 a 20 dias no total, o que é mais vantajoso para quem não tem 30 dias de férias, uma vez que para fazer o Caminho completo a pé você vai gastar até o dobro disso;

→ dá para sair (acordar) mais tarde, pois se consegue fazer os quilômetros previstos para o dia dentro do horário das 8 às 14 horas, em média, e com isso aproveitar melhor a tarde e a noite nas cidades em que se hospeda;

→ o bicigrino conhece e aproveita melhor as cidades, em compensação, conhece menos cidades ao longo do Caminho (a cada 25 km existe uma cidade interessante para visitar, mas, como um bicigrino pedala em média 50 km por dia, não conhece bem as cidades do meio de cada trecho do Caminho);

→ as amizades que você faz ao longo do Caminho mudam a cada dia, pois num dia você conhece um grupo que estava a pé e no outro não encontra mais ninguém, pois os *timings* são diferentes. Enquanto o peregrino para em um número maior de cidades, pois ele precisa descansar, o bicigrino passa por mais de uma e não para, e aí não tem mesmo como reencontrar aqueles "parceiros" de um momento que ficaram para trás (aqui faço exceção à minha nova amiga lituana, Anete Paula Perova, que andava 50 km por dia, por isso a encontrei e reencontrei repetidas vezes). Em contrapartida, você conhece mais pessoas de muitos cantos do mundo e volta com o celular recheado de novos contatos;

→ quando você é um bicigrino, acaba ficando períodos mais longos sozinho e usa esse tempo para as suas reflexões, meditações e leituras;

→ o espaço para introspecção só ocorre quando chega às cidades, pois enquanto pedala precisa focar o trajeto e evitar acidentes. Em terrenos planos, pode até olhar para os lados e admirar a natureza, mas em subidas e descidas isso é mais arriscado. Qualquer distração pode significar um tombo, basta uma fração de segundo para algo acontecer. Você tem de tomar conta do que está ao redor. Eu, aliás, não uso nem fones de ouvido, pois sem eles fico com os sentidos mais aguçados e não me distraio com a música. Caí duas vezes no caminho inteiro: não vi os buracos, isso porque eu estava andando devagar e atento. Numa delas eu estava descendo uma rampa, errei o caminho, a bicicleta bateu no buraco e eu caí. Na outra, logo no primeiro dia todo carregado no meio do mato no caminho até Pamplona, caí no meio de pedras e lama. Minha corrente da *bike* soltou. Não me machuquei em nenhuma das vezes;

→ em trechos de barro, a bicicleta pode escorregar muito; onde há pedras, você pode se machucar e nas carreteras precisa ficar atento aos carros, ônibus e caminhões, apesar do enorme respeito de quem trafega por ali;

→ há algo a mais para cuidar, além de si mesmo: a manutenção da *bike*, afinal ela é seu "corpo", e você deve se preocupar onde deixá-la para não correr nenhum risco de danos durante o período em que não está com ela;

→ na bicicleta quem carrega o peso é o alforje, e não suas costas;

→ a reposição de água é mais fácil. Eu carregava duas garrafas, e as gelava em hotéis e pousadas onde me hospedava. A *bike* leva o dobro de peso do que se carrega nas costas, até mais de 20 kg;

→ na bicicleta, o bicigrino fica menos exposto às intempéries — muito sol, muita chuva — pois ele alcança as cidades mais próximas rapidamente pedalando mais depressa, o intervalo de pequenas paradas era de 5 km a 6 km, dá para parar e esperar. Além disso, como estamos pedalando no sentido do sol poente, chegar mais cedo ao seu destino evita que você fique muito exposto ao sol da tarde;

→ ao mesmo tempo, existem alguns poucos trechos que você tem de fazer levando a bicicleta "praticamente nas costas";

→ as partes do corpo mais sacrificadas são: as nádegas (por causa do selim) e as mãos (por causa do guidão).

A PÉ:

→ ao andar de 20 km a 30 km por dia, o peregrino aproveita melhor o Caminho, cada flor, cada pedra, cada casinha, fonte de água, cada cantinho. Detalhes do caminho pelos quais, na bicicleta, o bicigrino passa voando;

→ o peregrino chega mais tarde às cidades, geralmente entre 16 e 18 horas, dependendo da quantidade de quilômetros que faz por dia e do preparo físico. É claro que, se ele tem mais tempo, mais do que 30 dias, pode ficar mais numa determinada cidade, até mais de um dia, fazendo trechos mais curtos diariamente. Evidentemente, precisa ter recursos financeiros também, pois assim vai gastar mais com hospedagem e alimentação;

→ conta com mais tempo para introspecção durante a caminhada, mesmo que tenha de ficar atento ao terreno onde pisa, é menos arriscado do que na bicicleta;

→ as amizades feitas nos primeiros dias podem permanecer até o final, com encontros frequentes com as mesmas pessoas, pois os peregrinos andam mais ou menos na mesma velocidade e fazem mais ou menos o mesmo trajeto/cidades por dia;

→ quem faz o Caminho andando sai bem mais cedo (6 horas) e chega mais tarde (depois das 16 horas);

→ todos os dias, o peregrino precisa cuidar da manutenção do seu corpo (alongamento, curativos nos pés) e da mochila (arrumação). O bicigrino também cuida do próprio corpo, mas ele é muito menos exigido;

→ o peregrino leva o peso nas costas, sendo recomendado carregar até 10% do peso da pessoa, com isso, precisa parar para encher a garrafa de água para não carregar muito peso;

→ está mais exposto ao sol e à chuva, pois não tem como correr ou aumentar muito a velocidade até a próxima cidade;

→ o peregrino sacrifica bastante o tornozelo, os joelhos, o quadril, os pés e a coluna.

De bicicleta, ficamos mais sozinhos, mas vale ressaltar que isso só funciona se você não for viajar em grupo e se mantiver fiel a esse "combinado". Eu mesmo fiz 11 dias sozinho e 10 com o meu primo. Foi bastante interessante essa dupla experiência, da solidão e da parceria, mas eu gostaria de comentar um pouco mais sobre esse tema.

VIAJAR SÓ OU ACOMPANHADO?

Será que existe um certo ou um errado? Não, mas cada um deve refletir sobre isso antes de planejar a viagem e comprar a passagem. Para cada escolha existem os prós e os contras, e eu espero ajudar listando aqui minhas ideias pessoais sobre o assunto.

RAZÕES PARA VIAJAR SOZINHO:

→ você fica bastante tempo em silêncio e consegue a paz que procura para pensar, meditar, rezar;

→ conversa mais consigo mesmo ou com entes queridos que se foram;

→ você faz tudo do seu jeito, na sua hora, comendo e bebendo o que e onde desejar;

→ o banheiro é só seu, se ficar hospedado em hotel, pois em albergues os banheiros são coletivos;

→ a decisão de manter a TV ligada ou desligada é só sua;

→ precisa se virar sozinho em tudo ou esperar a ajuda de um desconhecido;

→ você só tem de agradar a uma pessoa: a si mesmo;

→ você se aproxima mais das pessoas que estão a sua volta, é mais natural de você se aproximar dos grupos e vice-versa.

E RAZÕES PARA VIAJAR ACOMPANHADO:

→ você tem com quem dividir impressões da viagem, uma boa conversa, o valor de uma refeição, de uma hospedagem, uma garrafa de vinho. No caso do vinho, sozinho, ou você bebe mais ou desperdiça mais. Nos dias em que estive sozinho, deixei algumas garrafas pela metade e levei outras para terminar no quarto do hotel, com meu primo sempre bebíamos um pouco mais;

→ você corre menos riscos, recebe mais ajuda em situações adversas (incidentes e acidentes);

→ se desafia a ser mais tolerante na convivência, que também é um fator de aprendizado.

Qualquer tipo de viagem com a pessoa errada é um desastre.

Imagine uma viagem especial como essa, você não vai querer estragá-la. Convido a pensar quais são os critérios que pode ter em mente ao pensar na escolha de um "parceiro" ou "parceiros" (em caso de grupo) de viagem:

→ é importante que seja uma pessoa tão preparada fisicamente quanto você, se não um acaba se distanciando do outro. Eu fiz o Caminho com 58 anos e bem-preparado, pois a maioria que eu encontrei lá estava na casa dos 45 anos e meu primo tinha 55;

→ recomendo combinarem como cada um quer fazer o Caminho: se vão pedalar próximos ou a uma distância maior um do outro. Não precisam também estar lado a lado o tempo todo, mas a uma distância viável para que, caso algo aconteça, você realmente tenha um apoio e vice-versa;

→ é bem desejável ter afinidades: gostar de conversar ou ficar em silêncio, gostar de beber um bom vinho ou não beber, se ambos não gostam, comer comidas parecidas para dividirem um prato ou irem ao mesmo tipo de restaurante etc.

Lembre-se de que você vai dividir o quarto, dormir com essa pessoa, ela pode roncar, ficar acordada com a luz acesa para ler um livro, gostar de assistir à TV, deixar o volume alto. Acho arriscado quando são perfis totalmente distintos, lidar com extremos... Assim, ou você marca uma conversa direta e reta, estabelece os limites, alinha as expectativas, negocia tudo antes ou nem se atreva a sair do Brasil acompanhado de um perfil tão diferente do seu. Ou realmente arrisque, teste sua tolerância e boa sorte!

Afinal, você conhece a velha máxima de amizades sólidas que se desfazem em uma viagem?

Eu fiz 10 dias do Caminho com o meu primo e, apesar das afinidades, perdi um pouco do meu espaço de intimidade e de introspecção. Por exemplo, antes de ele chegar eu meditava três vezes ao dia e com ele, nunca mais do que duas. Entretanto, consegui meditar todos os dias, sempre pela manhã. Era o nosso trato, enquanto eu meditava, ele se arrumava para sairmos. Ele fez o Caminho com um objetivo mais turístico e de descanso/férias, e ele deixou isso claro desde o início e eu deixei o meu também. Para mim foi excelente poder estar só por um tempo e estar acompanhado no outro. Note que há espaço para tudo.

Nós não éramos tão próximos ao longo de nossa vida, tínhamos a bicicleta como esporte comum e isso nos aproximou, e o desejo de fazer o

Caminho nos uniu mais ainda. Conseguimos um bom equilíbrio. Continuamos pedalando juntos desde o nosso retorno da viagem.

PLANEJAMENTO PARA LIDAR COM POSSÍVEIS PROBLEMAS

Eu amei ter feito o Caminho de bicicleta e acho que acima de tudo fui abençoado, pois tive apenas um pequeno problema no primeiro dia, a minha corrente soltou (mas foi fácil de ajustar), e duas quedas.

Quero fazer o Caminho de novo, mas desta vez pelo menos uma boa parte a pé para experimentar o outro lado da moeda. Talvez tenha que escolher só um trecho, pois não terei 30 ou mais dias de férias. Fiquei com vontade de fazer novamente para conhecer as cidades do meio do Caminho, que chamo de "cidades do 25º km", pois quem está de bicicleta passa pelas cidades dos 25 km aos 50 km sem parar. Eu, por exemplo, não parei nas cidades de Puente la Rena, Los Arcos, Nájera, onde com certeza há muito para conhecer; por isso quero voltar.

Essas cidades não eram a minha meta nessa primeira viagem. A minha meta era completar a viagem, chegando a Santiago de Compostela no tempo que eu tinha, é claro que bem, com saúde e sorvendo o que eu podia pelo Caminho. Eu não me cobrava para mudar a rota, parar onde não havia delimitado, pular algum trecho, empurrar a bicicleta se fosse preciso, como fiz nos 20 km subindo O Cebreiro, porque eu queria passar por lá. Eu havia estabelecido o tempo total e a chegada a Santiago como objetivos.

Na próxima vez que eu for, quero experimentar criar laços mais fortes. Quando fui, em 2018, eu queria ficar só, eu precisava disso. Mas para fazer a pé, preciso estar com os dois lados do meu quadril em ordem: operei o direito em 2019 e, o esquerdo em agosto de 2021. Meu desejo é colocar o pé na estrada novamente em maio de 2023 ou 2024. Tenho vontade de refazer a viagem num esquema misto, parte a pé e parte de bicicleta, percorrendo um ou outro trecho de trem.

Como contei, tive poucos incidentes na minha viagem e praticamente não peguei chuva. É claro que havia risco, tanto do desconhecido quanto do imponderável, e eu tive sorte (eu sabia que a minha mãe estava comigo durante toda a viagem me guiando lá do céu), mas também estava bem-preparado para enfrentar quaisquer situações adversas: não apenas estudei em detalhes todos os trechos meses antes da viagem como também levei os itens fundamentais de manutenção da bicicleta.

Como o Caminho de Santiago é uma viagem que exige esforço do corpo e pede atenção quando estamos pedalando, reforço que você precisa planejar bem o essencial e estudar os lugares pelos quais vai passar. Tudo bem que lá não tem metade dos perigos de um deserto, não é um lugar ermo, com ameaça de violência, mas deixar de planejar, lançando-se no escuro, é assumir riscos que, pelo menos eu, considero desnecessários. Embora o Caminho seja um lugar seguro, que oferece muitas facilidades, uma queda pode ocorrer, um pneu pode furar, uma correia pode romper, e você precisa estar minimamente preparado para enfrentar essas situações. Eu, por exemplo, estudei três meses só sobre usar bicicleta com ou sem clipe no pedal. Também li muito sobre o tipo de sapatilha adequada e comprei uma com solado de borracha.

Ou seja, vale lembrar que o imponderável a gente não controla, mas pode pensar como colocar em prática o plano de contingência em casos assim. O segredo é planejar. E anote esta frase: se eu consegui fazer com 58 anos e com problema nos quadris, qualquer um pode fazer o Caminho.

No próximo capítulo, você vai poder conferir os gastos para fazer o Caminho de bicicleta. Muitas dicas para você planejar bem a viagem e não faltar nada quando estiver lá.

PARA QUE A SUA "BICIGRINAÇÃO" OU PEREGRINAÇÃO PELO CAMINHO DE SANTIAGO SEJA INESQUECÍVEL, É BEM IMPORTANTE TER UMA BOA IDEIA DE QUANTO VOCÊ GASTARÁ. AFINAL, FICAR SEM DINHEIRO ANTES DE A VIAGEM TERMINAR OU PRECISAR SE APERTAR FALTANDO POUCOS DIAS PARA O FINAL SÃO EXPERIÊNCIAS DESAGRADÁVEIS QUE PODEM E DEVEM SER EVITADAS. POR ISSO, PLANEJAR É PRECISO! É CLARO QUE CARTÃO DE CRÉDITO RESOLVE SEUS PROBLEMAS NA HORA, MAS A CONTA VAI CHEGAR.

Capítulo 4

QUANTO CUSTA FAZER O CAMINHO DE SANTIAGO DE BICICLETA?

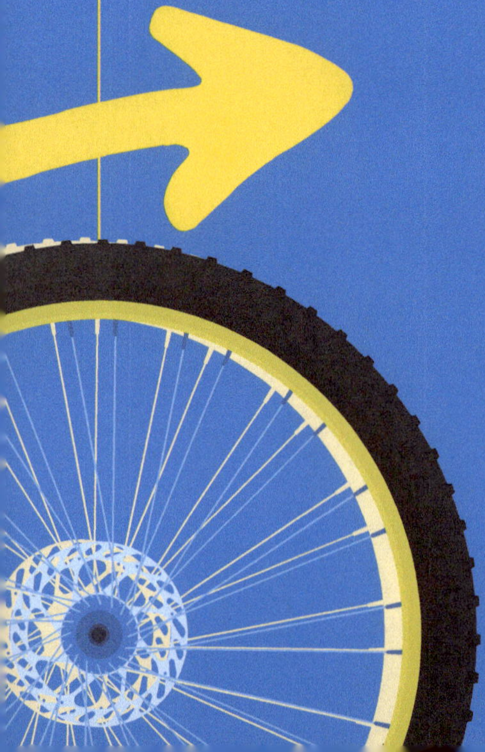

Para que a sua "bicigrinação" ou peregrinação pelo Caminho de Santiago seja inesquecível, é bem importante ter uma boa ideia de quanto você gastará. Afinal, ficar sem dinheiro antes de a viagem terminar ou precisar se apertar faltando poucos dias para o final são experiências desagradáveis que podem e devem ser evitadas. Por isso, planejar é preciso! É claro que cartão de crédito resolve seus problemas na hora, mas a conta vai chegar.

Vou tentar aqui ajudá-lo a fazer o seu planejamento financeiro básico da viagem de bicicleta. Compartilharei a forma como organizei os meus gastos. Há aqueles que ocorrem antes, durante e pode ficar algum para depois da viagem. Eu adoro planilhas, então desenhei uma especial para essa viagem e deu certo. Sobrou até dinheiro, pois eu fiz o meu planejamento colocando uma gordurinha nas minhas estimativas. No final do capítulo divido a minha planilha com você.

OS GASTOS COM A BICICLETA

Vamos começar detalhando os gastos com a bicicleta. Primeiro, você precisa decidir se: vai levar a sua *bike*, comprar uma lá ou alugar.

Uma parte dos bicigrinos leva a própria bicicleta, para não correr risco de chegar lá e a bicicleta disponível não ser boa. É uma medida de segurança e a mais barata. Se você já tem uma boa bicicleta no Brasil, não precisa adquirir outra lá fora, mesmo sendo mais barata. Apesar de a minha ser muito boa, eu preferi alugar lá, pois quem leva tem de remontar e ajustar lá e fiquei preocupado de ter dificuldade com isso. Quem sabe fazer bem isso, pode realmente optar por levar sua "magrela" desde o Brasil. Chegando lá há oficinas que oferecem esse serviço por 30 euros. No entanto, nem toda cidade tem essa facilidade, por isso eu não quis arriscar.

Comprar uma boa *bike* na Espanha pode custar em torno de 5 mil reais. A mesma bicicleta sairia mais do que 10 mil reais no Brasil. E para trazer da Espanha para cá, você pagará uma taxa de 300 dólares e é fácil desmontar para trazer. Vale a pena, se você ainda não tiver a sua.

E, por fim, alugar sai em torno de 20 a 30 euros por dia para quem reserva com antecedência e por um período.

Para não ter risco, eu fiz a minha reserva com bastante tempo de antecedência com uma empresa de Portugal, a Bikeiberia[19], que tem um serviço completo e eficiente de aluguel de bicicletas e equipamentos para o Caminho. Eles me entregaram a bicicleta na Espanha na cidade que escolhi, mas podem entregar em qualquer ponto do Caminho. Eu paguei 550 euros pelo uso da bicicleta por 21 dias, em torno de 26 euros a diária. Falei muitas vezes com eles para garantir que tinham entendido o modelo exato que eu queria: uma *bike* com as mesmas características da que uso no Brasil, ou seja, uma *mountain bike* de 29 polegadas, 24 marchas, 3 coroas, por coincidência tinha até a mesma cor que a minha. Também insisti para que ela fosse nova e revisada. Eu paguei uma taxa de reserva de 150 euros, o restante paguei quando recebi a bicicleta, tudo no cartão de crédito.

---

19 Para mais informações, acesse: https://www.bikeiberia.com/ .

Deixar para alugar sua *bike* em cima da hora ou lá na Espanha tem três pontos fracos, logo de saída: 1) não encontrar o modelo que você deseja, 2) eles não conseguirem entregar a tempo e 3) cobrarem mais caro. Ouvi relatos de pessoas que deixaram para alugar lá ou que pegaram apenas por poucos dias e chegaram a pagar até 100 euros a diária.

Outra decisão importante no momento de alugar a bicicleta é a de alugar ou não com alforjes[20], complemento essencial para quem faz o Caminho de bicicleta ou se vai levar os seus do Brasil, se tiver.

Minha bicicleta alugada e equipada com alforjes

---

20 Duplo saco, fechado em ambas as extremidades e aberto no meio formando duas bolsas iguais para distribuir o peso dos dois lados. É usado para levar roupas e outros pertences.

O aluguel dos alforjes feito separadamente sai de 20 a 25 euros pelo período de 10 dias. Cabe dizer que os alforjes costumam ser padronizados e podem ser usados em diferentes modelos de bicicletas. O que varia é a capacidade: há alforjes de 10 kg a 20 kg. Assim, entendo ser melhor já alugar com a bicicleta ou comprar no Brasil, que pode custar entre 300 e 400 reais o par. Eu aluguei meus alforges com a bicicleta.

Se você não quiser carregar na bicicleta o peso dos alforjes, existe um serviço especializado no Caminho que faz o transporte de qualquer bagagem sua de uma cidade para outra a um custo de 5 euros por volume (ao menos quando eu fui) eles pegam no seu hotel e levam para seu destino naquele dia. Usei os serviços da Jacotrans a partir do terceiro dia de viagem, mas muitas outras empresas fazem a mesma coisa, existe também um serviço especializado feito pelos Correios da Espanha. O que acabei vendo pelo Caminho é que muitos peregrinos estão usando esse serviço e andando mais leves. Na minha cabeça, peregrinar ou bicigrinar não devia ser um sacrifício.

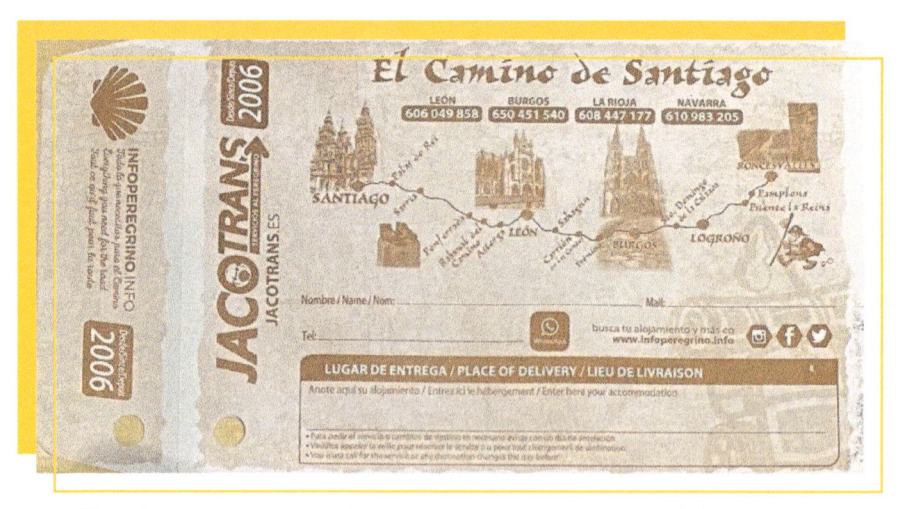

Envelope da empresa Jacotrans para transporte de bagagens

Segue a lista dos *sites* desses serviços:

→ https://www.elcaminoconcorreos.com/pt/transporte-mochilas

→ https://www.caminofacil.net/

→ https://www.cuatrocantones.com/empresas-para-el-transporte-de-mochilas/

→ https://www.caminocomodo.com/

→ https://www.jacotrans.es/en/

Outros itens importantes da bicicleta são o hodômetro com velocímetro, *kit* de manutenção, acento acolchoado e cadeado.

No Brasil um bom odômetro com velocímetro pode custar perto de até R$ 1.000,00 e na Espanha de 25 a 40 euros. Eu aluguei a *bike* sem ele, senti muita falta nos dois primeiros dias e acabei comprando um na cidade de Pamplona conforme havia programado. Há bicigrinos que não compram e usam aplicativos que têm GPS e medem distância e velocidade, como o Strava[21].

O *kit* básico de manutenção de *bike* para essa aventura deve englobar ao menos:

→ para os pneus – *kit* de reparo e uma câmara reserva, que vai custar no Brasil de 100 a 150 reais, dependendo se for mais ou menos completo – no aluguel da *bike* já estava incluído uma câmara de ar de reserva e ferramentas básicas para troca do pneu;

→ para a corrente – de 80 a 120 reais.

Um bom acento acolchoado custa entre 50 e 100 reais. Já um cadeado sai em torno de 50 a 200 reais, dependendo do modelo. A bicicleta que aluguei já vinha com um cadeado e acabei levando dois cadeados na viagem, o que foi a salvação pois o cadeado alugado acabou estragando.

---

21 Para saber mais, acesse: https://www.strava.com/?hl=pt-BR .

Você pode também definir se quer alugar a bicicleta com um apoio, o que significa que um carro e/ou equipe estará em alguns pontos estratégicos levando água e comida e checam se a bicicleta precisa de manutenção. Este tipo de serviço pode custar em torno de 2 mil euros para 15 dias de viagem, sendo um valor extra ao aluguel da bicicleta.

Segue uma lista de *sites* de locação de bicicleta e/ou venda de bicicletas usadas:

→ https://www.cctbikerental.com/rentals/santiago-de-compostela-bike-hire/

→ https://www.bikeiberia.com/camino/

→ https://www.jacotrans.es

→ https://www.ultreyatours.com/bikes

→ https://bit.ly/3mw6DJu

→ https://bit.ly/2VlMYzV

GASTOS ANTES DO EMBARQUE

Agora vamos abordar os gastos feitos antes do embarque:

1. Passagem aérea de ida e volta: é sempre mais barato emitir os dois trechos juntos e com antecedência. Quanto antes melhor. Pode sair entre 600 e 1.000 euros com antecedência, e de 1.000 a 1.500, se você deixar para fazer muito perto da data (esses valores variam muito a cada ano e dependem da situação geral da economia), saindo e voltando por Madri, na minha opinião a melhor opção, mas você também pode ir por Paris se for começar a partir de Saint-Jean-Pied-Port. Existe ainda a possibilidade de usar milhas e, nesse caso, a antecedência é importante para conseguir a passagem na data desejada. Eu usei uma parte das minhas milhas

e reservei com antecedência de quase um ano. O Google Flights[22] é um ótimo serviço para você monitorar preços de passagens e conseguir comprar as suas pelo melhor preço.

2. Hospedagem: não traz muita economia reservar com antecedência, ainda mais se for em alta temporada. Eu mesmo reservei meus hotéis todos com antecedência, mas conforme o tempo passava fiz várias mudanças até a data da viagem. Fiz assim: defini que faria o Caminho francês completo, depois fiquei algumas semanas fazendo as reservas no Booking[23] para todas as cidades e, ao longo dos meses de planejamento, olhava mais e mais até estar satisfeito. Os custos de hospedagem variam entre 15 euros por dia em albergues e pensões e 60 euros em pequenos hotéis; em algumas cidades maiores uma hospedagem em hotel pode chegar a 80/100 euros. Dica: se você fizer a reserva por *sites* como o Booking, ou diretamente com o hotel, fique atento à política de cancelamento de reservas e reembolsos de adiantamentos para a situação de você decidir mudar de hotel, principalmente em cima da hora.

3. Seguro de Viagem Internacional (feito no Brasil): com coberturas básicas de assistência de saúde, invalidez total ou parcial, morte e translado de corpo — saem em torno de 300 e 500 reais. Duas dicas: é importante contratar de seguradoras com marcas reconhecidas no mercado; e, se você tiver um cartão de crédito internacional, vale a pena conferir se eles já não oferecem o seguro gratuitamente, bastando você fazer a ativação dele pelo *site* ou central de atendimento da operadora. A compra de passagens usando o cartão de crédito também pode trazer o benefício do seguro, vale a pena pesquisar.

4. Enxoval básico: os gastos mais altos serão com bermuda para ciclismo de 100 a 200 reais, blusa de manga curta de 50 a 150 reais, blusa de manga longa, ambas para ciclismo, de 100 a 200 reais com anti-UV,

---
22 Para saber mais, acesse: www.google.com/flights/ .
23 Para mais informações, visite: www.booking.com .

sapatilhas de 150 a 300 reais — minha recomendação é que sejam sem clipes, pois são muito escorregadias, e com sola de borracha dura para poder caminhar em alguns trechos onde é necessário empurrar a bicicleta —, boné de *trekking* (pescador ou legionário, como preferir chamar) com anti-UV de 50 a 100 reais e capa de chuva ou poncho impermeável de 150 a 300 reais.

5. Medicamentos e material para curativos: no capítulo 6, além dos medicamentos de uso contínuo, traremos a recomendação de uma médica em relação ao que você deve levar em sua *necessaire*. Esse custo varia muito e precisa ser administrado individualmente.

GASTOS DURANTE O PERCURSO

Durante o percurso, você precisa planejar as seguintes despesas:

1. Transporte interno: basicamente onde você estará sem a bicicleta. Eu considerei que faria transporte interno em até oito situações, acabei usando somente três, na chegada em Pamplona, na ida para Burguete e depois em Compostela. Usei apenas táxis e separei 50 euros para cada trecho, mas gastei menos. Não usei ônibus nem trem, mas é possível que os valores por trecho custem entre 10 e 30 euros. Cuidado com o uso de transporte público para ligação com aeroporto por causa dos horários.

2. Hospedagem: já falamos acima.

3. Refeições: algumas hospedagens não incluem café da manhã, mas eu procurava reservar sempre com essa refeição incluída, evitando assim ter de sair cedo e logo parar. Outra dica é comprar ingredientes para essa refeição no dia anterior no mercado. É mais barato e mais saudável, mas não terá o cafezinho preto. No caso do café, os gastos são em torno de 5 a 7 euros por dia ou até menos. Já para o almoço e o jantar, podem chegar até 20 a 25 euros, se você não optar pelo "menu do peregrino", que custa até 18 euros com um copo de vinho ou água incluído.

4. Lanches: em torno de 5 euros. Aqui considerei frutas, sanduíches, sucos, refrigerantes e sorvete.

5. Reserva para emergência com bicicleta ou com você: eu levei 200 euros e não precisei usar, ainda bem! Recomendo que você leve algo entre 200 e 300 euros para possíveis imprevistos.

Conforme você verá na planilha no final do capítulo, fiz uma estimativa de gastos diários de 150 euros e gastei na média um pouco mais do que 100 euros por dia de pedalada (numa parada de descanso em Astorga, gastei um pouco mais). Minhas estimativas de gastos totais, incluindo os hotéis, sem considerar passagens aéreas e a locação de *bike*, foi de um máximo de 4 mil euros, dos quais previ gastar até 2 mil euros em cartão de crédito e 2 mil euros em dinheiro, em notas de 5, 10, 20, 50 e 100 euros. Nas minhas viagens, seja de turismo regular, seja de aventura, sempre levo notas em dinheiro que sejam fáceis de ser trocadas. No Caminho, quase 100% dos estabelecimentos aceitam cartão de crédito, mas não há muita dificuldade em trocar as notas de valor maior. Voltei com o saldo positivo de pouco mais de 700 euros, e isso por causa dos gastos maiores em Compostela e é claro como todo bom brasileiro algumas comprinhas básicas.

É muito importante você saber a sua previsão de gastos por dia e controlar lá quanto está efetivamente gastando para não chegar no final sem reserva. Se precisar sacar dinheiro no caixa eletrônico, você encontra em qualquer lugar, até mesmo nas cidades pequenas, mas você não vai querer perder tempo com isso — o cansaço pode ser grande e o tempo que sobra queremos descansar ou conhecer a cidade. Sobre o cartão de crédito, sugiro levar duas bandeiras — Master e Visa e cuidado, pois American Express é menos aceito por lá.

O local onde mais gastei foi em Compostela. Estava tão feliz com a meta alcançada que me hospedei em um bom hotel, fui jantar num restaurante caro e comprei um presente especial para mim e para a minha esposa. Tinha muito que comemorar. Essas contas já estavam previstas. Eu realmente sugiro que você leve 10% a mais do total previsto para gastar em atrações e passeios em Compostela, pois lá no final tem muita coisa para conhecer, e comprar então...

Após a viagem, você pode gastar para fazer seu álbum de fotos, se você quiser fazer uma produção especial e impressa, mas se decidir manter as imagens digitais guardadas na nuvem ou em seu computador não vai gastar nada.

Nas planilhas ao final deste capítulo, ofereço a você um modelo simples e intuitivo para estimar quanto gastará na viagem. A primeira delas está preenchida com as minhas estimativas para facilitar o seu entendimento. A segunda é para você fazer o seu planejamento. Veja que é muito importante você definir os detalhes de seu roteiro, como número de dias e trechos.

No próximo capítulo, vamos falar sobre o que você precisa saber para escolher o momento ideal do ano para fazer a viagem.

PLANILHA DE PLANEJAMENTO FINANCEIRO DO AUTOR PARA O CAMINHO DE SANTIAGO

2a feira	3a feira	4a feira	5a feira	6a feira	Sábado	Domingo
						09/set
						Burguete (Day Off) & SJPP
10/set	11/set	12/set	13/set	14/set	15/set	16/set
Burguete - Pamplona via Larrasoana (24,5 + 16,5 = 41km)	Pamplona - Estella via Puente la Reina (24 + 22 = 46km)	Estella - Logrono via Los Arcos (22 + 28 = 50km)	Logrono - Santo Domingo de la Calzada via Najera (31 + 21 = 52km)	Santo Domingo de la Calzada - Villafranca Montes de Oca via Belorado (23 + 12 = 35km)	Villafranca Montes de Oca - Burgos via Atapuerca (18 + 21,5 = 39,5km)	Burgos - Castrojeriz via Hornillos Del Camino (20 + 20,5 = 40,5km)
17/set	18/set	19/set	20/set	21/set	22/set	23/set
Castrojeriz- Carrion de los Condes via Fomista (23 + 19 = 42km)	Carrion de los Condes - El Burgo Ranero via Ledigos e Sahagun (23+16+18,5 = 57,5km)	El Burgo Ranero - Leon via Mansila de las Mulas (19 + 20 = 39km)	Leon - Astorga via Villadangos del Paramo (22 + 28 = 50km)	Astorga (Day Off)	Astorga - Molinaseca via Rabanal del Camino (20 + 24,5 = 44,5km)	Molinaseca - Vega de Valcarce via Villafranco del Bierzo (31 + 18 = 49km)
24/set	25/set	26/set	27/set	28/set	29/set	30/set
Vega de Valcarce - Triacastela via Cebreiro (12 + 21 = 33km)	Triacastela - Portomarin via Sarria (21,5 + 21,5 = 43km)	Portomarin - Arzua via Palas de Rei (25 + 29,5 = 54,5km)	Arzua (Ribadiso) - Santiago de Compostela via Pedrouzo (24 + 20 = 44km)	Santiago de Compostela (Day Off)	SDC - Madri - RJ (AVIÃO)	

	Dias	Unitário	Total
Café da Manhã	17	7,00 €	119,00 €
Almoço	22	15,00 €	330,00 €
Jantar	22	20,00 €	440,00 €
Opção Hotel	20	75,00 €	1.500,00 €
Hotel em SC	2	120,00 €	240,00 €
Manutenção Bike	1	250,00 €	250,00 €
Lanche e Eventual	22	10,00 €	220,00 €
Taxi e tranp. diversos	8	50,00 €	400,00 €
Gastos com compras	1	300,00 €	300,00 €
Contingência	1	200,00 €	200,00 €
Gastos Gerais (Hotel)			**3.999,00 €**
Opção Albergue	20	25,00 €	500,00 €
Gastos Gerais (Albergue)			**2.999,00 €**
Cartão (Visa ou Master)			2.000,00 €
Cash (dinheiro mais trocado)			2.000,00 €

MODELO DE PLANILHA DE PLANEJAMENTO FINANCEIRO PARA O CAMINHO DE SANTIAGO

2a feira	3a feira	4a feira	5a feira	6a feira	Sábdo	Domingo
Dia 1	Dia 2	Dia 3	Dia 4	Dia 5	Dia 6	Dia 7
Viagem para Espanha	Chegada Espanha	Dia de preparação	Trecho 1	Trecho 2	Trecho 3	Trecho 4
Dia 8	Dia 9	Dia 10	Dia 11	Dia 12	Dia 13	Dia 14
Trecho 5	Trecho 6	Trecho 7	Trecho 8	Trecho 9	Trecho 10	Trecho 11
Dia 15	Dia 16	Dia 17	Dia 18	Dia 19	Dia 20	Dia 21
Trecho 12	Trecho 13	Trecho 14	Trecho 15	Trecho 16 (mínimo total do percurso com 50km por dia)	Chegada a SC	Santiago de Compostela (Day off)
Dia 22	Dia 23	Dia 24	Dia 25	Dia 26	Dia 27	Dia 28
Santiago de Compostela (Day Off)	Volta para casa	Chegando em casa				

	Dias	Unitário	Total
Café da Manhã	1	7,00 €	7,00 €
Almoço	1	15,00 €	15,00 €
Jantar	1	25,00 €	25,00 €
Opção Hotel	1	75,00 €	75,00 €
Hotel em SC	1	120,00 €	120,00 €
Manutenção Bike	1	250,00 €	250,00 €
Lanche e Eventual	1	10,00 €	10,00 €
Taxi e tranp. diversos	1	50,00 €	50,00 €
Gastos com compras	1	300,00 €	300,00 €
Contingência	1	200,00 €	200,00 €
Hotel no caminho	1	40,00 €	40,00 €
Albergue no caminho	1	20,00 €	20,00 €
Gastos Gerais	Indicar a quantidade		Soma da coluna

Capítulo 5

QUANDO FAZER O CAMINHO?

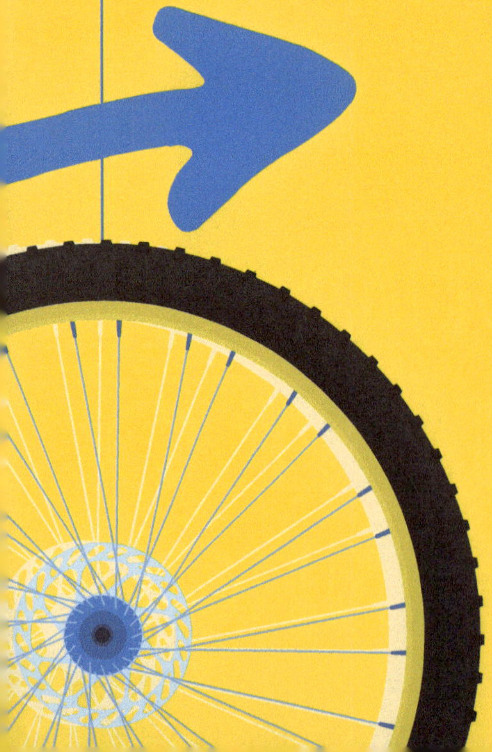

Escolher o melhor período para a sua viagem é extremamente importante para que você não somente aproveite a experiência ao máximo, mas também evite riscos que não valem a pena correr.

Começo sugerindo que você não faça o Caminho no alto verão nem no inverno. E por quê?

O VERÃO (INÍCIO DE JUNHO A FINAL DE AGOSTO)

O verão ao longo do Caminho costuma ser muito quente com as temperaturas variando entre 30 °C e 40 °C. Não é raro ultrapassarem os 40 graus. Durante a noite, a temperatura cai pouco e, mesmo assim, fica muito abafado.

É muito sacrificante andar de bicicleta em temperaturas como essas. Além disso, é uma época de alta temporada na Europa em que o Caminho fica bastante cheio: segundo a Oficina del Peregrino[24], aproximadamente metade dos viajantes fizeram o Caminho no verão e é a estação escolhida, principalmente nos meses de julho e agosto, para os europeus tirarem férias.

---

24 OFICINA de acogida al peregrino. **Informe estadístico**. Santiago de Compostela: Oficina Del Peregrino, 2020. Disponível em: https://www.oficinadelperegrino.com/estadisticas/.

Você pode demorar mais para pedalar nos caminhos de terra e pedra por causa do "trânsito" de peregrinos, assim como os riscos de acidentes são maiores. Além disso, a dificuldade pode ser maior para arrumar vaga nos albergues, cuja prioridade é acolher os peregrinos.

O INVERNO (DEZEMBRO A MARÇO)

Não faça de jeito nenhum a viagem no inverno. É um período em que neva, faz muito frio (temperaturas médias entre -10 °C e 5 °C), venta muito e fica impraticável pedalar nessas condições (os riscos de acidentes são bem elevados). Vários trechos são fechados pelas autoridades locais por motivos de segurança, como risco de nevascas, tempestades de neve e avalanches nas regiões montanhosas.

Outro problema é que muitos albergues, hotéis e restaurantes não abrem nessa época.

O inverno no Caminho

ESCOLHA A PRIMAVERA OU O OUTONO

Você vai encontrar em diversos *sites* e *blogs* a seguinte recomendação: faça o Caminho na primavera ou no outono. Concordo plenamente — as condições climáticas na primavera e no outono são mais amenas, os dias são mais abertos e bonitos.

Na Espanha, as estações do ano são bem-marcadas. Importante saber que também há notícias de peregrinos que enfrentaram grandes chuvas, neve fora de hora, condições extremas do clima, nessas estações.

Vamos ver agora mais detalhes de cada um desses períodos.

A PRIMAVERA (MARÇO ATÉ O FINAL DE MAIO)

Na primavera, recomendo que você vá em meio de abril ou maio, pois o clima já estará mais quente. Antes disso, corre-se o risco de ainda estar frio e existe até a possibilidade de nevar, mesmo que de forma mais branda — até a segunda ou terceira semana de abril —, o que pode levar as autoridades a fechar alguns trechos.

A primavera é literalmente a estação das flores, dos campos floridos, dos girassóis e do verde nos prados, florestas, carvalhos e pinheiros. Enquanto o verão está sujeito a algumas pancadas de chuva, em maio pode chover um pouco mais.

Nunca é demais frisar que, mesmo com chuva leve, você que fará a viagem de bicicleta deve parar. Não arrisque pedalar na chuva: mesmo que os alforjes protejam suas roupas, documentos e demais pertences, há muito risco de queda (o chão fica escorregadio) e, para quem usa óculos, a chuva atrapalha a visão.

Flores pelo Caminho na cidadezinha de Vega de Valcarce

Depois dos meses de verão, maio é o que mais recebeu viajantes. No ano de 2018[25], por exemplo, 40.665 pessoas completaram o Caminho em maio, e 50% mais em agosto (60.415). Portanto, não deixa de ser um bom mês também para você conhecer pessoas.

Eu fiz o Caminho em setembro de 2018, começando a pedalar num lindo domingo de sol, precisamente no dia 9 de setembro, e pedalei até chegar a Compostela no dia 27 de setembro — um total de 19 dias. Como já mencionei, eu quero fazer o Caminho novamente e pretendo viajar entre a última semana de abril e primeira de maio para aproveitar a exuberância da natureza.

O OUTONO (SETEMBRO A NOVEMBRO)

O outono é de pouca chuva, pouco vento, sol e calor aceitável (faz mais calor do que na primavera). Você pegará belos dias ensolarados no começo do outono. Minha sugestão é que você realize a sua "bicigrinação" entre início de setembro até a última semana de outubro. Apesar de ainda ser outono, evite o mês de novembro porque já estará mais frio e existe risco de neve em alguns trechos, além da disponibilidade de albergues e hotéis cair bastante.

Uma curiosidade é que o bicigrino anda a partir do leste em direção ao oeste, portanto com o sol às costas durante a manhã inteira e no início da tarde, por volta das 13 horas, o sol estará em seu rosto. Por isso, o ideal é sair para fazer o trecho do dia por volta das 8 horas, quando o sol já começou a nascer. No hemisfério norte, ele nasce mais tarde nesse período, e a Espanha está em horário de verão. O dia se torna mais longo e demora para escurecer (sempre depois das 19 horas). A Espanha inteira

---

25 Segundo a Oficina del Peregrino, no ano de 2018 completaram o Caminho nos meses de maio, junho, julho, agosto, setembro, outubro e novembro, 40 665, 45 85, 50 868, 60 415, 47 006, 35 602 e 7 651 pessoas, respectivamente. Para mais informações, acesse: http://oficinadelperegrino.com/wp-content/uploads/2016/02/peregrinaciones2018.pdf .

tem o mesmo fuso horário, o GMT +1. Para quem sai de Saint-Jean na França até Santiago de Compostela, ao longo de quase 800 km em direção ao sol poente, pode-se considerar que percorreu quase meio fuso horário (meia hora de diferença) e você pode perceber essa diferença pelo horário do nascer do sol.

Eu gostei muito de viajar no outono. É o período das frutas, pelo Caminho veem-se muitas videiras, cerejeiras, amoreiras e várias outras frutas no pé. Em compensação, as flores estão secas do pós-verão. Eu — que adoro girassóis (fanático pelas obras de Van Gogh, em especial o quadro *Os girassóis*, de 1888) — não vi um sequer em pé. No entanto, tive a alegria de ver as jardineiras floridas: não há uma casinha ao longo do Caminho sem flores na janela ou jardim.

Em toda a minha viagem peguei somente um dia de chuva fraca, logo na saída de Portomarín (muita sorte). Vale lembrar que o clima está mudando ano a ano, então você pode não ter a mesma sorte que a minha. Assim, sugiro que leve uma capa de chuva. Felizmente, a minha capa de chuva foi dar um passeio e voltou praticamente sem uso.

Por fim, nos meses de transição de uma estação para a outra, como do verão para o outono, pode ocorrer uma variação de temperatura mais alta. Você acorda às 6 ou 7 horas com 20 °C e às 9 horas já está fazendo 28 °C. Eu nunca peguei temperaturas acima de 30 °C durante a minha viagem, por isso não usei camisa de manga comprida nenhum dia, mas sim manguitos para proteção do sol.

Consulte bons *sites* ou aplicativos de serviço meteorológico para se preparar antes e estar bem-informado lá. Seguem as minhas dicas:

- → https://www.accuweather.com/pt/europe-weather
- → https://pt.euronews.com/meteorologia
- → http://www.aemet.es/es/portada

Espero que tenha gostado deste capítulo e saia daqui com uma ideia de quando pretende fazer a sua viagem. No próximo, vamos falar sobre a escolha da bicicleta, de fundamental importância para que tudo dê certo na sua jornada.

Com a mountain bike, a gente sofre um pouco mais quando vai para o asfalto pelo fato de ela ser mais pesada que as street e as speed bikes, além do maior atrito por causa dos pneus mais largos, mas é o modelo ideal para dar conta dos vários terrenos do caminho, de pedra, barro, terra e gramado, pois sua estrutura é robusta e resistente aos impactos.

Capítulo 6

A ESCOLHA DA BICICLETA MAIS ADEQUADA COMO SINÔNIMO DE BUEN CAMINO

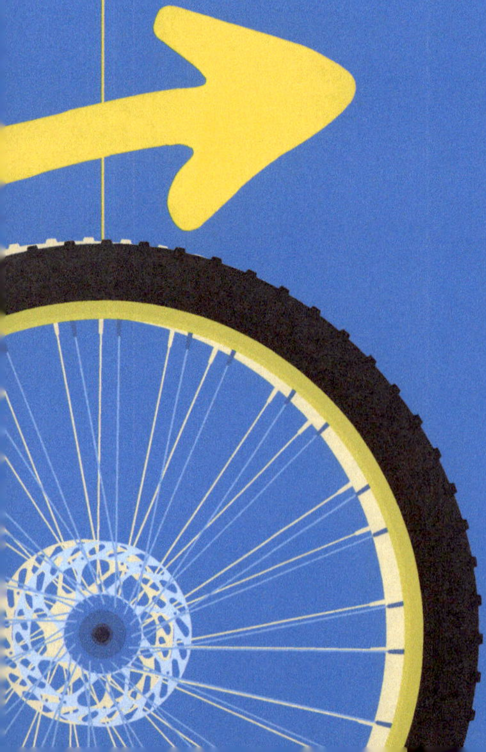

A escolha da bicicleta é uma decisão importantíssima para você aproveitar bem a viagem e evitar dores de cabeça desnecessárias.

Qual é o modelo ideal e para quais características você deve atentar? É melhor alugar a bicicleta, levar a sua do Brasil ou comprar uma no Caminho?

Vamos lá!

ALUGAR, LEVAR A SUA OU COMPRAR UMA NO CAMINHO?

Nunca tive dúvida do que ia fazer, optei por alugar, apesar de já ter uma boa bicicleta no Brasil, por dois motivos: 1. eu não queria correr o risco de a montagem da bicicleta não dar certo na chegada ou ter de mudar a cidade e os planos da minha chegada para algum lugar maior para ter apoio local; 2. pude levar uma mala mais pesada para despachar parte da bagagem por meio da empresa de aluguel.

Explicando melhor, a bicicleta precisa embarcar desmontada e há a necessidade de cuidar do despacho dessa bagagem. Eu não quis ter o transtorno de levar, carregar e montar. E chegar a uma cidade pequena, como Burguete, que foi a minha escolha, correndo o risco de não ter um serviço de montagem e regulagem de bicicletas, o que se confirmou depois. E, por fim, com a facilidade do aluguel, eu levei uma mala, que ficou com a empresa de locação de bicicleta no início da viagem e que me foi devolvida somente em Compostela, e com isso pude levar roupas para passear nos dias que fiquei na cidade e comprar algumas coisas e presentes.

É claro, se você leva a sua *bike* do Brasil, conta com as seguintes vantagens: já conhece a bicicleta, pedalou muitos e muitos quilômetros, sabe como engatar a marcha, usar o freio, quais são os problemas que podem acontecer com ela. Você tem intimidade com a bicicleta e não gasta o valor do aluguel. Lembre-se, porém, de que terá despesas antes para deixá-la redonda e depois, porque ela sofrerá desgastes com o Caminho. Dos bicigrinos que conheci, a maioria levou a própria *bike*, em segundo lugar estavam aqueles que alugaram e apenas uma pessoa comprou lá.

Atenção: se pretende levar sua bicicleta, não se esqueça de mandá-la antes para uma revisão completa. Caso os pneus, câmaras, freio e suspensão estejam já um tanto desgastados, recomendo que os troque por novos, pois são as partes que mais sofrem com os impactos dos trechos que apresentam buracos, pedras e terra e todas as outras dificuldades no Caminho.

Retomando o assunto do aluguel, como já disse, não se esqueça de contratá-lo com antecedência e exigir que o modelo escolhido siga as características que você pediu. Aliás, se você não tiver o mesmo modelo da bicicleta que vai alugar, sugiro que pesquise e veja uma no Brasil antes de ir, com amigos, em lojas especializadas etc. Eu achei as condições de aluguel boas: as facilidades de pegar e retirar a *bike*, a devolução da minha mala; a variedade de modelos, podia escolher com ou sem alforjes e *kit* de manutenção. E separe um tempo para fazer um *test-drive* na bicicleta ao "encontrá-la": é fundamental dar uma volta e ver se está tudo ajustado. Esse é o melhor teste que você pode fazer para saber se ela está em ordem ou se necessita de ajustes.

E se acontecer algum problema com sua *bike*, precisar de manutenção ou instalação de algo, você vai encontrar oficinas e serviços de assistência para ajustes no Caminho. Eu, por exemplo, parei em Pamplona para instalar o meu hodômetro com velocímetro, em León fiz uma limpeza geral e em Sárria fiz manutenção geral nos freios com troca de pastilhas traseiras. Procurei todos esses serviços durante o Caminho pela internet e os encontrei facilmente.

Vale contar a minha passagem por Sárria: meu primo e eu entramos na cidade; procurei mecânico de bicicleta, achei no resultado da busca — Sr. Ramón — era pertinho, dobrei à direita pouco depois da chegada à cidade e parei na frente da oficina, que estava fechada, amarrei a bicicleta, fui tomar uma cerveja e comer uma fruta, esperando o Sr. Ramón chegar. Quando ele chegou, conversamos e eu lhe pedi que trocasse o freio, fui tomar mais uma cerveja e, quando a *bike* ficou pronta, fomos embora. Simples demais e muito eficiente.

Voltando à empresa de aluguel: ela precisa ser idônea também. Cuidado com o famoso "gato por lebre", informe-se em fóruns atualizados, em *sites* similares ao "Reclame aqui", veja se tem boas recomendações de clientes. Não precisa ser necessariamente uma empresa que está há anos no mercado, uma *startup* também pode ser boa, mas pesquise. Aí vai uma listinha de pontos importantes, além de buscar as avaliações sobre a empresa: oferecer opções de bicicleta, opções de acessórios, possibilidade de pacotes/planos diferentes e troca da bicicleta em até 24 a 48 horas, no caso de acidentes, para não "matar" o seu Caminho.

A empresa que eu escolhi, a Bikeiberia[26], foi assim e foi ótima, até a cor da bicicleta eu sabia. Quanto a conseguir a mesma marca de *bike* que

---

26 Para mais informações, acesse: https://www.bikeiberia.com/.

você conhece e usa no Brasil, isso é difícil. O importante é estar confiante que optou por uma boa empresa, que seja reconhecida pela qualidade do serviço que presta. As empresas de aluguel geralmente não têm representantes ao longo do Caminho para ação rápida, mas no contrato deve estar prevista a troca da *bike* em 24 a 48 horas, assim como receber a bicicleta revisada. Além disso, pode valer a pena avaliar seguro da *bike* contra roubo. Eu não fiz, talvez tenha me arriscado, mas dei sorte!

QUAL BICICLETA ESCOLHER?

Independentemente de você levar a sua bicicleta do Brasil, alugar ou comprar uma no Caminho, ela precisa ter as características adequadas e ser de um modelo que dê conta ao mesmo tempo dos trechos de terra, barro, pedra e asfalto.

Seguem algumas das principais características que uma boa *bike* deve ter para suportar bem o Caminho de Santiago:

→ marchas: faz diferença o número, portanto, pense que você pode ter até três discos na frente (pedivela) e onze atrás (cassete). O tamanho do disco deve ser escolhido conforme o tamanho de dente. Uma boa bicicleta possui a partir de dois discos na frente e oito atrás. A parte traseira é chamada de cassete e ajuda a andar mais e fazer subidas maiores. O número de marchas é importante, mas o que interfere no desempenho é o tamanho do disco. Quanto maior o traseiro, menos esforço você fará;

→ freios: a disco (mecânico ou hidráulico) nas duas rodas, para menor desgaste e também porque é mais fácil de trocar. A vantagem de utilizar freio a disco é que o freio não entra em contato com o aro da bicicleta e assim não se desgasta, além do que em caso de aro torto ou desalinhado a frenagem fica prejudicada. Outro detalhe vantajoso é o fato de o sistema de freio ficar no meio da roda, assim tem menos contato com lama e água. O freio a lona tem mais riscos de não funcionar adequadamente com lama e chuva. A diferença entre o freio a disco mecânico e o hidráulico está no acionamento. No mecânico, é necessário forçar mais para acionar o freio; no hidráulico, o acionamento é mais forte, preciso e macio, mas ambos são tão eficientes e dão respostas rápidas que as *bikes* de ciclismo de estrada já estão usando esse tipo de sistema;

→ amortecedores: idealmente, amortecedores dianteiros (foi o meu caso), mas talvez não seja imprescindível;

→ pneus: confira se não estão desgastados ou carecas. Eles não precisam ser novos, mas precisam ter os dentes. É essencial levar do Brasil ou ter no contrato de aluguel um *kit* de reparo de pneus;

→ tamanho e aro da bicicleta: o aro deve ser de acordo com o tamanho de quem vai pedalar. Eu tenho 1,84 m e aluguei um modelo 57/58. Hoje existem tabelas que informam isso: tamanho da *bike* × tamanho da pessoa, aqui estamos falando de altura e não de peso. Quem pedala não pode esticar a perna toda nem dobrá-la demais. Portanto, a altura ideal do assento é quando o banco bate no começo no quadril do bicigrino posicionado ao lado da bicicleta, de tal maneira que, quando estiver sentado, ele consiga colocar a ponta dos pés no chão de forma reta, se não for assim, acabará dobrando demais os joelhos e ficando cansado.

Existem diversos tipos de bicicleta, mas vou recomendar três de montanha (*mountain bike*). Com a *mountain bike*, a gente sofre um pouco mais quando vai para o asfalto pelo fato de ela ser mais pesada que as *street* e as *speed bikes*, além do maior atrito por causa dos pneus mais largos, mas é o modelo ideal para dar conta dos vários terrenos do Caminho, de pedra, barro, terra e gramado, pois sua estrutura é robusta e resistente aos impactos. Os três modelos que recomendo a seguir são parecidos. A única grande diferença é a suspensão.

→ *hardtrail mountain*: modelo com pneus grossos e bons freios. Tem suspensão na roda dianteira, que auxilia a transpor buracos — e são muitos pelo Caminho —, mas os pneus grossos têm mais atrito nos terrenos planos, o que consome mais energia do bicigrino e cansa mais. Sua engrenagem e seus freios estão preparados para qualquer coisa. Ela tem freio a disco (mais eficiente do que o de borracha) e amortecedor dianteiro, que é o mínimo necessário, mas se você achar melhor com os dois, pegue uma assim. Este foi o modelo que escolhi;

→ *full suspension mountain*: possui suspensão em ambas as rodas e pneus grossos. Tende a ter um bom freio e é bastante confortável em terrenos acidentados, apesar de ser pouco eficiente no asfalto. É mais sofisticada e mais cara, mas não melhora muito a condição em relação à *hardtrail*;

→ *fully rigid mountain*: vem com garfos fixos, um quadro robusto e pneus grossos, é adequada também para a cidade. Boas engrenagens e freios significam que você pode cobrir longas distâncias com facilidade, mas há a necessidade de usar pneus mais finos no asfalto. Por não ter suspensão, sugiro que seja sua última opção porque cansa mais os braços.

OS MODELOS DE BICICLETA QUE NÃO INDICO:

→ *street, speed ou road*: têm pneus mais finos e opções de marchas projetadas para o asfalto. São modelos mais leves e rápidos, eficientes na estrada e capazes de lidar bem com subidas, mas são mais delicadas. Elas não são adequadas para o Caminho. Se você colocar uma delas em trechos de pedra, vai destruí-la. No entanto, se fizer todo o percurso pelas estradas, estas serão certamente a melhor escolha.

Eu optei por uma *hardtrail mountain*, com pneus mais grossos, freio a disco mecânico e amortecedor dianteiro para controlar a *bike* nos buracos do Caminho, lembrando que o amortecedor dianteiro vai afetar minimizar os impactos nos braços e o traseiro nas nádegas. Fiz uma boa escolha, pois pedalei 600 km e só então o freio deu problema.

Mountain Bike com alforjes, assento acolchoado, 2 garrafas de água, bolsa traseira (com a concha de Santiago) e bolsas dianteiras. Detalhes da suspensão dianteira e freios a disco

NA TABELA ABAIXO ESTÃO TODOS OS DETALHES DO MODELO DE BIKE QUE EU ALUGUEI:

MODELO:	*Giant, hard trail mountain bike,* de 29 polegadas (meu primo alugou uma de 26) com freio a disco e não hidráulico nas duas rodas.
MARCHAS:	3 × 8.
CORRENTE E CADEADO DE SEGURANÇA:	usei o cadeado deles, mas não foi bom, pois ele travou logo no início. Eu levei o meu também, mas com isso carreguei mais peso (foi muita falta de sorte… rsrs).
PEDAIS:	escolhi um pedal sem clipe, por segurança. Num terreno mais plano o clipe é bom, porque dá firmeza, a gente fica "preso" na bicicleta e por isso faz menos esforço. Já em terrenos mais acidentados não vale a pena, pois você fica preso no clipe. Se acontecer algo, você precisa ser rápido e tirar o pé do clipe, senão cai agarrado na bicicleta. O meu primo também fez essa escolha.
ACESSÓRIOS:	vou descrevê-los no próximo capítulo.
BAGAGEIRO:	é importante ter o de trás para carregar uma bolsa traseira (com materiais, como produtos de limpeza e de manutenção da bicicleta) ele também protege as costas — você não é atingido pelos detritos que a roda manda para cima e, quando chove, não molha as costas. Quem não tem isso na *bike* que levará do Brasil, provavelmente vai precisar comprar antes de ir ou instalar lá.
BOLSA FRONTAL:	a ser fixada no garfo do guidão.

Como sugestão final, vale muito a pena você investir um pouco de tempo para entender o essencial de bicicletas e suas partes. Recomendo a leitura do ótimo livro, disponível em inglês, *The Complete Bike Owner's Manual*[27].

Também fiz um curso básico de manutenção de bicicletas antes de embarcar, não pratiquei nada, mas me senti mais seguro. Embora haja um bom número de oficinas e serviços de assistência nas cidades maiores ao longo do Caminho, acredito que você deve ser capaz de se virar numa eventual situação em que não conte com suporte imediato. Todo bicigrino precisa saber mexer minimamente em corrente, freio e pneu: fazer emenda na corrente, trocar pneu e pastilha de freio.

No próximo capítulo, vamos falar dos acessórios que você deve ter na bicicleta para sua manutenção, para carregar vestuário e demais pertences.

---

27 BEAUMONT, Claire; SPURRIER, Ben. **The Complete Bike Owner's Manual**: repair and maintenance in simple steps. London: DK, 2017.

A VIDA DE BICIGRINO
NÃO É ANDAR ELEGANTE
À NOITE, A ROUPA DE
PASSEIO É QUASE A MESMA
DO DIA, PRATICAMENTE
O "MESMO UNIFORME".
TENHA EM MENTE QUE É UMA
VIAGEM DE INTROSPECÇÃO,
NINGUÉM REPARA SE VOCÊ
REPETIU A ROUPA OU NÃO,
CUIDADO — A VAIDADE
PODE PESAR NA BAGAGEM.

Capítulo 7

O QUE MAIS CARREGAR NA BIKE

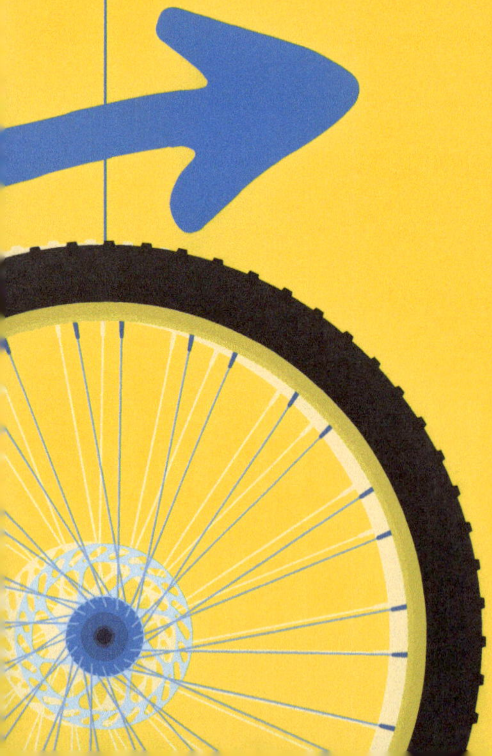

Como já comentei, a empresa com a qual fechei contrato de aluguel (Bikeiberia) não tinha representantes nem lojas ao longo do percurso e eu não contratei o serviço de apoio, então funcionou assim: eles entregaram a *bike* completa com todos os acessórios no ponto de partida, que, no meu caso, foi a pequena cidade de Burguete. No dia da minha partida deixei com eles a minha mala com algumas peças para usar na chegada. Depois, assim que cheguei a Santiago de Compostela, minha mala já estava no hotel, e deixei a bicicleta, após uma limpeza rápida e superficial para que eles fossem retirar. Ao longo do Caminho, eles só vão ao encontro do cliente em caso de troca de bicicleta, e isso pode ser feito em 24 a 48 horas. Com isso, decidi levar tudo de que eu pudesse precisar para não ter surpresas no Caminho. E, é claro, alugar uma bicicleta já equipada com o mínimo, para não dizer o máximo, necessário.

A Bikeiberia me entregou em Burguete a bicicleta junto de uma caixa de papelão, que continha alforjas, garrafa de água, caramanhola (para colocar a garrafa de água), bolsa do guidão, bomba de ar, *kit* de conserto de pneus, câmara de ar, corrente com cadeado para segurança. Deixaram isso num sábado e eu iniciaria o percurso na segunda-feira, então tive tempo de desmontar a caixa e montar cada acessório na bicicleta, e eles retiraram a minha mala, que ficou no hotel na segunda-feira. Dentro da minha mala, deixei as caixas de papelão dobradas e as roupas para eu usar nos últimos dias em Santiago e de volta para o Brasil, tudo trancado.

QUANTO DE PESO VOCÊ CARREGARÁ?

Antes de colocar a lista de acessórios de forma detalhada, vale lembrar que a equação de peso é a seguinte: i) a do peregrino é que a mochila represente no máximo 10% do seu peso corporal, ii) e a do bicigrino é igual a: peso corporal + peso da *bike* (cerca de 13 kg) + o que ele vai carregar. A minha ficou assim: 2 kg das bolsas de frente + 4 kg bolsa de trás + 1 kg de garrafas de água + 1,5 kg da mochila das costas. Total entre 20 kg e 25 kg.

Hoje em dia existem bicicletas de 7 kg, feitas de fibra de carbono, qualquer quilo a menos faz diferença, mas é muito difícil encontrar *mountain bikes* assim, elas são mais pesadas, rígidas e duras, com pneus mais grossos. Geralmente pesam entre 13 kg e 14 kg. Agora, o verdadeiro ditado do ciclista é que o lugar mais fácil de tirar peso é a barriga...rsrsrs. Brincadeiras a parte eu emagreci pouco mais de 7 kg em 21 dias no Caminho. Voltei magro como nunca estivera na minha vida adulta.

A MINHA LISTA DE ACESSÓRIOS

→ 1 caramanhola e uma garrafa de água: levei um conjunto adicional além daquele que a Bikeiberia forneceu, ou seja, dois suportes para duas garrafas (em que cabiam de 500 ml a 600 ml, cada). Preferi levar duas, para ganhar mais autonomia, não precisando parar para comprar ou abastecer em fontes (eram frescas, mas não geladas). É fácil encontrar água pelo Caminho, mas optei por ir com uma bem gelada, que se mantinha assim porque eu deixava no frigobar do hotel. Afinal, eu não conheço uma garrafa térmica verdadeiramente eficiente, eu tenho uma metálica da Columbus, mas não é completamente eficaz;

→ dois alforjes ou *alforjas* em espanhol (*paniers* em inglês): que são muito fáceis de colocar e tirar. Minha recomendação é contratar dois de 12 litros cada, no máximo, o que já representa bastante peso, permitindo assim levar os 20 kg a 25 kg sugeridos (10 kg em cada alforje). É importante pensar no impacto do peso a ser carregado na bicicleta *versus* as condições de terreno (subidas, trechos com chão de pedra etc.). Se o bicigrino quiser guardar diferentes itens num alforje é possível, mas eu preferi separar de forma organizada, levando roupas limpas, itens de higiene e *nécessaire* de remédios e primeiros socorros em um alforje e no outro colocava minhas roupas sujas;

→ uma mochila leve, pequena e fininha de costas (guardei nela passagens, reservas dos hotéis, passaporte, cartão de crédito, dinheiro e meus caderninhos para tomar notas) e com tudo isso ficava sempre grudada no meu corpo;

→ uma bolsinha que coloquei no eixo central da bicicleta, de fácil acesso, onde ficavam o celular e os sachês de energético;

→ uma bolsa do bagageiro: a minha vida estava nesse bagageiro, remédios, objetos de higiene pessoal etc., por isso eu a tirava toda noite da bicicleta e guardava comigo no quarto. Essa é difícil de nos esquecermos, e ninguém nos rouba quando estamos com ela, pois vai amarrada na *bike*;

→ uma bolsa frontal, que fica presa no guidão, para levar todo o material de manutenção da *bike*: a bomba, o *kit* básico de ferramentas, o *kit* de reparo dos pneus e de corrente, o óleo para a corrente, as duas câmaras de ar reserva, um conjunto de pastilhas de freio dianteiro e traseiro. A Bikeiberia ofereceu uma bomba, uma câmara (e eu levei outra), um *kit* de ferramentas, mas eu comprei um também. É possível negociar com a empresa para que cedam mais acessórios;

→ sacos plásticos herméticos: para proteger do suor o que vai em contato direto com o corpo — exemplo: celular — ou para guardar roupas molhadas;

→ um identificador pessoal: considero este um item bem importante e usei o chamado Road ID — uma espécie de "bracelete", no qual é possível colocar seu nome, a cidade e o país onde o bicigrino mora, nome de contatos, de familiares e número do seguro de saúde que está levando. Você pode escolher as informações que deseja incluir, como tipo sanguíneo. Eu mandei fazer o meu pela internet nos Estados Unidos[28] e ficou pronto muito rapidamente. Fiz dois — um em espanhol e um em português (para ficar usando no Brasil). Tem de várias cores e modelos. Também é possível fazer uma versão mais simples e colocar os dados em local visível na mochila e plastificar. Esse acessório me pareceu extremamente útil e por essa razão uso até hoje em minhas pedaladas no Brasil evitando a necessidade de andar com documentos;

→ duas lanternas (dianteira e traseira): só a traseira é imprescindível para ser usada em qualquer lugar, em qualquer horário para chamar a atenção. Pendurei a minha lanterna na traseira da bicicleta; tem gente que coloca no capacete, ou em cima dos alforjes;

→ um hodômetro com velocímetro: equipamento fundamental, é necessário saber instalar, também é possível comprar no próprio Caminho e levar para instalar em alguma oficina. Há quem prefira fazer o acompanhamento via aplicativo com GPS. O aplicativo Strava ajuda, aliás qualquer instrumento que lhe permita ver a velocidade e a distância percorrida será útil. Eu cheguei a Pamplona sem hodômetro, comprei um e instalei numa oficina;

---

28 Para mais informações, visite: https://www.roadid.com .

→ E, a cereja do bolo, a concha do peregrino: que todos usam no Caminho (vamos falar disso adiante).

Para as mulheres, creio que a única diferença é o menor peso nos alforjes, até porque suas roupas e calçados são mais leves.

Alguns desses acessórios para transportar seus diferentes itens não são imprescindíveis. Se você preferir usar só os alforjes pode fazê-lo. Eu prefiro tudo mais organizado e separado, por isso fiz como descrevi.

Com essa lista de acessórios, você deve estar se perguntando se todo dia eu tinha de montar e desmontá-los? Não. Havia vários itens que ficavam fixos, como a caramanhola e a bolsa do guidão. Eu tirava a bolsa que ficava em cima do bagageiro ("a minha vida estava lá"), as garrafas de água para reabastecer e colocar para gelar, e os alforjes, pois, como falei, tinha a roupa limpa em um deles e no outro eu tinha de colocar a roupa suja.

> **Imprescindível:** levar reparo de pneu e câmara de ar, reparo de corrente, bomba de ar, que é possível conseguir na própria locação. Os reparos de pneu e de corrente não pesam quase nada, mas as duas câmaras são grandes e pesam. Dá certo trabalho, mas é factível. Eu fui conservador e complementei levando um *kit* de manutenção adicional, que comprei no Brasil e já treinei com ele aqui.

É interessante que alguns itens sejam à prova d'água, como alforjes, bolsa traseira, pois você pode pegar alguns dias de chuva e lama. E outros com os chamados "olhos de gato" ou as fitas lumicolor, indicados para quem for andar à noite ou de manhã muito cedo. Os meus tênis e a minha mochila tinham as fitas. Porém, eu não recomendo que se ande à noite, afinal luz de bicicleta não é FAROL. Aliás, aproveito para fazer outra recomendação: evite as roupas pretas, mesmo que sejam fáceis de lavar, não vale a pena levá-las por causa do calor e da baixa visibilidade. Melhor optar pelas amarelas, azuis, verde-claras. Eu levei duas amarelas, uma azul e duas verdes. Todas claras.

Por ter ficado hospedado em hotel, não levei saco de dormir, nem colchão de ar, além disso, eu os considero incômodos de transportar e encher e esvaziar para guardar, mas quem optar por ficar em albergue vai precisar por questão de higiene, aquecimento e conforto, mas saiba que podem ser pesados ou volumosos, apesar de já existerem modelos um pouco mais leves atualmente.

Agora fica a pergunta: é fácil montar tudo isso na *bike*? Sendo pragmático, não nos primeiros dias, mas depois, com a prática, tudo funciona. Tudo o que fazemos pela primeira vez na vida tem sua curva de aprendizado.

De qualquer forma é possível mandar os alforjes de uma cidade a outra usando um sistema de transporte de bagagem, que atende tanto peregrinos como bicigrinos. É muito simples de usar, basta preencher um envelope da própria empresa com o endereço onde os alforjes precisam ser entregues e colocar o valor relativo ao serviço dentro do envelope e "pendurar", usando o elástico que vem junto, no alforje ou bagagem. Custou na época entre 5 e 6 euros por alforje, dependendo do trecho, e isso obviamente tira um peso substancial da bicicleta e, por consequência, reduz o seu esforço. Eu gastava de 10 a 12 euros por dia com esse serviço. O valor é determinado por volume e não pelo peso. Para cada região, eles têm uma pessoa de contato, mas dá para negociar com esse contato um pacote até o final da viagem e aí sai um pouco mais barato. Eu negociei um pacote a partir de Burgos e paguei tudo de uma vez e não precisava mais preencher envelope com dinheiro trecho a trecho, tratava tudo por WhatsApp.

Eu comecei a usar esse sistema depois de Estela, pois só descobri esse serviço lá, e fui com ele até o final. A vantagem de saber das informações antes é se organizar, inclusive financeiramente, pois na minha planilha, por exemplo, eu não havia calculado esse gasto de 200 euros a mais, por sorte levei alguma reserva.

Utilizei a empresa Jacotrans[29], mas existem pelo menos seis outras que oferecem o serviço e o próprio Correio da Espanha[30] dispõe de um que é fantástico e muito usado, eu recomendo.

Lembre-se de que, ao retirar peso, o que permanece na *bike* precisa dar o equilíbrio. Não pode ter mais peso em um dos lados. Eu optei por tirar os dois alforjes, pois conseguia ficar sem eles tranquilamente durante o dia. Os meus estavam pesando 13 kg no total. Tirar e colocar os alforjes na bicicleta não era o problema, pois era muito fácil fazer isso, mas não carregar o peso é que fazia a diferença.

Dica importante: coloque os documentos, os valores e as coisas importantes em dois volumes, assim, se perder algo ou for roubado, você terá uma chance de não precisar voltar para casa antes. Eu, por exemplo, sempre faço isso nas minhas viagens regulares, porém dessa vez estava mais relaxado e não o fiz. Lei de Murphy, esqueci minha mochila no hotel em Estela. Lá estavam meus remédios, cadernos com anotações dos lugares em que me hospedaria, além de passagens, passaporte e demais documentos. Por sorte, dei pela falta dela a 1,5 km de distância e voltei voando. Obviamente suei a camisa, fiquei nervoso, deu taquicardia, mas achei a mochila exatamente no lugar onde a havia esquecido. Pedalei 3 km a mais nesse dia, 1,5 km de ida até o hotel e 1,5 km de retomada do percurso, a distância foi pequena, mas em termos de ansiedade pareceu uma infinidade. Por causa disso, naquela noite separei tudo em dois volumes (remédios, dinheiro, cartão e cópia do passaporte). Eu não levei doleira, mas vários bicigrinos levam o modelo de usar no pescoço. Ela deve ser de plástico para proteger os itens do suor. Você tem várias opções de acessórios para dividir e guardar volumes diversos.

---

29 Para mais informações, acesse: https://www.jacotrans.es/ .
30 Saiba mais em: https://www.elcaminoconcorreos.com/pt/envio-malas .

E antes de terminar este capítulo, um lembrete: quando você concluir a viagem, precisará entregar a bicicleta limpa, na medida do possível, e todos os itens a serem devolvidos dentro da caixa de papelão (alforjes, bolsa dianteira, corrente etc.), a garrafa e a caramanhola eram itens de cortesia e pude trazer de volta para o Brasil (até hoje tenho a caramanhola na minha *bike*).

No próximo capítulo, vamos mostrar ideias do que levar de roupas, calçados, itens de higiene, primeiros socorros e remédios.

Capítulo 8

O QUE LEVAR DE ROUPAS, CALÇADOS, ITENS DE HIGIENE, PRIMEIROS SOCORROS E REMÉDIOS

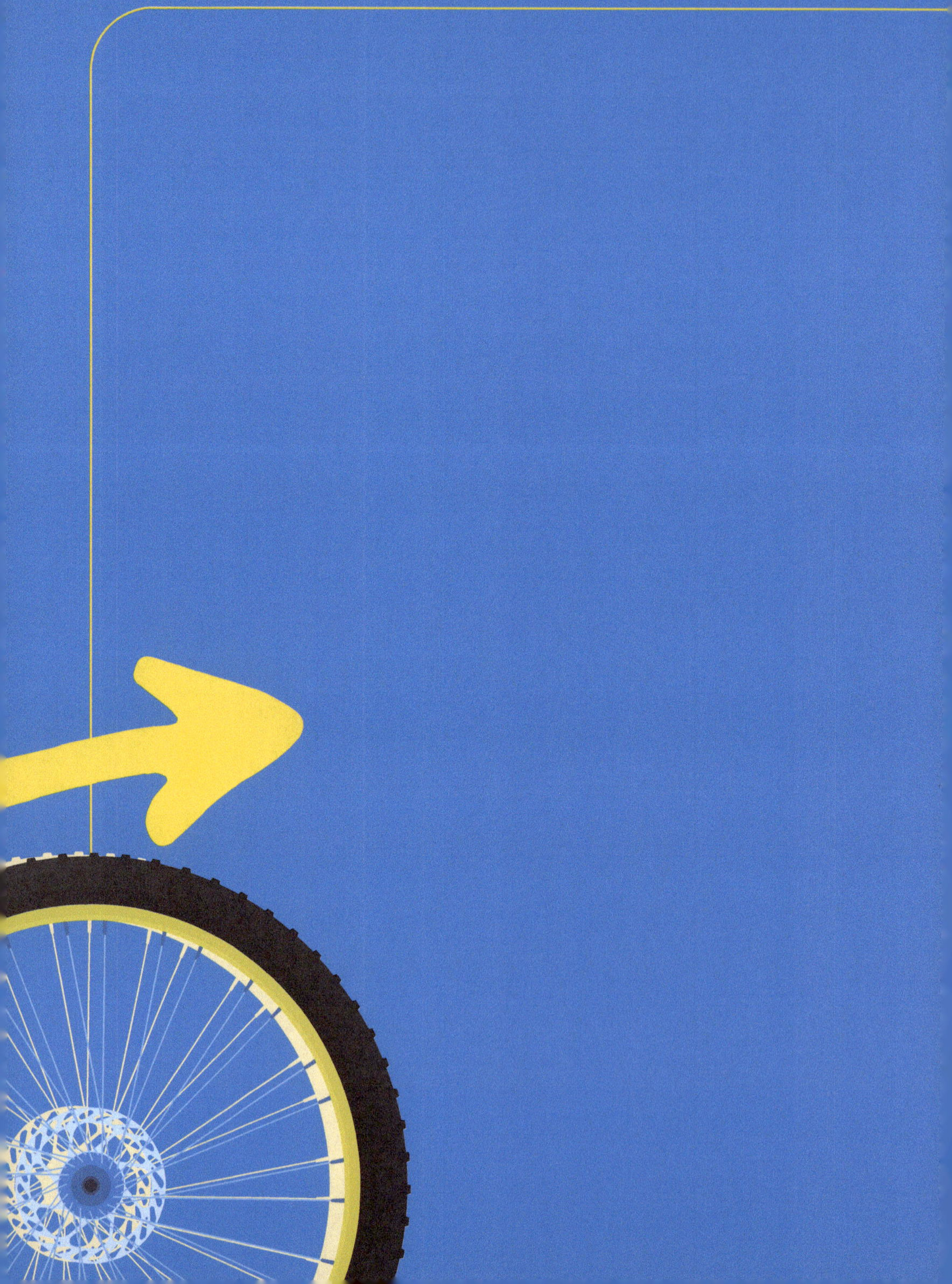

Depois de ter completado o Caminho, posso dizer que fiz uma conta justa do que eu precisaria em relação às roupas. Eu poderia ter levado uma roupa a menos para andar de bicicleta, ou seja, basicamente uma bermuda e uma camiseta a menos, e talvez ter levado uma calça a mais para pedalar, mas apenas isso. Levei quatro conjuntos de roupa de pedalar e quatro de camisetas para sair na cidade para as três semanas que passei lá. Andar com a roupa de ciclista nas cidades não dá, ela é justa e desconfortável. E meu primo, que ficou menos dias do que eu (somente dez dias e pedalou quase 400 km), levou um conjunto a menos. Ele poderia ter lavado ainda menos, mas como não ia usar o serviço de lavanderia, como eu fiz, preferiu levar a mais.

LAVE SUAS ROUPAS NA VIAGEM

A grande vantagem de lavar suas roupas ao longo do Caminho é a economia de peso. Veremos outras a seguir.

Quem fica em albergue pode lavar ali mesmo, porém os locais para pendurar e conseguir uma boa secagem variam de albergue para albergue. Alguns têm varais e uma boa área de exposição ao sol, outros têm lugar apenas no quarto, no próprio beliche. Para este caso, é importante levar os alfinetes de segurança que servem de pregadores de roupa. Outra saída é terminar a secagem da roupa pendurando-as em algum lugar na *bike*, com certeza elas secarão durante o trajeto.

Como fiquei em hotéis e usei o serviço de lavanderia, optei por lavar somente as cuecas nos hotéis, como não levei sabão em pó, usava sabonete de banho mesmo, mas se precisasse compraria no mercado local. Quem optar por lavar as roupas nas pias ou boxes de hotel terá total liberdade, se não estiver dividindo o quarto, é claro.

Minha rotina com as roupas foi mais ou menos assim: a cada cinco a seis dias, eu usava as lavanderias automáticas locais (baratas e práticas). Escolhi fazer dessa forma nas cidades maiores, que com certeza tinham essas facilidades, poucas são as cidades pequenas com esse recurso e, como fiquei em várias, não ia encontrar isso em qualquer lugar.

Eu lavava tudo em menos de uma hora, um ciclo para lavar e outro para secar a um custo de 10 a 12 euros por lavagem e secagem. Enquanto isso, sentava-me à mesa de um bar, comia e ficava vendo do lado de fora a máquina girar. Eu alternava a cada dia a roupa para dar certo a conta de chegar no ponto de poder lavar todas juntas.

As minhas paradas em lavanderias ocorreram em duas cidades apenas, em Burgos e León. Quando cheguei a Compostela, as roupas já estavam bem sujas de novo, mas optei, é claro, por lavar na volta ao Brasil. Em Arzúa, meu primo e eu compramos uma camiseta de ciclista com imagem de Compostela para chegar ao *gran finale* limpinhos, assim somei mais uma camiseta à minha conta final. Quando pedalo com ela aqui no Brasil, várias vezes "esbarro" com outros peregrinos e até bicigrinos que a reconhecem e paramos para conversar sobre lembranças e vivências do Caminho.

COMO MONTAR O SEU ENXOVAL

No jargão dos bicigrinos e peregrinos chamamos as roupas necessárias para a viagem de "enxoval" e faço questão de compartilhar o meu com vocês. Eu o organizei a partir de livros que li e depois o ajustei para o que eu achava melhor para mim. Vale lembrar que o enxoval do bicigrino pode ser praticamente o dobro ou mais do que o peregrino consegue levar/carregar.

O meu, com certeza, servirá de referência para homens, mas tomei o cuidado de pegar algumas dicas com uma amiga bicigrina para as mulheres também. Montei dois *kits* de roupas (para pedalar e passear nas cidades), incluindo acessórios, *kit* de higiene e remédios:

→ **Para pedalar:** 4 camisetas, 3 bermudas e 1 calça longa de ciclista, 4 ceroulas (usei muito para não pegar sol nas pernas), 4 manguitos (aquelas mangas usadas para proteção de sol e frio), 4 meias com tecido antimicrobiano um pouco mais longas, 1 sapatilha/tênis (eu já comentei que levei alguns meses pesquisando a ideal. A minha é da marca Pearl Izumi, muito boa e poderia usar com ou sem clipe na *bike*), 1 capacete (eu levei o meu, pois acho muito pessoal, e é difícil alugar sem testar o capacete, imagina se no dia que vai pegar a *bike* de aluguel vem um maior do que a sua cabeça, não tem o que fazer; a outra alternativa é comprar lá), 2 pares de óculos escuros (imprescindível levar ao menos um para proteger do sol e enxergar bem o caminho para evitar acidentes), luvas para pedalar (levei 2 luvas, uma de cada tipo: sem e com dedos), 1 agasalho tipo corta--vento impermeável e 1 protetor de chuva para as sapatilhas (mesmo na época do ano em que eu fui, setembro, as mudanças de clima são inesperadas e não podemos arriscar), 2 toalhas de microfibra pequenas de secagem rápida para o rosto no dia a dia e 1 relógio para controlar pulsação. Para as mulheres, é importante considerar 4 *tops* para usar no lugar do sutiã, tanto para andar de *bike* quanto à noite.

> **Extras que podem ser importantes:** se você precisa tomar mais cuidado com a exposição ao sol, leve um boné para sua proteção. O indicado é aquele chamado de legionário/pescador ou boné de *trekking*, que protege o pescoço também e deve ser colocado embaixo do capacete. Eu fiz uma adaptação, cortando a aba.

As minhas camisetas de ciclista não tinham proteção UV, pois eu priorizei a existência do bolso traseiro para levar dinheiro e celular, e para serem de uma cor que me identificasse. Entretanto, pode ser uma boa ideia levar camisetas com proteção UV. Também comprei uma única blusa de frio preta que eu poderia usar por baixo das camisetas durante as pedaladas, para possível uso em qualquer dia com temperatura mais baixa.

Outro item importante para mim foram os óculos: levei 4 pares, todos multifocais — 2 deles eram óculos escuros. Afinal, se algum quebrar, você terá um reserva, e no meu caso, que tenho fotofobia, não dá para ficar sem óculos escuros durante a pedalada. Há um modelo bem leve que recomendo, da Oakley — você pode comprá-lo nos Estados Unidos e fica pronto em 4 meses, bastando cadastrar a receita pelo *site* deles. Para quem usa lentes de contato, o recomendado é usar os óculos de sol para evitar que entre sujeira ou alguma pedra nos olhos.

Se for ficar em albergues, não se esqueça de levar protetores auriculares e máscara para dormir. Com muitas pessoas dormindo no mesmo quarto, roncos e luzes sendo acesas e apagadas ao longo da noite são eventos constantes.

→ **Para passear nas cidades:** 2 calças cargo que se transformam em bermuda, úteis para calor ou frio (as marcas Columbia e The North Face oferecem opções interessantes), 4 pares de meias curtas, 4 camisetas (*dry-fit*, o mais finas possível), 1 sapatênis ou tênis (o mais leve possível para não pesar além do necessário em sua bagagem), 4 roupas íntimas, 1 roupa de banho/sunga (há locais com piscina e praia de rio) e 1 par de chinelos. Eu não levei pijama, mas é opcional. Vale comentar que as camisetas *dry-fit* são leves, fáceis e rápidas de lavar e secar e não amassam, não soltam tinta, portanto, não mancham outras roupas. As mulheres podem levar 1 a 2 saias leves e 2 calças *legging*, afinal quem não gosta de se sentir mais bem arrumada ao passear nas cidades.

Recomendações para os homens: Levar ceroulas e calça comprida. Quanto às ceroulas, foi uma decisão minha levá-las, pois eu tinha muita preocupação com o sol. Assim, em vez da cueca, eu usei a ceroula, durante as pedaladas, embaixo da bermuda para me proteger do sol, para não ter que passar o protetor solar na perna. Eu usei também a calça comprida uma única vez. Não foi por causa de frio, é que se a gente passa o protetor, as sujeiras do Caminho grudam nas pernas, e assim a calça protege. Isso acontece com o rosto, onde também passamos protetor, mas o suor limpa este tipo de sujeira.

Recomendações para as mulheres (dicas coletadas com uma amiga bicigrina): Para roupas íntimas, recomenda-se levar sem elástico e costura para diminuir o atrito. Em relação ao frio, como as mulheres sentem mais, recomenda-se uma blusa segunda pele, além do anorak[31]. E levar um protetor para o pescoço de tecido mais quente do que as bandanas tubulares. Se o frio não passar mesmo assim, o negócio é se esquentar com alguma bebida. O livro *Pedalando no campo de estrelas*[32], de Letícia Coimbra, traz

---

31 Uma espécie de jaqueta com gorro confeccionada com materiais espessos e resistentes. É uma vestimenta bastante utilizada pelos praticantes de esportes ao ar livre com a finalidade de proteger a parte superior do corpo contra o vento e muitas vezes também oferecem proteção contra chuva e neve. Disponível em: https://desviantes.com.br/blog/post/o-que-e-um-anorak-ou-anoraque/.
32 COIMBRA, Letícia. **Pedalando no campo de estrelas**: de bicicleta no Caminho de Santiago. Rio de Janeiro: Batel, 2014.

dicas bem interessantes de enxoval, tanto para os homens como para as mulheres, apesar de o enxoval que apresentei acima ser o ponto de partida para ambos os sexos. Ela fala, por exemplo, que as mulheres não devem se depilar antes de viajar, pois isso aumenta o atrito e pode provocar assaduras, e não fazer as unhas do pé, pois ele fica menos protegido sem a cutícula. Outra coisa que observei ao longo do Caminho é que as mulheres usam lenços, ou bandanas tubulares, na cabeça e no pescoço, outros chamam de balaclava, para se sentirem renovando o modelo de todos os dias e dar certo charme.

Em linhas gerais, para quem vai ficar mais ou menos tempo do que eu, sugiro levar 2 conjuntos de roupas (*kit* completo) para cada duas semanas. Ouvi casos de peregrinos que levam 2 conjuntos para cinquenta dias, pois lavam-nos todos os dias. De novo, cada um planeja como pode e prefere.

O que não levar: calça jeans (muito peso e quando molha pior ainda); sapato masculino ou feminino; muitos agasalhos, basta levar o *fleece*, o *anorak* e a segunda pele.

Evidentemente, cada um toma suas decisões para atender ao seu jeito de ser e ao próprio conforto. Eu, por exemplo, não levei meias para sair nas cidades, apenas para andar de bicicleta. Quando precisava usar meias à noite, usava as limpas de andar de bicicleta, que colocava no dia seguinte para pedalar.

Na minha mala que ficou com a empresa de locação da bicicleta, deixei a roupa com a qual viajei na ida e que usaria na volta no avião e uma roupa para sair em Compostela no último dia: calça, sapato, camisa e casaco, uma roupa melhor para me sentir em clima de comemoração.

Cada um tem seu jeito e suas prioridades, portanto, você pode querer levar um item a mais ou a menos de necessidade básica ou até mesmo de luxo, como perfume, joia, bijuteria, relógio. Eu não levei nenhum, mas é importante planejar, pensar e ver tudo com antecedência. Tem gente que leva livros e terço... E por que não? Novamente, cada um faz suas escolhas.

Eu, por exemplo, levei uma pequena bandeira do Fluminense e uma do Brasil para pendurar nos alforjes. Aliás é bem comum o uso de algum símbolo do país de origem para identificar o bicigrino, além da concha que é comum a todos. Como você verá mais adiante, deixei essas bandeiras pelo Caminho.

KITS DE HIGIENE, MEDICAMENTOS E PRIMEIROS SOCORROS

Agora, vou listar os itens de higiene, que vão na *nécessaire* (um item de cada): sabonete em barra, protetor solar, hidratante, protetor labial, desodorante, xampu e condicionador, lixa de unha, tesoura pequena/*trimmer* para cortar as unhas (mas somente se for despachar a bagagem, já que cortantes não podem ser levados na bagagem de mão no avião), vaselina em pasta (item imprescindível para usar nas pernas), escova e pasta de dentes, fio dental e pente. Eu não levei barbeador e creme de barbear, pois decidi não fazer barba durante o Caminho. Para itens líquidos, escolha frascos com volume abaixo de 100 ml para evitar restrições das companhias aéreas e agentes do serviço de imigração.

No caso das mulheres, vale acrescentar, absorventes, touca de banho daquelas do tipo descartáveis, lenços umedecidos para usos diversos, depilador, alicate de unhas/cutículas (mas lembre-se de que é um elemento cortante), alguma maquiagem (máscara de cílios, delineador, batom etc.), elásticos para prender cabelo.

Além disso, há os remédios e itens para primeiros socorros, com os quais eu montei uma lista e minha filha, que é médica, revisou e ajustou:

colírio, emplastro, remédio para flora intestinal, dipirona sódica, paracetamol, pomada para assadura, antibiótico (genérico), anti-inflamatório e medicamentos de uso pessoal (para pressão, diabetes, remédio para dormir etc.), esparadrapo, *band-aid*, pomada bactericida, que funciona como antisséptico também, relaxante muscular em gel ou *spray*, remédio para estômago (pantoprazol), antiácido, remédio para dor de cabeça, pastilhas para garganta, pomada proctológica, se tiver problema de hemorroida ou vier a ter, uma vez que ficamos na *bike* muito tempo. Não levei algodão, micropore nem gaze, e não precisei, mas muitas pessoas levam.

Há quem leve também soro fisiológico ou descongestionante nasal. Sugiro que você ajuste a sua lista com o seu médico de confiança.

Em todas as cidades, mesmo nas menores, você encontra farmácias e não precisa levar tudo isso, mas lembre-se de que você vai gastar em euro. Os produtos de balcão podem ser facilmente comprados lá, mas antibiótico e anti-inflamatório deve-se levar do Brasil. As mulheres que tomam anticoncepcional devem levar a quantidade de comprimidos suficiente para toda a viagem, pois podem não encontrar a mesma marca lá, isso também vale para aquelas que fazem reposição hormonal.

Para bolhas, eu não levei nada e não tive problema, mas talvez seja interessante levar linha e agulha para estourar e álcool ou gel à base de babosa para desinfetar. Existem muitos produtos no mercado brasileiro e alguns vendidos lá, como a famosa marca dinamarquesa Compeed, com uma variedade que atende bem o que você precisar. A Granado tem um creme protetor para calos e bolhas.

No final, eu não usei quase nenhum remédio (a não ser aqueles de meu uso diário), mas me senti bem seguro de tê-los comigo. É a velha máxima: prepare-se para imprevistos, e que bom que eles não aconteceram com você.

Anote outro mantra sagrado: de manhã, antes de sair para pedalar, use vaselina em pasta, depois do banho, bepantol, ao dormir, hipoglós e você vai ver que não terá assaduras. O que eu posso dizer é que com as precauções contra sol e assaduras que tive, fiquei livre dessas situações a viagem toda.

Levei ainda para meu dia a dia os seguintes itens: celular, carregador, fone de ouvido, tomada universal, caderninho de anotações e caneta, Kindle (para leitura noturna muito mais leve e eclético do que um livro apenas), credencial do peregrino que consegui no Brasil (acabei comprando um segundo passaporte por lá, pois coloquei muitos carimbos, e o que levei não ia ser suficiente), *Guias do Caminho* — mesmo que seja o Eroski no celular e não levei máquina fotográfica porque o meu celular tinha uma câmera muito boa e tirei fotos na viagem toda (mais de 1.200 fotos). Há quem leve também um *power bank*[33], assim ficaria com uma bateria extra para carregar celular ou outros — acrescenta mais peso e não achei necessário.

Quero encerrar este capítulo dizendo que vida de bicigrino não é andar elegante à noite, a roupa de passeio é quase a mesma do dia, praticamente o "mesmo uniforme". Tenha em mente que é uma viagem de introspecção, ninguém repara se você repetiu a roupa ou não, cuidado — a vaidade pode pesar na bagagem.

No próximo capítulo, vamos falar sobre preparação física e psicológica necessárias para fazer bem o Caminho de Santiago.

---

33 *Power bank* é uma bateria portátil e recarregável, com uma porta de entrada de energia, para carregar a si mesma, e uma ou mais portas de saída de energia, para carregar os aparelhos que precisam de carga.

O CAMINHO É DESAFIADOR, VOCÊ FICARÁ SOZINHO MUITO TEMPO. NAS HORAS EM QUE ESTÁ PEDALANDO, PRECISA ESTAR FOCADO E ATENTO AOS TRECHOS E, POR ISSO, NÃO CONSEGUIRÁ CONVERSAR MUITO COM OUTROS BICIGRINOS E PEREGRINOS. ISSO VALE TAMBÉM PARA QUEM FARÁ A VIAGEM EM DUPLA OU EM GRUPO. VOCÊS PODEM ATÉ TER TREINADO JUNTOS, DEFINIDO METAS EM COMUM, MAS É MUITO DIFÍCIL FICAREM LADO A LADO, UM DIA UM ESTÁ MAIS CANSADO, OUTRO DIA, O OUTRO. E FICAR SOZINHO COM SEUS PENSAMENTOS, SUAS DORES, SUAS SAUDADES, SEUS AGRADECIMENTOS FAZ PARTE DO CAMINHO. APROVEITE ESSE TEMPO.

Capítulo 9

PREPARAÇÃO FÍSICA E PSICOLÓGICA NECESSÁRIAS PARA FAZER O CAMINHO

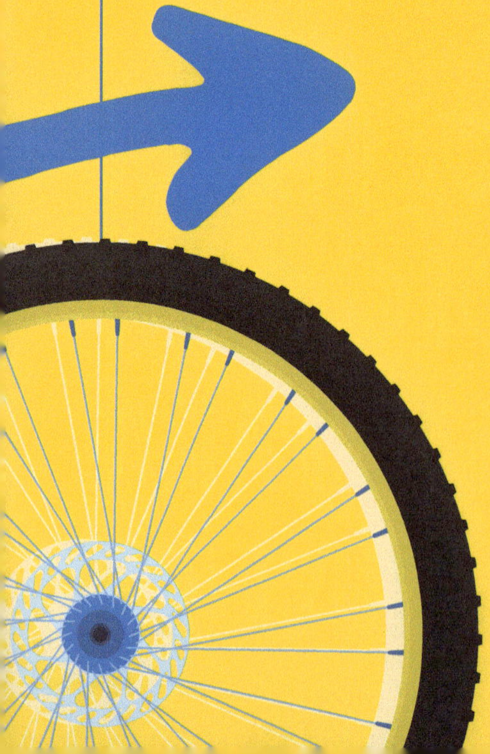

Quando olho para trás, vejo que fiz as escolhas certas para a minha vida: parei de fumar (não totalmente, mas de forma consistente nunca mais fumei do jeito que fiz até os 38 anos, e hoje ao escrever este livro estou novamente sem fumar há mais de dois anos), nunca fui sedentário, bebo socialmente e fiz o Caminho de Santiago de Compostela.

As minhas decisões me possibilitaram percorrer o Caminho com 58 anos, pedalando entre 45 km e 60 km por dia em trajetos os mais diversos possíveis.

Meu corpo tem uma memória de exercícios, pratiquei muito na infância e na adolescência, mas na vida adulta troquei muitas vezes hábitos saudáveis pelo excesso de trabalho e pelo vício — fumei dos 13 aos 38 anos. Desde o casamento até pouco antes dos 40 anos, eu me programei apenas para construir algum patrimônio e constituir família. Fiz isso, porém deixei os cuidados com minha saúde um pouco de lado.

Depois de uma crise de gastrite ulcerativa aos 38 anos, resolvi dar uma guinada nesta "sina" e voltei a me cuidar. Faço atividade física de 6 e a 7 dias por semana e minha condição de saúde é muito boa. Tenho pressão alta reativa ao esforço físico, minha pulsação e pressão sobem bem e por isso tomo remédio, e ela está controlada. Tive câncer de pele com 50 anos, pois sou muito sensível ao sol, mas tratei e estou curado e faço acompanhamento periódico. Até os 52 anos, pratiquei corrida, que eu adorava, fiz vários percursos de rua e até corri algumas meia-maratonas. No entanto, acabei tendo um problema no quadril e então passei a praticar o ciclismo parando completamente com a corrida.

Eu sempre gostei de pedalar a passeio, mas como esporte redescobri o ciclismo depois dos 50. Esse é um esporte que nos prepara bem. Em 2017, quando decidi fazer o Caminho —, eu estava me sentindo muito bem... apesar do problema nos quadris. Não daria para fazer caminhando. Com os meus treinos de bicicleta evoluindo e eu cada vez mais condicionado, concluí que poderia fazer o Caminho de *bike*. Seria mais desafiador.

COMO ME PREPAREI?

Antes de contar para você como foi minha preparação para fazer o Caminho, quero destacar que você só deve embarcar nesse tipo de aventura se estiver bem de saúde e preparado fisicamente. Pedalar até 60 km diariamente durante duas semanas ou mais, em diferentes terrenos, no plano, com subida e descida, exige bastante do corpo.

Comecei meus treinos específicos para o Caminho um ano antes da viagem. No início, eu pedalava e fazia pilates, depois troquei o pilates pelo treinamento funcional. Minha semana de treinos ficou assim organizada: 1 hora de *spinning*, três vezes por semana; 1 hora de musculação, três vezes por semana antes do *spinning*; 1 hora de treinamento funcional duas vezes por semana; e pedalava durante a semana e nos finais de semana também. Quando faltavam seis meses, eu incluí mais 1 hora de musculação aos sábados.

O *spinning*, principalmente, ajudou a me preparar para os desafios das subidas e descidas.

Em relação à bicicleta, eu treinava sempre no final de semana começando cedo às 6 horas da manhã, quando eu pedalava no mínimo 40 km a 50 km por dia, eram três horas de treino, fazia caminhos mais complexos, mais difíceis, subidas que levam mais tempo, e chegava em casa às 9h30. Durante a semana quando conseguia um tempo fazia treinos leves no plano. Em todos os treinos de *bike* usava a minha bicicleta, que é muito parecida com a que percorri o Caminho depois.

Eu trabalhei principalmente as áreas do corpo mais exigidas: pernas, coluna, lombar e braços. O foco era fortalecer braços e pernas para ajudar inclusive com o meu problema do quadril. Fiz tudo com orientação médica da minha fisiatra e do meu ortopedista.

Não gosto de musculação, eu fiz apenas porque ela é fundamental para o Caminho. Ou seja, todas as pessoas que vão fazer um esforço físico grande depois de determinada idade devem fazer fortalecimento muscular para aguentarem bem a viagem e minimizarem as dores (depois dos 50 anos, acho que sempre sentimos dor, rsrsrs) e possíveis lesões. No meu caso, a musculação foi ainda mais importante porque me ajudou a melhorar as dores nos quadris durante o Caminho. Quem sugeriu foi o meu médico ortopedista, Dr. Eduardo Rinaldi, que mais tarde viria a fazer a prótese integral do meu quadril direito em 2019 e o esquerdo em 2021.

Outra coisa que fiz foi simular nos treinos no Brasil situações semelhantes às que viveria lá no Caminho: busquei reproduzir condições de horário e clima. Eu treinei aqui com chuva, no escuro, com vento e foi muito válido, além de pedalar em subidas. Eu treinava logo de manhãzinha, para já criar a rotina de acordar e começar a pedalar cedo, conforme ocorre no Caminho. Se você não tem o hábito de acordar cedo, é importante que se discipline a treinar dessa forma para ir acostumando o seu corpo.

Moro no Rio de Janeiro, por causa do calorão daqui eu não me paramentava com todos os acessórios — calça comprida, camisa de manga e chapéu de legionário, pois sempre estou de volta antes das 9h30. Lá seria diferente, pois eu pedalava até mais tarde e peguei, além de dias quentes, outros com temperatura amena. Se você vive no sul do Brasil, terá boas condições de treinar em diferentes climas, e isso será útil pois, dependendo da época em que fizer a viagem, poderá pegar dias mais quentes, outros amenos e até alguns frios.

Não treinei tanto quanto eu gostaria em diferentes terrenos: mato, terra batida e com pedras. Para quem conhece o Rio de Janeiro, treinei bastante na Vista Chinesa e no Joá. Andei mais no asfalto. No entanto, se você tiver oportunidade, recomendo que se afaste da região urbana. Leve a bicicleta para rodar no interior ou em parques. Treine em diferentes terrenos. Os esburacados, por exemplo, exigem mais atenção e cansam bem mais.

No Caminho, eu pedalei uma média diária de 45 km em até 6 horas, a uma velocidade 10 km/hora com algumas paradas ao longo do dia. Como estava preparado fisicamente, consegui completar bem a viagem.

Resumindo, vejo muita gente que sai praticando esportes ou aventuras que exigem muito do corpo sem estar preparada, sem conhecer seus limites, sem contar com acompanhamento médico e orientação de um *personal trainer*. É um risco pois, pode acontecer algum incidente. Eu só posso dizer que me preparei e mesmo tendo um problema no quadril e pressão alta, tudo deu certo. Se alguém vai em dupla ou grupo e não se cuida, pode estragar a viagem de todos se tiver um problema grave.

Trago para você no boxe a seguir orientações de preparação física que recebi do meu treinador. Eu as coloquei em prática para estar minimamente em condições de fazer o Caminho. Elas são informações meramente ilustrativas e não devem ser adotadas por você como recomendação. Você deve consultar seu médico e ser orientado por um educador físico para um treinamento direcionado às suas necessidades.

DEPOIMENTO DE WENER TAVARES[34], EDUCADOR FÍSICO E PERSONAL TRAINER, SOBRE A MINHA PREPARAÇÃO FÍSICA

As dicas que compartilharei a seguir foram úteis ao Jorge, mas podem ser interessantes também para você que deseja embarcar no mesmo desafio de Santiago de Compostela. Leia com atenção.

DICA 1
Procure ajuda especializada. Tentar organizar o próprio treino pode até ser mais econômico, mas nem sempre será o mais eficiente. Reflita e analise o que será mais produtivo para o seu perfil.

DICA 2
Não existe treino milagroso. As demandas serão muitas e variadas, portanto, quanto mais ampla for sua preparação, maior será a possibilidade de obter êxito em seu desafio.

DICA 3
Entre as muitas possibilidades, sugiro que você priorize os três tipos de treinamento abaixo:

— *treinamento funcional*
A proposta é aumentar a capacidade de coordenação, baseando-se nos movimentos naturais do ser humano. Permitindo assim que o indivíduo acione seus músculos e suas articulações de forma global e dessa forma desenvolva e aprimore as suas valências físicas (resistência, força, flexibilidade, agilidade e velocidade) de forma integrada.

---

34 Com 17 anos de experiência em treinamento de atletas profisisonais e amadores, Wener Silva Tavares é educador físico formado há doze anos, especialista em treinamento funcional e desportivo, ex-técnico de ginástica artística com onze anos de imersão, certificado *level one* de *CrossFit* e amante do movimento e da prática diária de atividade física. Para mais informações, visite o Instagram dele em @wenertavares .

— *treinamento de força*

A ideia é equilibrar os desequilíbrios musculares de forma isolada e, assim, prevenir lesões futuras. Como saber se você possui algum desequilíbrio muscular?

Procure um profissional de Educação Física e faça uma avaliação. Com base nela será criada uma jornada de treinamento única e específica às suas necessidades.

— *Ciclismo*

Comece a pedalar ontem, não deixe para depois. Quanto mais específico você puder ser melhor, ou seja, se puder pedalar na rua no chamado "*outdoor*" melhor. Se não for possível, aconselho a procurar o *spinning* para desenvolver a capacidade cardiorrespiratória específica, algo muito importante e altamente necessária para superar essa travessia.

SÓ VIAJE EM BOAS CONDIÇÕES DE SAÚDE E COM APROVAÇÃO MÉDICA

Quando comecei o Caminho, eu pesava 99 kg e perdi 7 kg no percurso, voltando para casa com 92 kg. Na vida adulta nunca tinha estado assim tão "magrinho". O meu peso ideal deveria ser 89. Estava com sobrepeso, mas a minha musculatura estava condicionada. Eu tinha uma relação aceitável de massa magra e gordura.

O brasileiro médio tem sobrepeso de 10 kg a 20 kg. Eu acho que 10 kg a mais não impedem as pessoas de fazer o Caminho, desde que estejam numa boa condição de saúde, como eu estava. Eu fui acompanhado por várias especialidades durante o meu preparo: cardiologista, nutricionista, ortopedista e meu *personal*. É importante conhecer e entender limitações e possibilidades do próprio corpo.

> **Atenção:** Se não estiver saudável e minimamente treinado, não recomendo que faça o Caminho! Pense que se você passar mal no meio de uma parte erma do Caminho, mesmo com seguro saúde, o socorro não vai chegar depressa. Com identificador pessoal ou mesmo que você ande em dupla, ou ainda se existirem equipes de atendimento preparadas nas cidades maiores, nada será resolvido de forma tão rápida. Eu recomendo fortemente que você esteja condicionado e liberado pelo seu médico, pois qualquer caso mais grave no Caminho não será socorrido com a emergência necessária.

Problemas crônicos, como diabetes, pressão alta, colesterol alto, se forem controlados, ok, mas o médico é que deve liberar você para treinos e, depois, para o Caminho.

Cada um tem de entender os limites do próprio corpo e saber que o Caminho é duro, exigirá realmente do seu corpo. Se não estiver preparado, você pode não conseguir completar a viagem. Converse com o seu médico. Eu tinha esse apoio, principalmente por causa do meu problema no quadril: havia 8 anos que eu cuidava dele e fazia o acompanhamento indo a cada 6 meses ao ortopedista. E, mesmo assim, na volta do Caminho, eu operei o quadril direito, pois forcei lá em alguns trechos. A decisão já estava tomada antes da viagem, mas na volta não a adiei.

> **Dica:** chegue pelo menos dois dias antes ao seu ponto de partida para se acostumar ao fuso horário. Quem chega um dia antes não descansa o suficiente e, ao sair pedalando no dia seguinte, poderá ficar "quebrado" já no início da viagem.

PREPARO NUTRICIONAL

Fiz algumas poucas mudanças na minha preparação nutricional antes da viagem, pois já tinha uma alimentação relativamente balanceada desde 2012.

Se você não cuida de sua alimentação, é bom começar antes da viagem. Não hesite em buscar orientação de um(a) nutricionista. Uma boa alimentação, combinada à atividade física, deixará você com o condicionamento adequado para fazer o Caminho.

Eu gosto de tudo, só evito comer frituras em geral. Consumo carnes (evito excesso de carne de porco) frutas, verduras, legumes e pão integral. Uma alimentação equilibrada em carboidratos, fibras, vitaminas e proteínas é ideal sempre.

Compartilho com você no quadro a seguir as orientações que recebi da minha nutricionista assim que decidi fazer o Caminho. Elas são informações meramente ilustrativas e não devem ser adotadas por você como recomendação. Cada um tem suas necessidades nutricionais específicas, e você deve consultar um profissional para ser adequadamente orientado.

DEPOIMENTO DA NUTRICIONISTA VIRGINIA NASCIMENTO, SOBRE MINHA PREPARAÇÃO NUTRICIONAL

No final de 2017, após o convívio de cinco anos em meu consultório, Jorge anunciou seu planejamento para fazer o Caminho de Santiago de Compostela em setembro de 2018.

Executivo de trabalho intenso, com viagens nacionais e internacionais constantes, mas sempre atento à sua saúde, Jorge estava empenhado em cuidar de sua preparação física, nutricional e emocional para fazer bem a viagem. Assim, passei a acompanhá-lo em seu planejamento alimentar.

As orientações alimentares para o controle do "comer" noturno compensatório das atividades diárias foram reforçadas por mim para a garantia da manhã seguinte com aptidão física para os treinos traçados pelo especialista que o acompanhava.

A distribuição da comida no dia visava à manutenção da vitalidade geral e atenção à reposição dos gastos pós-treinos para contínua disposição orgânica.

O foco de nosso trabalho era uma dieta com preponderância dos alimentos naturais vegetais e menor proporção dos alimentos de origem animal.

A presença de frutas, legumes e verduras era constantemente sinalizada, pelo reconhecimento de suas ações orgânicas regulatórias proporcionadas pelos componentes antioxidantes, vitaminas, minerais e fibras. E somadas às energias oriundas do "arroz e feijão", batatas e uma "massinha" completavam as necessidades de obtenção de nutrientes.

A limitação do consumo de calorias vazias foi importante e decisiva para a diminuição do refrigerante, que não cabe em dieta saudável, e a água foi enaltecida como repositor hídrico principal, com bebidas isotônicas em treinos longos.

O vinho não foi abolido, mas, sim, reservado para ocasiões esparsas de modo que não atrapalhasse a disposição física que estava intensificada.

O seu adorado chocolate, que nunca foi excluído do plano alimentar, teve degustação diária de forma moderada e preferencialmente com chocolates amargos!

Ainda com a responsabilidade de preservação da saúde da pele, para as maiores exposições ao vento, sol e suor, no percurso da viagem, procuramos incentivar o consumo de alimentos como cenoura, abóbora, couve, espinafre, manga e melão, para compor cardápios.

Nos seis meses que antecederam a viagem, as consultas nutricionais foram revelando um corpo cada dia mais preparado para o evento. A associação de dieta equilibrada aos treinos físicos gerou diminuição de mais de 5 kg de peso corporal, expressivos na queda de gordura e maior fixação de tecido muscular.

Ressaltei ainda os cuidados para as disponibilidades de comida nos locais por onde fosse passar, fundamentais para evitar quaisquer prejuízos para o organismo. O consumo de frutas, legumes e carnes magras foram a maior recomendação, com vinho de forma moderada para não aumentar o desgaste. Consumo de massas e pães, também de forma moderada, para suprir as necessidades diárias de carboidratos.

Chegada a data, compus a torcida para o sucesso no evento, para o qual considerei Jorge preparado para nos trazer o troféu de vencedor! Eu me lembro de ter dito palavras próximas a: "Que os fluídos do Caminho de Compostela lhe deem leveza para cumprir o percurso, e que a experiência o torne ainda mais pleno para a vida como um todo. Força e sucesso!".

Já no Caminho, minha alimentação era simples. Boa parte do tempo era o "menu de peregrino", que consistia em uma entrada, um prato principal (carne ou massa), uma sobremesa (fruta ou doce), vinho e pão. Falarei mais detalhadamente a respeito disso no capítulo 11.

Não tenho intolerância/alergia a nada, nem sou vegetariano nem vegano, assim, foi fácil ficar satisfeito com o menu do peregrino. Se você tiver restrições ou dificuldades alimentares, talvez precise recorrer a alternativas: comer outro prato principal, que não o do menu peregrino, ou comer parte dele e depois complementar com outros alimentos, como frutas e lácteos. Para vegetarianos, pelo que me informei, uma saída é consumir as sopas e os pratos que levam cogumelos — *setas* em espanhol — ou ovos. Uma vez que outros repositores de proteínas, como lentilhas, grão-de-bico e feijão não são facilmente encontrados no Caminho (é claro que encontrará grão de bico no Cozido Maragato, mas isso não é suficiente, e você poderá ver mais opções no capítulo 11).

Refiro-me aqui, é claro, às refeições principais, mas para complementar sempre vale ter consigo: castanhas, barras de cereais, sachês com gel e frutas, pois durante a pedalada, se der fome, você precisa ter algo à mão, mesmo encontrando quitandas, bares e *vending machines* pelo Caminho. Eu não levava frutas, mas sempre parava durante o percurso para tomar um refrigerante, um sorvete, comer uma fruta ou um lanche.

CUIDE DO ASPECTO PSICOLÓGICO

Como relatei, eu me preparei muito bem fisicamente e estava me sentindo muito forte, e isso contribuiu para o meu equilíbrio geral, mas é preciso cuidar especificamente do preparo psicológico.

Vale lembrar que foram as minhas primeiras férias, sozinho em 34 anos de casado.

O Caminho é desafiador, você ficará sozinho muito tempo. Nas horas em que está pedalando, precisa estar focado e atento aos trechos e, por isso, não conseguirá conversar muito com outros bicigrinos e peregrinos. Isso vale também para quem fará a viagem em dupla ou em grupo.

Vocês podem até ter treinado juntos, definido metas em comum, mas é muito difícil ficarem lado a lado, um dia um está mais cansado, outro dia, o outro. E ficar sozinho com seus pensamentos, suas dores, suas saudades, seus agradecimentos faz parte do Caminho. Aproveite esse tempo.

Para estar bem psicologicamente, todo o planejamento da viagem contribuiu muito. Como tenho uma quase obsessão por organização, precisava da certeza de que eu teria poucos imprevistos e ficar envolvido com o planejamento da viagem por um ano me deu muito prazer e me manteve conectado ao Caminho. As pesquisas comprovaram minha convicção de querer muito mesmo fazê-lo. Quando comecei a me organizar, eu estava mais ansioso para que o meu planejamento desse certo do que pelo Caminho em si, por isso prepará-lo, repensá-lo, refazê-lo e concluí-lo me trouxe calma. E agora dividi-lo com você me proporciona uma felicidade ainda maior.

Naturalmente, cada pessoa tem suas razões para fazer o Caminho, a minha era me tranquilizar. Por isso, eu precisava estar bem psicologicamente, caso contrário, não encontraria o que buscava.

Outra coisa que fiz muito foi mentalizar coisas boas (antes e durante a viagem), e isso me ajudou a evitar o lado ruim da ansiedade e dos riscos. Eu tinha receio de me machucar antes de viajar, mas aqui vale a máxima: "Não sofra por antecipação", mas evite a irresponsabilidade do processo.

Você pode fugir das visões negativas, mas tenha visões realistas... Pense no que vai dar certo; fuja dos infernais "e se", mas saiba que você passará por um problema ou outro. Pode até fazer uma lista deles e pensar/ escrever como vai resolvê-los, exemplo: se furar um pneu, se cair, se esquecer algo em algum lugar, como resolverá, mas não tenha medo de errar ou de algo dar errado.

Deixe parte do planejamento para o destino resolver!

A meditação, que eu começara havia alguns anos, também me ajudou. Eu estava mais calmo, menos ansioso. O que me deixava ansioso era pensar em me machucar às vésperas da viagem, mas justamente aí acalmei a minha mente. Fazer meditação diariamente em dois horários diferentes ajudou muito em minha preparação psicológica e também durante o Caminho.

Outro elemento importante para você ficar com a mente tranquila é falar inglês ou pelo menos espanhol. Mesmo o nosso idioma guardando semelhanças com o espanhol, e o povo sendo bastante gentil em se comunicar e prestar apoio, dificilmente o "portunhol" será bem entendido. Você pode enfrentar alguma dificuldade, principalmente quando estiver no meio do Caminho e ao seu lado estiverem apenas asiáticos, por exemplo. Uma coisa é no atendimento dos hotéis, albergues, restaurantes, onde sempre haverá um espanhol, mas na estrada isso não é garantido.

> **Curiosidade:** a Associação de Confrades e Amigos do Caminho de Santiago de Compostela, que fica em São Paulo, capital, promove cursos de espanhol para quem vai fazer o Caminho. Se você não fala espanhol ou está com ele enferrujado e mora em São Paulo, vale a pena conferir. Mais informações em: https://www.santiago.org.br. Verifique se na cidade onde você mora tem algo semelhante.

Você sentirá um cansaço maior nos primeiros dias de viagem. É natural porque, por mais que tenha treinado, precisará se habituar com a sua nova rotina lá. E esse cansaço é positivo, pois poderá já desconectá-lo de preocupações e problemas diversos, como foi no meu caso. No terceiro dia de viagem, eu já estava desconectado e tomado por uma energia muito positiva. Evidentemente, nem todo mundo estará na mesma vibração, mas para mim até um imprevisto logo no início da viagem não foi problema, tudo era energia positiva.

Nem todos conseguem ser *Forrest Gump* (um filme absolutamente inspirador para o Caminho e um dos meus preferidos, que nos traz o correr só pelo prazer de correr e de estar sozinho) e, é claro, depende do problema que você estiver enfrentando, querendo esquecer e superar ou até encontrar no Caminho. Pense nisso e prepare-se também. Muitas pessoas fazem o Caminho por causa de uma promessa, para agradecer ou porque pediram e ainda não receberam determinada graça, outras para superar perdas. Pense se você consegue lidar com suas dores e qual será o papel da viagem para ajudá-lo.

O incentivo da família também é importante. Recebi apoio incondicional dos meus filhos, do meu primo com quem fiz parte do Caminho e até da minha mulher, um pouco menos é verdade, porém ela sempre esteve ao meu lado.

Nunca é demais relembrar: não faça a viagem com a saúde física ou psicológica fragilizadas. Evite fazer a viagem com muito sobrepeso ou com problemas mais graves de coração ou pulmonares.

No capítulo 10, falaremos sobre o povo espanhol, sua hospitalidade, e como são os bicigrinos e os peregrinos que você encontrará ao longo do Caminho.

Capítulo 10

O QUE ESPERAR DO POVO ESPANHOL, DOS BICIGRINOS E DOS PEREGRINOS AO LONGO DO CAMINHO

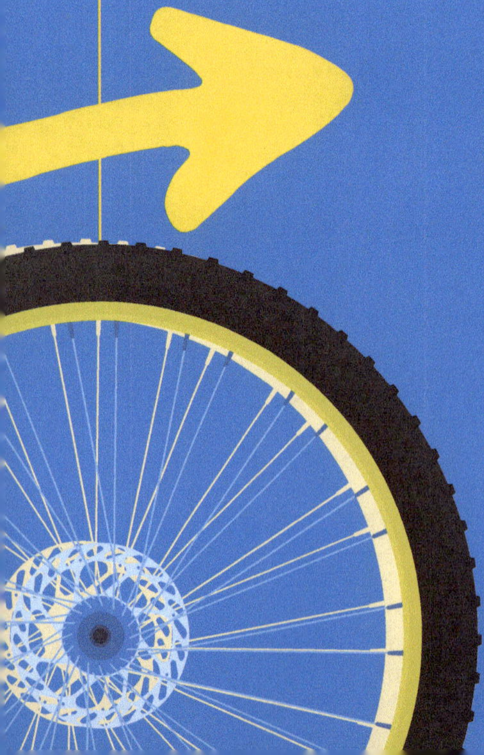

Para entender a diversidade do povo espanhol, vamos revisitar a Geografia. Com um território menor que o Estado de Minas Gerais[35], a Espanha é um país dividido em cinquenta províncias, organizadas em dezesseis comunidades autônomas e duas cidades autônomas, Ceuta e Melilla[36], com diferentes etnias, com línguas e culturas próprias e sob o regime democrático.

O Caminho de Santiago passa por quatro regiões da Espanha (Aragón e Navarra — alguns separam em duas regiões, La Rioja, Castilla y León e Galícia), além, é claro, do trecho na França, de onde vem o nome do Caminho Francês, como já falamos no primeiro capítulo. Portanto, você encontrará uma diversidade cultural oferecida por poucos países no planeta. Entretanto, fique tranquilo, pois o povo local fala o espanhol que compreendemos e o essencial do inglês.

Por onde quer que o bicigrino e o peregrino passem encontrarão respeito e atenção enormes. Os espanhóis do Caminho demonstram, acima de tudo, reconhecimento pelo esforço e pelos motivos que movem

---

35 MAPA compara o tamanho dos estados brasileiros à extensão de outros países. Revista Galileu, São Paulo, 15 de abril de 2016. Disponível em: https://revistagalileu.globo.com/Sociedade/Urbanidade/noticia/2016/04/mapa-compara-o-tamanho-dos-estados-brasileiros-extensao-de-outros-paises.html .

36 BEZERRA, Juliana. **Espanha**. Toda Materia. Disponível em: https://www.todamateria.com.br/espanha/ .

bicigrinos e peregrinos nessa jornada, seja por penitência, autoconhecimento, seja pela realização de um sonho, além, é claro, do interesse turístico e da renda gerada pela passagem do viajante.

O povo que vive ali percebe que bicigrinos e peregrinos são cuidadosos, valorizam e preservam o Caminho. Por isso, retribuem cuidando bem dos viajantes. Em todos os lugares, sejam cidades maiores sejam pequenas, as pessoas são muito atenciosas. Elas têm empatia porque sabem que estamos cansados, com fome e oferecem todas as condições para que fiquemos bem.

Bicigrinos e peregrinos são a fonte da renda da maioria dos habitantes daquelas cidades por onde o Caminho passa. Eles sabem nos tratar muito bem, pois somos seus maiores clientes — de hotéis, bicicletarias, agências de viagem, vinhos, comidas, dos restaurantes, das docerias, de lembrancinhas. Nós, andarilhos do Caminho, levamos recursos e vida para as cidades. Eles cuidam para que o boca a boca do Caminho continue sempre positivo.

E o povo local faz parte da alma, da cultura do Caminho. As pessoas sentem-se abençoadas por viverem ali. Eu ouvi a seguinte frase de um brasileiro, dono do Albergue Brasil em Vega de Valcarce: "Jorge, aqui eu me sinto mais próximo de Deus.".

Senti um carinho especial pelos moradores das cidades menores do norte da Espanha. São cidades com condições de vida simples, mas eles vivem em paz e felizes por estarem ali e satisfeitos com o que fazem. Nós, brasileiros, conhecemos os espanhóis por "serem sangue quente" e, às vezes, pouco simpáticos, mas não vi isso lá. Eu já viajei o mundo inteiro a trabalho e nunca fui tão bem tratado como nos vilarejos do Caminho.

Nas cidades grandes, não senti a mesma coisa, com exceção de Pamplona. Em León e em Burgos, o tratamento foi impessoal, mas sempre muito profissional. Já nas igrejas de todas as regiões, os padres e as pessoas encarregadas da limpeza eram muito gentis. Sempre havia livros de presença na entrada para que anotássemos nossas nacionalidades e conseguíssemos o carimbo do peregrino.

EXEMPLOS DE ACOLHIMENTO

Você viverá uma experiência de atendimento ao longo do Caminho, não somos meros turistas ou clientes. Em Santo Domingo. De la Calzada, por exemplo, o dono da pousada deu um exemplo do carinho e acolhimento ao "convidar" a todos para um jantar coletivo, preparado especialmente por ele e, é claro, cada um pagou o seu, mas o vinho na jarra foi muito mais farto.

Em Molinaseca, a recepcionista carregou a minha bicicleta até onde ela seria guardada e falou para eu ir tomar banho e descansar que ela cuidava disso.

Em Astorga, a pessoa que nos atendeu na recepção do hotel fez questão de nos levar até o quarto.

Em Carrión de los Condes, na loja, onde fui comprar o meu passaporte novo, tinha de tudo, de bota ao passaporte. E a atendente com muito bom humor dava conta de atender a todos os estrangeiros que ali estavam e de forma bem cortês e amável.

Em uma barbearia em Compostela, onde me trataram muito bem, além de fazer o serviço deles bem-feito, estavam interessados em ouvir meus relatos. Imagine quantas histórias como a minha eles ouviram e ainda assim quiseram escutá-la. Isso não ocorria sempre, pois, por mais que o povo espanhol do Caminho seja gentil, eles não ficavam perguntando sobre o meu percurso.

No entanto, como em todo lugar no mundo, há peculiaridades: alguns são reservados, discretos, humildes, esforçam-se para ser compreendidos quando não falam determinado idioma, mas é importante saber que a maioria fala o inglês.

Um cuidado muito especial deles é o de ceder/produzir o carimbo para a credencial e ainda nos lembram de sempre carimbar.

OS NOSSOS SEMELHANTES

Já os peregrinos e os bicigrinos ao longo do Caminho têm muita sintonia entre si, vivem a mesma vibração. Afinal, os objetivos são os mesmos e passam pela mesma experiência: as mesmas dificuldades e alegrias.

Não encontrei um peregrino de mau humor. Nenhum me olhou de nariz torto porque eu tinha uma *bike* e ele andava a pé. Todo o tempo, você deseja *buen camino, suseya, ultreya* e recebe os mesmos votos.

Eu conversava e me sentava algumas vezes à mesa para jantar com outros peregrinos e bicigrinos de diferentes nacionalidades. Aliás, uma coisa chamou a minha atenção: nos lugares em que jantei, todos "nós" sempre estávamos de banho tomado. Estávamos vestidos de maneira informal (de camiseta e bermuda ou calça), mas sempre de roupa limpa.

Outra coisa, não havia algazarra à mesa. Todos conversavam e se alimentavam com calma e tranquilidade. É muito fácil se aproximar de bicigrinos e peregrinos, pois todos estão abertos a (e querem) conversar e trocar impressões. Com exceção das cidades maiores, é difícil encontrar turistas convencionais ao longo do Caminho, mas, sim, pessoas empenhadas e focadas por diferentes razões em completar uma jornada muito especial até Compostela.

> **Uma curiosidade:** Sou muito bem-casado e já celebrei mais de 38 anos de casado em Julho de 2022 junto da minha esposa, e meu foco no Caminho foi somente o de autoconhecimento e procura de paz de espírito. Fica a dica para você, que me lê até aqui e tem também este interesse: a paquera pode acontecer, sim! Até acho que o objetivo da viagem não vai ser esse, mas um grande amor pode surgir nos lugares mais inesperados ou, de repente, uma simples paquera. Eu não vi nada disso acontecendo lá, nem no Caminho nem à noite nos restaurantes, mas uma amiga me contou que nos albergues há mais espaço para essa aproximação, uma vez que os quartos são mistos e os espaços são compartilhados, como a cozinha e as salas de refeições e de estar.

Encontrei alguns brasileiros no Caminho. A chance de você cruzar com conterrâneos é grande, uma vez que estamos entre as dez nacionalidades que mais fazem o Caminho, segundo os dados oficiais de 2019 da Oficina del Peregrino[37].

O caminho é rico em miscigenação e tem um charme especial por isso. Ali conhecemos outras nacionalidades que não são tão presentes no nosso dia a dia. Eu encontrei franceses, portugueses, italianos, noruegueses, australianos, asiáticos de diferentes partes, e obviamente muitos espanhóis, entre outros.

COMUNICAÇÃO NO CAMINHO

Nas cidades menores, alguns espanhóis mais velhos não falam inglês e o portunhol às vezes não é entendido. No geral, o perfil das pessoas que nos atendem é misturado, entre idosos, pessoas de meia-idade e jovens. Há muitos jovens nas cidades maiores, principalmente porque León, Burgos, Compostela e Pamplona têm universidades, e eles dominam o inglês. Eu usava espanhol para falar com os locais que me atendiam e inglês para falar com bicigrinos e peregrinos. Apesar dos dialetos, pelo Caminho, o espanhol falado é totalmente compreensível.

Se você não fala espanhol nem inglês, terá alguma dificuldade, mas conseguirá completar a viagem, seja porque arrumou um bicigrino amigo que será seu tradutor e intérprete pelo Caminho, seja porque a língua universal da mímica o salvou, seja ainda por outra bênção qualquer.

Senti-me abençoado, afinal foram 21 dias, mais de 15 hotéis e pousadas diferentes, muitas nacionalidades e diversidade cultural, além dos desafios do Caminho, e deu tudo certo!

E por falar em hospedagens diferentes, é disso que vamos tratar no próximo capítulo.

---

37 OFICINA de acogida al peregrino. **Informe estadístico: año 2019**. Santiago de Compostela: Oficina Del Peregrino, 2020. Disponível em: https://bit.ly/2J4L8AM .

SE VOCÊ QUER QUARTO E BANHEIRO INDIVIDUAIS, BOA INTERNET, ROUPA DE CAMA E BANHO LIMPINHAS, UMA CAMA MAIOR E CONFORTÁVEL (ADEQUADA PARA UM SONO REPARADOR E SE REFAZER DO CANSAÇO), ASSIM COMO NÃO LIDA BEM COM AMBIENTES COMPARTILHADOS POR VÁRIAS PESSOAS, COMO NO CASO DOS ALBERGUES, EM QUE A CHANCE DE CONVIVER COM RONCO, CHULÉ E CHEIRO DE SUOR NO AR É ELEVADA, FICAR EM HOTÉIS E POUSADAS É O IDEAL PARA VOCÊ. TENHA EM MENTE QUE GASTARÁ MAIS HOSPEDANDO-SE EM HOTÉIS E POUSADAS EM COMPARAÇÃO COM OS ALBERGUES.

Capítulo 11

A HOSPEDAGEM NO CAMINHO

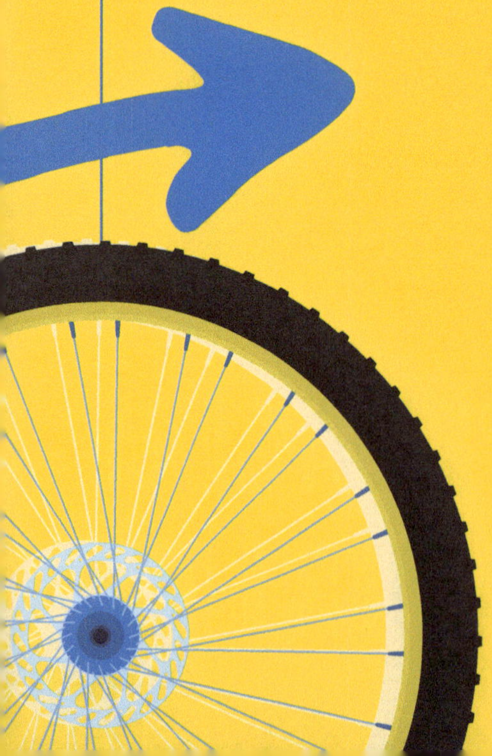

Gostaria de começar comentando que não existe certo nem errado, mas, sim, a escolha de cada bicigrino para se hospedar ao longo do Caminho. Cada um tem expectativas e estilo próprios ao viajar.

Eu acabei escolhendo diferentes tipos de hospedagem: albergue (apenas os privados), pousada, pensão, casa rural e hotel. Essa variedade se deu, pois nem sempre encontrava um hotel nas cidades menores, minha prioridade de hospedagem, e no final gostei de experimentar opções variadas.

SOBRE OS HOTÉIS

Se você quer quarto e banheiro individuais, boa internet, roupa de cama e banho limpinhas, uma cama maior e confortável (adequada para um sono reparador e se refazer do cansaço), assim como não lida bem com ambientes compartilhados por várias pessoas, como no caso dos albergues, em que a chance de conviver com ronco, chulé e cheiro de suor no ar é elevada, ficar em hotéis e pousadas é o ideal para você. Tenha em mente que gastará mais hospedando-se em hotéis e pousadas em comparação com os albergues.

Você vai encontrar diferentes padrões em cidades grandes e pequenas, variando de duas a cinco estrelas. As quatro maiores cidades do Caminho são Pamplona, Burgos, León e Compostela e nelas você tem muitas opções para qualquer gosto. Nas demais, os hotéis são mais simples ou você pode ficar em pousadas familiares com quarto e banheiro individuais e café da manhã incluso. Quando não há café incluso, você facilmente encontra uma bodega ao lado. No meu caso, só dois hotéis não ofereciam essa comodidade e, nessas ocasiões, eu tomei café da manhã fora, já saindo para pedalar. Nos hotéis, as camas eram confortáveis e espaçosas, o que sempre me ajudou, afinal tenho 1,84 m de altura.

Nos lugares onde me hospedei, não havia jantar incluso e poucos dispunham de estrutura para preparar comida lá. Alguns locais ofereciam um menu do peregrino servido aos hóspedes que se interessassem e agendassem antecipadamente. Algumas poucas vezes participei dessas refeições, como em Santo Domingo, Castrojeriz e Villafranca, mas no geral eu preferia sair para comer e passear.

As diárias de hotel começam a partir das 14 horas e terminam no dia seguinte perto de meio-dia, ou seja, você pode também dormir até mais tarde, diferente da condição de albergue, mas eu não recomendo. Sair mais tarde significa pegar mais sol e calor no trajeto, como já mencionei. O *wi-fi* na maioria dos locais é de boa qualidade, nunca tive problema.

Vale lembrar que o preço das diárias poderá variar de 40 até mais de 100 euros nas cidades maiores, com muita variedade de escolha.

SOBRE AS POUSADAS

Elas não têm a mesma estrutura dos hotéis, são mais simples, porém, aconchegantes.

Em O Cebreiro, por exemplo, não há hotel, apenas albergue, e dizem que é bem bom, mas resolvi não dormir por lá, apenas passei. Fiquei em uma cidade próxima, Triacastela, na pousada Casa Olga, de uma senhora, que era muito simples, limpa, o quarto, aconchegante, mas não recomendo pela localização escondida na cidade e havia muito lixo próximo, o que resultou numa noite com muitas moscas e mosquitos.

Em pousadas ou casas familiares, você recebe um atendimento mais pessoal, sabem seu nome, fazem agrados, como *upgrades* e comidas especiais.

As diárias podem ser mais em conta e começam a partir das 14 horas também, e o *wi-fi* funciona bem, ao menos naquelas em que me hospedei. Você consegue escolher todas as facilidades nos diversos *sites* de hospedagem disponíveis.

Em geral, o valor da diária fica entre 30 e 60 euros

O jardim do hotel em que fiquei em Portomarín

SOBRE OS ALBERGUES

Se você deseja uma hospedagem bastante barata, gosta de um ambiente movimentado com muita gente de diferentes lugares e não se importa de eventualmente dormir em beliches pouco confortáveis e dividir banheiro, os albergues são a melhor opção.

Há centenas pelo Caminho, divididos em três tipos: os privados, os municipais e os paroquiais. Existem milhares de vagas ao longo do Caminho. Todos oferecem banho quente, mas em banheiros comunitários (não se esqueça de sua sandália havaiana ou similar).

Os públicos abrem às 13 horas (alguns às 15 horas) e recebem os viajantes até as 22 horas. À medida que bicigrinos e peregrinos vão chegando, a fila vai se formando. A ordem de prioridade segue uma regra básica do Caminho: primeiro os peregrinos com limitações físicas, depois os peregrinos a pé, os peregrinos a cavalo, os bicigrinos e, por último, as pessoas que viajam em carros de apoio.

Todos os tipos de albergue têm um horário para a saída no dia seguinte, até as 8 horas, visto que fecham para limpeza a fim de receber novos bicigrinos e peregrinos. É possível ficar somente uma noite nos albergues, e eles hospedam apenas quem apresenta a credencial com os carimbos.

Nem todas as cidades têm os três tipos de albergue, mas em todas elas você encontrará ao menos albergues privados.

Em reservas feitas pelo Booking.com (que foi o *site* que usei), você consegue hospedagem apenas nos albergues privados — os únicos que aceitam reservas antecipadas —, no restante, a hospedagem é por ordem de chegada e disponibilidade. Uma boa forma de pesquisar os albergues é pelo *Guia Consumer*[38],

---

38 Para mais informações, visite: bit.ly/39GjNzA.

da Fundação Eroski, a mesma do aplicativo Camino[39], extremamente usado por peregrinos e bicigrinos, ou o *site* Gronze[40], que traz informações práticas e atualizadas com mapas de cada trecho, albergues, dicas e relatos de peregrinos.

Albergue privado na charmosa Molinaseca

Os albergues municipais recebem auxílio financeiro do governo e os funcionários são geralmente voluntários. São bem baratos (uma diária pode ficar em torno de 5 euros), a estrutura pode deixar a desejar e alguns deles não têm uma cozinha equipada.

---

39 O *app* oferece diversas facilidades: mapas das etapas, informações sobre monumentos e albergues, e seus familiares e amigos podem acompanhar a sua localização ao longo da viagem. Para fazer o *download*, digite na pesquisa da AppleStore ou Google Play: "Caminho Consumer", e ele já aparecerá.

40 Para mais informações, acesse: https://www.gronze.com .

Finalmente, os albergues paroquiais são dirigidos por instituições religiosas, como igrejas locais, monastérios ou conventos. Em geral, são locais bastante simples, mas muito acolhedores. Também há muitos voluntários atendendo os peregrinos — os chamados hospitaleiros. Muitas dessas acomodações são oferecidas em troca de doações (*donativo* em espanhol) ou por um preço bem baixo.

Você pode encontrar alguns com quartos enormes, como o Orreaga de Roscenvalles[41], com mais de 40 beliches combinados e mais de 180 vagas no total, parecidos com alojamentos, mas há outros pequenos com apenas 5 beliches/10 camas.

Os privados pertencem a pessoas ou grupos. Geralmente, oferecem acomodações mais confortáveis e serviços extras (pagos), como refeições, máquina de lavar e secar roupas, *wi-fi*, computadores com acesso à internet, massagem. O preço é um pouco mais elevado (média de 10 euros, mas pode chegar a 25 euros), ainda assim são mais baratos que um hotel.

A maioria oferece café da manhã, mas só começam a servi-lo às 8 horas. Portanto, se você vai sair mais cedo, precisa providenciar itens do café no dia anterior nos mercadinhos das cidades e guardar na geladeira da cozinha coletiva do albergue. Você pode usar o espaço para tomar o café antes de sair ou levar e tomar seu café no caminho. E muitos oferecem o jantar, o famoso menu do peregrino (falaremos sobre ele no capítulo 12), pago à parte.

Alguns têm um ambiente mais aconchegante, com lareira, jardim, sala de convivência, outros nem tanto. Vários deles (não todos) dispõem de cozinha equipada, onde você pode preparar suas refeições. Muitos são novos e aparentam ser bem cuidados. E em vários deles é comum a realização de jantares coletivos. Nem todos têm um lugar coberto para guardar a bicicleta, portanto, a sua *bike* pode ficar exposta ao tempo.

---

41 Para mais informações, acesse: http://www.roncesvalles.es .

Albergue Brasil em Vega de Valcarce: um lugar muito agradável

Em albergues, de qualquer tipo, você não vai escapar dos beliches, quartos compartilhados, homens e mulheres juntos e, muitas vezes, o banheiro também é coletivo. Alguns oferecem camas individuais, mas, mesmo assim, várias pessoas dividem o mesmo quarto. Por isso, é fundamental levar **suas havaianas ou crocs,** se preferir. Nos albergues privados, você tem mais chances de conseguir espaços mais reservados e banheiros separados por gênero. Alguns usam aquele formato de cápsula ou cabines, parecidos com as acomodações do Japão.

Dica: os albergues não oferecem toalhas. Portanto, se você for se hospedar neles, é imprescindível levar uma toalha de microfibra, que é leve e de secagem rápida. Todos os hotéis e pousadas em que fiquei fornecem toalhas limpas.

Também é possível encontrar instalações que oferecem na mesma área, como na cidade de Villafranca Montes de Oca, o hotel de um lado e o albergue privado do outro. Eu fiquei no hotel em quarto privado, mas pude observar que, na parte do albergue, os quartos eram compartilhados.

Em Villafranca Montes de Oca: hotel de um lado e albergue do outro

Agora, precisamos falar do sono reparador. Recomendo que você não vá dormir tarde, pois a maioria dos peregrinos acorda bem cedo. Com muitas pessoas no quarto, é claro que uma vai roncar, outra vai ficar no celular com a luz do aparelho acesa, outra vai ficar lendo ou organizando o dia seguinte usando uma lanterna. Outra vai se levantar durante a noite para ir ao banheiro, e cada um vai acordar num horário, obviamente, fazendo barulho. Então, prepare-se para não dormir mais a partir das 5 horas. Aliás, mulheres, preparem-se para ver os companheiros de quarto desfilando de cuecas. É interessante levar um protetor auricular e uma máscara de dormir.

Dica: no caso de beliches com colchões ruins, o seu saco de dormir vai resolver o problema e tornar sua cama mais confortável.

Para guardar seus pertences, existem duas possibilidades: deixá-los ao lado de sua cama e, quando for beliche, pendurá-los nele ou guardá-los numa espécie de *locker*/guarda-volumes trancado à chave.

As pessoas que fazem o Caminho, seja a pé seja de *bike*, costumam brincar e dizem que há dois tipos de peregrino, o raiz e o *nutella*. Cabe a cada um decidir em que estilo se encaixa, e isso com certeza vai dar a cara da sua viagem. Eu fiquei muito satisfeito com minhas escolhas, pois tudo deu certo, não passei nenhum desconforto e no meu balanço geral apenas um hotel não foi exatamente o que eu esperava. Feliz em ser reconhecido como bicigrino nutella!

Quanto a acampar no Caminho, sinceramente não recomendo, afinal haverá uma barraca para ser carregada ou enviada no transporte, seria um volume a mais, portanto, sairia mais caro. Há europeus que fazem isso, mas são minoria.

Quando falarmos dos trechos da viagem, indicarei cada um dos hotéis e pousadas em que fiquei.

SE OPTAR POR ALBERGUES, LEVE UM SACO DE DORMIR

Eu não levei saco de dormir porque não queria carregá-lo na bicicleta e, como eu dormiria em hotéis, não correria o risco de passar frio, pois teria cobertor disponível.

Na maioria dos albergues, tanto públicos quanto privados, segundo me informaram, você tem direito a uma cama, geralmente num beliche com colchão e travesseiro e você recebe um *kit* lacrado de lençol e fronha, como os de hospital, que são descartáveis. Em alguns albergues, eles já estão nas camas, ou seja, não se tem certeza de que foram realmente trocados, assim o saco de dormir é indispensável. O saco de dormir é sua "proteção" para higiene e frio, uma vez que não são fornecidos cobertores em albergues, e serve também para demarcar território, ou seja, assim que você chegar ao albergue, coloque-o na sua cama-beliche. No entanto, em alguns albergues, você já recebe a indicação do beliche em que vai ficar, isso pode ser bom ou ruim, mas é a forma de organização de cada albergue que prevalece.

DICAS PARA ESCOLHER UM BOM SACO DE DORMIR

→ Leve um que não ultrapasse 1 kg, afinal você vai carregá-lo se não despachar a bagagem. Há modelos até mais leves.

→ Leve um de pequenas dimensões e fácil de dobrar, caso contrário, todo dia, você vai gastar um bom tempo na hora de arrumar a mochila para sair.

> → Informe-se sobre a temperatura média à noite no período em que você vai fazer o Caminho e confira no produto quais são as temperaturas de conforto, limite e extrema. A sua escolha está entre a temperatura de conforto e o limite compatível com a época da sua viagem. A extrema é usada para o inverno, mas você não vai nessa época, não é? Já falamos disso anteriormente (a não ser que pretenda usar o saco de dormir em outras viagens, em outras localidades com temperaturas mais baixas). Em geral, o de 15 °C atende bem às condições apresentadas no Caminho. Há peregrinos que levam um isolante térmico também, mas se você não pretende dormir na rua, com certeza é um peso extra dispensável.

No *link* https://bit.ly/3auz0ms, você vai poder se informar mais sobre os formatos de saco de dormir e como dobrá-lo e conservá-lo na volta.

Além disso, o saco de dormir pode ser útil para protegê-lo dos *bed bugs* ou *chinches* de cama — os "percevejos de cama" — que são como pulgas, alimentam-se de sangue e podem proliferar rapidamente no verão. O saco de dormir não vai impedir que eles cheguem até você, mas ajuda a evitar o contato direto com o colchão. A mordida desse inseto, ainda que indolor no início, pode causar sérios problemas, como alergias, inchaços e até bolhas, embora na maior parte dos casos seja algo simples como uma picada de pernilongo.[42] Durante o Caminho não coloque sua mochila no chão nem na cama depois disso, pois um percevejo pode se esconder ali.

A maioria dos albergues tem sistema de calefação, e ele funciona bem. Se você sentir calor no quarto, é simples, durma em cima do saco de dormir, mas logo cedo saia agasalhado porque faz frio em alguns dias da primavera e do outono. Se o albergue não tiver boa calefação e seu saco de dormir não

---

42 Para mais informações, acesse: https://www.falandodeviagem.com.br/viewtopic.php?t=13543 .

o aquecer suficientemente, use o seu *fleece* e uma *legging* para dormir.

CUIDADOS COM A BICICLETA DURANTE A HOSPEDAGEM

Antes de fazer as reservas, lembre-se de que as hospedagens precisam oferecer um espaço para guardar a bicicleta. E prepare-se, pois em algumas é você que a carrega até o local de guarda.

Se o hospitaleiro se oferecer para levá-la é importante sentir segurança de que o local é adequado, acompanhe-o e, se achar necessário, coloque um cadeado na *bike*. Afinal, um dano ou roubo da bicicleta podem estragar sua viagem.

Não ouvi relatos de roubo, pelo contrário, a segurança é bastante exaltada, mas nós, brasileiros, temos sempre esse ponto de alerta. Verifique se no seu contrato há uma cláusula de reposição no caso de a *bike* ser roubada ou seriamente danificada.

Recomendo fortemente que você não deixe a bicicleta na rua, mesmo que esteja num hotel muito bom. Nesses casos, coloque-a na garagem e tranque-a com cadeado.

RESERVE A HOSPEDAGEM COM ANTECEDÊNCIA

Aqui retomo a minha eterna recomendação: planejamento é sempre o melhor negócio. Eu fui reservando todas as minhas hospedagens com antecedência de um ano ou mais. Fiz tudo pelo Booking.com, assim não tive de pagar reservas, nem cancelamento. Você consegue preços melhores fazendo-as antecipadamente. Além disso, realizar reservas de hotel com antecedência faz sua viagem começar muito antes da primeira pedalada, e é muito especial já entrar no clima desde esse momento.

Tive tanto tempo que pude trocá-las ainda no Brasil, ou seja, eu tinha a segurança de uma reserva, a certeza de onde ficar, mas com folga de ir pesquisando os mapas e entendendo melhor cada localidade e com isso repensar alguma hospedagem.

E ainda há a vantagem de não correr riscos financeiros durante a viagem, pois as despesas ficam atreladas ao seu cartão de crédito. E você não precisa levar mais dinheiro em espécie.

É claro, se você não for nos meses de pico, basta reservar com sessenta dias de antecedência, mas se decidir viajar em alta temporada, sugiro reservar pelo menos quatro meses antes. Fique atento à política de cancelamento informada na plataforma para você não acabar pagando uma taxa por distração.

Quando você deixa para fazer a reserva lá na Espanha, de uma cidade para outra, fica sujeito a não encontrar mais uma hospedagem boa, com preço atraente. Do meu ponto de vista, pior ainda é chegar às cegas na cidade, sem saber onde vai ficar; mas, é evidente, que depende do seu espírito de aventura. Eu não queria arriscar.

Em períodos de grande visitação no Caminho, há relatos de que os peregrinos que chegam tarde às cidades dormem em praças, escolas, igrejas, estádios, pois os albergues lotam. Para um bicigrino é ainda mais complicado, pois a gente tem de pensar onde vai deixar a bicicleta, mesmo que fique presa no cadeado, ela não deve ficar exposta ao relento.

Quando jovem, já fui aventureiro e me lembro com carinho da minha fase dos 20 anos, das viagens que fiz para o Nordeste com amigos para acampar e, depois, para Bagdá em 1985. Na ocasião, paramos em Paris e, no hotel que conseguimos de última hora, é claro, não havia toalhas de banho, só de rosto. Hoje, com a facilidade da internet e do celular, prefiro não passar mais por estas "aventuras", já tive meu tempo para isso.

Outro ponto importante, você tem acesso a *wi-fi* em muitos locais no Caminho, mas a velocidade pode não ser boa, assim, não é recomendado o uso para reservas e de cartão de crédito. Portanto, se puder, faça suas reservas com antecedência, nem que seja um dia antes no conforto da pousada em que você se hospedou na cidade anterior e entenda um pouco o mapa da próxima cidade para não reservar hospedagem em locais muito distantes do ponto de chegada do Caminho ou do ponto de saída; se não, você terá de andar alguns quilômetros a mais dentro da cidade para encontrar a seta amarela no dia seguinte.

Tenho uma amiga peregrina que reservou um dia antes um *hostel* em Pamplona e, como a conexão estava ruim, ela não pesquisou a localidade. Ela fez muitos quilômetros naquele dia e, quando chegou à cidade, ainda teve de atravessá-la inteira para chegar ao *hostel*. Pamplona é uma cidade grande. Nesse dia, minha amiga praticamente só comeu e dormiu, de tão cansada.

ROTINA

Para facilitar suas escolhas, vou relatar um pouco da minha rotina. Assim, você saberá seu tempo livre, levando em consideração as regras da hospedagem que escolheu.

⚖ 5h30 – acordava, tomava banho, meditava, lia e me preparava para sair; tomava café no hotel ou na rua (somente em dois lugares precisei fazer isso). Preferi ficar em hotéis que já ofereciam o café, assim quando saía já estava pronto para percorrer a etapa do dia. Quando não era assim, eu saía, tomava o café e voltava para pegar minhas coisas;

⚖ 7h30 – revisava a bicicleta: conferia o freio, a suspensão e os pneus;

⚖ 8 horas – era o horário para começar a pedalar;

- 9 horas – rodava 50 km a 60 km, dos quais, na metade, eu parava para fazer um lanche, após mais uma a duas horas, parava para me hidratar, tomava água ou outro líquido, e ingerir um sachê de gel, que continha nutrientes importantes, como carboidratos e sais minerais;

- entre 11 horas e meio-dia – parava para ligar para minha esposa no Brasil (hora em que ela estava acordando);

- entre 13 e 15 horas – chegava à cidade, parava no primeiro bar ou restaurante que eu via, sem muita escolha, e fazia um lanche: comia uma *batata-brava*, um polvo ou um sanduíche, em qualquer lugar, e bebia um copo gigante de cerveja. Depois, ia para o hotel tomar banho, colocar a roupa para arejar e descansar por pouco mais de 1 hora. Isso facilitava bastante, ou seja, chegava ao hotel "alimentado", assim eu podia me dedicar às demais providências sem ficar com aquela fome desesperadora;

- 17 horas – ficava mais 1 hora no hotel para fazer minhas anotações;

- das 18 às 20 horas – saía para passear e jantar;

- 22 horas – voltava para o hotel e preparava tudo para o dia seguinte, lia um pouco no meu Kindle;

- 23 horas – dormia, nunca fui dormir depois desse horário.

Espero que essas referências o ajudem a tomar boas decisões de hospedagem, e aqui cabe a frase do poeta Fernando Pessoa: "Tudo vale a pena quando a alma não é pequena."

No próximo capítulo, vamos falar sobre a comida do Caminho, suas delícias, seus preços, seus pratos típicos e sempre minhas dicas especiais.

OS RESTAURANTES E OS BARES PREPARAM MUITA COMIDA COZIDA, VI POUCAS FRITURAS E RARAS VEZES VI MASSA NO MENU. NO GERAL, ERA UMA COMIDA NUTRITIVA E BEM BALANCEADA PARA BICIGRINOS E PEREGRINOS.

Capítulo 12

O QUE COMER PELO CAMINHO

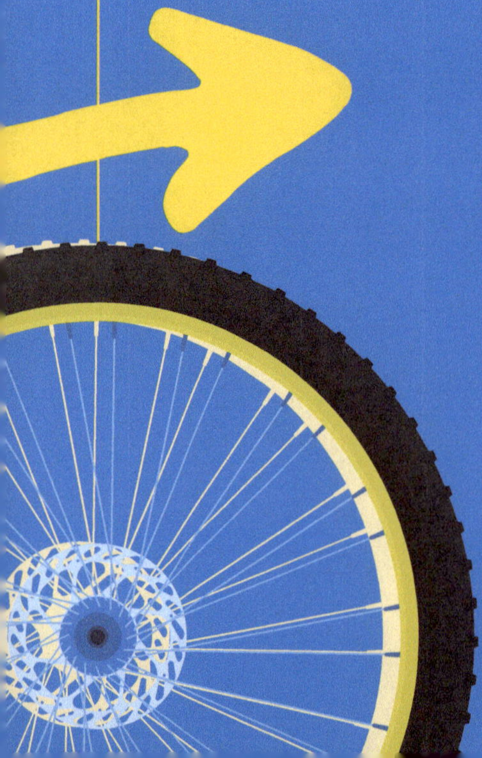

Prepare-se para sentir água na boca neste capítulo!

Começo dizendo que não será de fome que você vai "morrer" no Caminho, pode ser de cansaço, mas comida gostosa não faltará! E o melhor de tudo, os preços são acessíveis, principalmente se você se restringir ao famoso e tradicional "menu do peregrino", na hora do almoço ou do jantar.

Um jantar especial com meu primo em León

Antes de dar detalhes dele, vou falar do meu café da manhã. Eu começava meu dia com essa refeição e, como me hospedei em hotéis e pousadas, sempre encontrei nela muitas frutas[43]. Além de iogurtes, chá, café, ovos, omelete, geleias, um *buffet* simples, porém bem servido. Eu sempre tomava um bom café da manhã para não sentir fome durante as pedaladas e fazer apenas uma rápida parada para um lanchinho ao longo do trecho de cada dia.

A minha amiga peregrina que ficou em albergues me disse que tinha de comprar em algum mercado, no dia anterior, alguns ingredientes para tomar seu café da manhã "andando", pois saía muito cedo, entre 5 e 6 horas da manhã, e nesse horário não tinha café servido nos albergues nem lugares abertos, só após as 8 horas. Eu, que saía mais tarde e estive hospedado em vários hotéis, tive, na maior parte das vezes, oportunidade de comer bem antes de começar meu dia.

MENU DO PEREGRINO

Exemplo de menu do peregrino

---

43 A Espanha é um dos principais países produtores de frutas do mundo, é o quintal da Europa para todo tipo de fruta, muitos cítricos (laranjas e limões), melão, pêssegos e, é claro, uvas, assim como legumes em geral e muitos tomates.

Voltando ao famoso "menu do peregrino", o preço pode variar entre 10 e 20 euros, mas pode chegar a 25 euros, dependendo de onde você for comer. Os mais requintados, como um menu executivo, são um pouco mais caros. Basicamente é composto de uma entrada, seguida de prato principal e uma sobremesa, acompanhado de água, pão e vinho. Comida justa e barata e chega rapidamente à sua mesa.

De entrada, frequentemente, eles oferecem salada ou sopa ou uma entradinha de peixe. Como prato principal, há opções variadas: carne — de porco (é muito comum), de ternera (de bovinos com menos de seis meses de criação), de frango (frito, ensopado ou grelhado) —, acompanhada de arroz, batatas (as famosas *papas bravas*) ou legumes cozidos. Ao final, uma sobremesa, que pode ser uma fruta, pudim, *flan*, *tarta* (torta) de fruta ou de Santiago. A água é servida à vontade e o vinho, em uma taça ou meia garrafa e, se você estiver com outro bicigrino, podem dividir uma garrafa inteira. Sempre na linha de vinhos jovens de mesa e da região, mas são todos bem agradáveis. O pão é servido em fatias, é bom, mas não sonhe com pães no estilo italiano.

Menu do peregrino especial em Castrojeriz

Em alguns poucos lugares, havia duas opções para escolher. Foi assim em Estella, Santo Domingo e Carrión de los Condes. Nesses lugares, pude escolher fruta ou doce, na sobremesa, e, no prato principal, peixe ou carne. As sopas ou caldos variavam entre legumes, canja ou tomate. Assim como em poucos lugares, havia até um pequeno camarão na salada de entrada. Ou seja, num lugar ou noutro, havia algum "requinte", mas o certo mesmo era encontrar o básico, saudável e saboroso.

Menu do peregrino em Estella

Restaurantes e bares conseguem oferecer esse menu a um preço acessível, pois é comida simples, caseira e que se repete — fácil de fazer. Por isso, esqueça se você está imaginando que vai comer o famoso *pulpo* (polvo) de lá ou o *cocido maragato* ou a *paella* no menu do peregrino. São pratos que você encontra no Caminho, mas com valores mais elevados. Eu comi o *pulpo* em alguns lugares, mas não comi em Melide — o mais famoso de todos — porque não parei lá. E o *cocido*, que eu não conhecia e me surpreendeu muito, comemos em Astorga (meu primo e eu). É feito em etapas. Espetacular! Recebi a dica de brasileiros que encontramos nessa cidade de um restaurante que era especializado nesse prato. Ficamos um dia a mais lá e deu tempo de prová-lo. Experimentei também carne de cordeiro com abóbora, arroz com brócolis. E, obviamente, fizemos uma refeição especial em Compostela, um jantar em um restaurante internacional — um verdadeiro banquete.

O imperdível cocido maragato em Astorga

Os restaurantes e os bares preparam muita comida cozida, vi poucas frituras e raras vezes vi massa no menu. No geral, era uma comida nutritiva e bem balanceada para bicigrinos e peregrinos.

PRATOS E IGUARIAS TÍPICOS DO CAMINHO

Como comentei em outros capítulos, optei por comer lanches ou petiscos, o chamado *bocadillo* — que nada mais é do que um lanche de metro com ingredientes típicos — o mais comum é de *jamón* (presunto cru) ou as *tapas*. Meu *bocadillo* preferido era com o presunto cru da região. Isso tudo regado com um "balde" de cerveja, e olha que nem gosto muito, mas ia muito bem com o calor que sentia depois da pedalada. Eu só me sentava em bares e lanchonetes do lado de fora, pois estava "sujo" nessa hora.

Bocadillo de queijo e presunto crú

As famosas papas bravas

Sanduba de ovos e copo de cerveja em Villafranca

Bom, para facilitar o entendimento de cada prato típico, aí vai um pequeno "glossário":

PRATO TÍPICO	O QUE É	REGIÃO DE ORIGEM[44]
BOCADILLO	É um termo espanhol que designa sanduíches preparados à base de ingredientes quentes ou frios, utilizando fatias de pão de trigo, geralmente em forma de baguete. Existe grande variedade: com embutidos (*jámon* ou *chorizo*), ternera, calamares, atum, lombo de cerdo, ovos, cavala, vegetarianos etc. Nas grandes cidades é possível encontrar as variedades em miniaturas, chamadas de *pecaditos, bocaditos ou montaditos*.	Diferentes regiões espanholas ao longo do Caminho
CALDO GALEGO	Praticamente um sopão quase sempre sem carne. Fazem-no em panelas de barro. Os ingredientes incluem repolho, couve, nabo-doce verde, batatas, feijão-branco e até banha de porco. Além disso, pode conter chouriço, presunto e *bacon*.	Galícia
COCIDO MARAGATO	Seus ingredientes são produtos do campo: legumes, couve, grão-de-bico, carnes diversas (enchidos, frango, *bacon*, costela, pés, orelha e outras partes do porco) e feijão-branco.	León e Astorga (León *y* Castilla)

---

44 Todos os pratos podem ser encontrados praticamente ao longo do Caminho, mas principalmente nas cidades maiores.

MARISCADA	Uma espécie de sopa de frutos do mar, mariscos cozidos no próprio caldo, como uma caldeirada. Os mariscos mais comuns são: a santola, caranguejos, percebes, lagostins e lagosta, navalhas, vieiras, ostras, mexilhões etc.	Galícia
PAELLA	Ela pode ser a original, feita com vegetais, coelho, frango, pato, feijão e especiarias. De frutos do mar, ou mista, uma combinação de carnes, mariscos, vegetais e diversos grãos ou apenas de vegetais.	Valência
PINTXOS OU PINCHOS	É um pequeno lanche sobre uma rodela de pão baguete. Não confundir *pinchos* com *tapas*. Os *pinchos* são pedidos e pagos, enquanto as *tapas* em vários lugares são aperitivos de cortesia oferecidos aos clientes.	Norte da Espanha
PULPO DE MELIDE	O polvo é cozido, acompanhado de legumes, batatas, arroz. Não é como o de Portugal, no Algarve. O restaurante mais famoso em Melide é a Pulperia Ezequiel, que funciona a partir das 8 horas já preparando essa iguaria para servir os primeiros peregrinos que por ali passam. Indicado pelo Trip Advisor e pelo Booking.	Melide (Galícia)

TAPAS	Tudo que acompanha uma boa caneca de vinho ou de *caña* (cerveja). Em muitos lugares, as tapas são gratuitas e podem ser uma porção de azeitonas, frutas secas (como amêndoas e amendoins), pimentões recheados etc.	Diferentes regiões espanholas ao longo do Caminho
TORTILLA OU TORTILLA DE PATATAS	Espécie de omelete feito com ovos e batatas, podendo levar cebolas.	Diferentes regiões espanholas ao longo do Caminho
TORTA OU EMPANADA GALEGA	Feita de farinha de trigo e pode ser recheada com diferentes ingredientes da costa ou do interior da Galícia, como: peixe, crustáceos, carnes e legumes.	Galícia
TORTA DE SANTIAGO	Para mim nada mais é do que toucinho do céu (doce típico de Portugal). Os principais ingredientes são a amêndoa e os ovos. Pouco se sabe sobre o consumo de amêndoas durante a Idade Média, época da possível criação do doce, mas se pode afirmar que pela escassez, era um produto para poucos. Não é tão doce e é o mais tradicional do Caminho	Galícia
MUITOS DOCES DIFERENTES, TÍPICOS DE CADA REGIÃO, SEMPRE COM O USO DE MUITOS OVOS	*Yemma* de Avila – parece brigadeiro amarelo, e as massas folheadas de Navarra são bons exemplos.	Diferentes regiões espanholas ao longo do Caminho

PARA COMER EM SUAS PARADAS

Além dessas comidas deliciosas, eu também fazia duas paradas "técnicas" no trajeto com a *bike* (50 km) – uma para ligar para minha esposa e dizer que tudo estava bem e outra no meio do trecho, no 25°km/30° km. Parava num bar para fazer uma boquinha e me hidratar. Comia um ou outro da lista a seguir:

→ sorvetes: que, aliás, não tinham nada de especial, são comuns e parecidos com os de palito, industrializados, que temos no Brasil;

→ pão;

→ fruta (que levava do café da manhã no hotel ou comprava nos bares);

→ ou torta de Santiago;

→ Refrigerante;

→ durante o trajeto, a depender do dia, também ingeria um sachê de gel com nutrientes importantes, como carboidratos e sais minerais; sempre alguns quilômetros após a parada.

Em alguns lugares encontrávamos banquinhas, *trailers* para nos reabastecermos. Passei por um no primeiro dia que percorri a maior parte do tempo pelo Caminho, numa passagem antes de Pamplona (comi ali duas bananas). Depois não passei muito mais por elas, mas uma amiga peregrina me contou de uma Kombi que ficava bem no meio do nada, lembrando algo na linha de *Little Miss Sunshine*. Para quem ama suco de frutas, que não é o meu caso, os mais comuns de encontrar são os prontos em garrafinhas.

Muitos moradores da região fazem ações voluntárias de doação de frutas, castanhas, barras de cereal para bicigrinos e peregrinos, e estes podem deixar uma contribuição, se quiserem, que serve de agradecimento e incentivo para os locais continuarem a abastecer outros viajantes.

As frutas mais comuns de serem encontradas nessas barraquinhas são banana, laranja e tangerina.

Agora que já falei de todos os pratos, vamos a algumas dicas:

→ a comida espanhola é mais apimentada que a brasileira, exceção feita à comida baiana;

→ outra curiosidade da Espanha é que há cinco refeições ao longo do dia. Até as 9 da manhã, é servido o café da manhã ou *desayuno*. Aliás, ouvi isso de um espanhol: "Para os espanhóis é muito difícil entender nosso termo 'café da manhã', já que nem todo mundo toma café, e quem toma chá, então!?". Por volta das 11h30, é feito um lanche. À tarde, outro lanche e só às 17 horas os espanhóis almoçam. E o horário do jantar é por volta das 21h30;

→ cuidado com o horário da *siesta*, que é das 14 às 17 horas, dependendo da hora que você chegar à cidade pode encontrar tudo fechado, a não ser pequenas bodegas abertas. E realmente terá de fazer um lanche e sair para "almojantar" mais tarde, até porque os negócios ficam abertos até mais tarde depois. Como eu chegava em torno das 13 horas, não tive nenhuma dificuldade;

→ a cada 4 km/5 km há uma cidade, então você não fica sem comer;

→ não deixe de experimentar algumas paradas "consagradas", como o Orisson (albergue no topo dos Pirineus que tem um bar num mirante), qualquer bar em Foncebadón, La Faba, Molinaseca para descansar e comer alguma coisa ou se reabastecer de líquidos e, é claro, conhecer as pessoas;

→ leve um guia que dê as dicas de lugares para parar e comer, eu levei o Michelin;

→ procure jantar mais cedo para poder descansar bem e passear um pouco na cidade, conhecê-la e para uma boa digestão. Os restaurantes e os bares servem o jantar a partir das 19 horas e vão até bem tarde;

→ esqueça o feijão preto ou o carioquinha. Você não os encontrará lá, a não ser que você fique hospedado em albergues de brasileiros;

→ se você ama queijos, vai encontrar alguns típicos e ótimos do norte da Espanha, como Tetilla, Roncal e Cabrales[45];

→ evite comer os pratos típicos mais pesados à noite, são sempre bem servidos e individuais;

→ você encontra a torta de Santiago para comprar inteira ou em pedaços. Se quiser trazer para o Brasil, cuidado com a forma de fazer a embalagem, pois a cruz do topo, que é desenhada com açúcar, se desfaz inteiramente;

→ se você tem restrições alimentares ou é vegetariano/vegano, terá de pedir "trocas" em algumas situações. Uma amiga vegetariana ovo--lacto[46] disse que pedia o ovo só frito, pois estava enjoada da *tortilla* e massa de alho e óleo ou ao sugo. E sempre conseguia. Ela também disse que pediu uma vez cogumelos que estavam no cardápio do menu, mas vieram com bacon. Assim, pergunte antes. No caso dos *bocadillos*, peça só com queijo ou queijo e tomate. Explique sempre que você não come nenhum tipo de carne, nem peixe.

Ao final da viagem, cheguei à conclusão de que fazer o Caminho é também uma forma de fazer uma viagem gastronômica pela Espanha, já que o bicigrino passa pelas diferentes regiões e comarcas espanholas. Meu primo e eu comemos bastante, mas gastamos muitas calorias. Então finalmente o pecado da gula se justifica.

No próximo capítulo, falarei de mais delícias pelo Caminho, desta vez, porém, serão os vinhos.

---

45 Saiba mais em: https://bit.ly/36XMK8k .
46 O ovo-lacto-vegetarianismo é praticado por pessoas que não comem carnes de animais (peixes e aves, inclusos), porém comem os derivados, como ovo e leite.

O VINHO É UMA DAS RIQUEZAS ESCONDIDAS DO CAMINHO DE SANTIAGO. DIGO ISSO PORQUE, ASSIM COMO EU, QUASE NENHUM VIAJANTE PENSA EM VINHOS QUANDO TOMA A DECISÃO DE EMBARCAR. E UMA VEZ QUE COMEÇAR SUA JORNADA RUMO A COMPOSTELA, VOCÊ VAI TER CONTATO COM VINHOS DE DIFERENTES REGIÕES ESPANHOLAS, E ESSA É UMA SURPRESA MUITO AGRADÁVEL. O VINHO É SEM DÚVIDA UM DOS ENCANTOS DO CAMINHO DE SANTIAGO.

Capítulo 13

A ESPANHA DOS VINHOS PELO CAMINHO

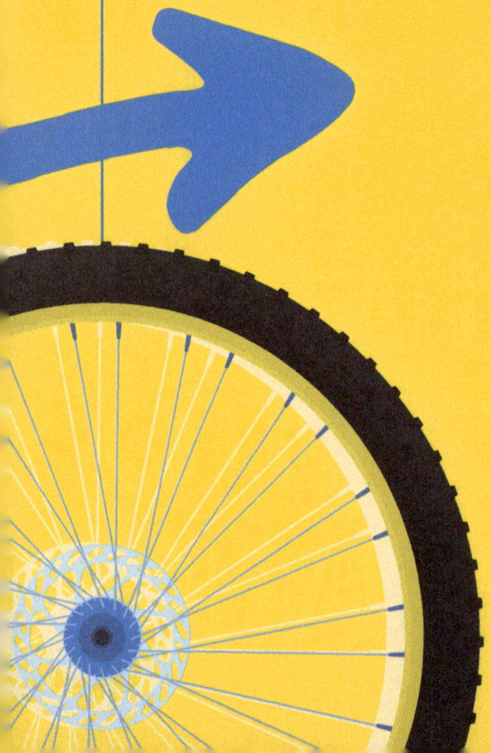

Começo este capítulo com três colocações sobre o tema. Primeira: não fiz a viagem como "apreciador de vinhos", que de fato sou, mas não um conhecedor profundo. Também não fui em busca de visitas a vinícolas, como já fiz em outras oportunidades. Meu foco era estar só e meditativo, mas é claro que o vinho esteve presente durante todo o trajeto como mais um elemento a tornar a viagem ainda mais saborosa em todos os restaurantes e bares nos quais comi, afinal estávamos no país que é um dos maiores produtores de vinhos de todo o mundo.

A segunda é que a Espanha detém dois importantes "títulos": a de maior área de vinhedos do planeta e a de que está entre os cinco países do mundo com maior variedade de uvas autóctones[47](natural do país ou da região). Precisamos dar o devido valor ao peso que esse lindíssimo país tem no mundo dos vinhos. Então, mesmo não visitando vinícolas, eu aproveitei cada taça que tomei em cada região por onde passei.

Por fim, como você vai descobrir neste capítulo, o vinho é uma das riquezas escondidas do Caminho de Santiago. Digo isso porque, assim como eu, quase nenhum viajante pensa em vinhos quando toma a decisão de embarcar. E uma vez que começar sua jornada rumo a Compostela,

---

47 Mais informações em: https://www.enoestilo.com.br/revista-de-vinhos-uvas-autoctones-da-espanha/ .

você vai ter contato com vinhos de diferentes regiões espanholas, e essa é uma surpresa muito agradável. O vinho é sem dúvida um dos encantos do Caminho de Santiago.

Então, resolvi escrever este capítulo para que você tenha uma boa noção do universo dos vinhos no Caminho e aproveite melhor sua experiência ao bebê-los. Para dar ainda maior substância a isso, tive o privilégio de contar com a participação de um especialista no assunto. Daniel Agrela faz faculdade de Viticultura e Enologia em São Roque, município próximo à cidade de São Paulo, além de entender muito sobre o Caminho de Santiago de Compostela, pois já passou por lá duas vezes como peregrino (o roteiro francês), e escreveu um livro sobre o tema — *O guia do viajante do Caminho de Santiago: uma vida em 30 dias* — sucesso de vendas e referência imprescindível para quem deseja fazer o Caminho. Eu, evidentemente, li o livro antes da minha bicigrinação.

A seguir e ao longo do capítulo vou reproduzir as falas dele nos melhores momentos do delicioso e descontraído bate-papo que tivemos sobre os vinhos pelo Caminho.

Para fazer esta conversa, eu fui atrás dos meus bloquinhos "empoeirados" de anotações (fiz o Caminho pela segunda vez em 2013), que vão além de citar vinhos, uvas e regiões. O vinho tem um papel emocional junto ao Caminho, inclusive se costuma ler ao longo do trajeto a frase "Com pão e vinho se faz o Caminho (Con pan y vino se anda el Camino)". Essa frase remonta de muitos séculos atrás. O Caminho existe há 1.200 anos e desde então se carrega essa tradição. Em muitos países, o vinho é considerado um alimento, já que é fonte de energia. E no Caminho de Santiago, ele não é um alimento só para o corpo mas também para a alma. Eu me lembro com carinho dos tantos jantares e conversas com outros peregrinos sempre na presença de um vinho. E ali não importa quem é o produtor, qual é a safra, mas sim aproximar as pessoas, todos poderem compartilhar um momento gostoso juntos, mesmo que nunca tenham se visto antes... O vinho é um catalisador que une as pessoas, traz leveza para conhecermos uns aos outros e trocarmos experiências sobre o Caminho.

No passado, o Caminho era muito diferente, os peregrinos faziam a viagem a pé ou a cavalo e não havia a estrutura de restaurantes, hotéis e albergues que se tem hoje. Eles ficavam nas casas das pessoas da região ou ao relento nas estradas. Imagine o que era fazer o Caminho naquelas condições. As coisas mudaram muito, mas três delas não: o pão, o vinho e os peregrinos. Estes últimos continuam em busca de transcender, então essa combinação se mantém e se fortalece cada vez mais.

Daniel continuou contando como o Caminho envolve as pessoas pela sua história, pela paisagem, pelo desconhecido, e como o vinho serve para agregar, para abrir os "caminhos". Então, citou o movimento de girar a taça para oxigenar mais o vinho, para liberar os aromas, para senti-lo...

Vale lembrar que o vinho fica engarrafado por pelo menos um ano e, quando se abre a garrafa, a bebida deixa de estar comprimida. É muito legal fazer uma analogia do vinho na garrafa com os peregrinos: ao chegar a Saint-Jean-Pied-de-Port, você é praticamente um vinho preso numa garrafa. Você está completamente comprimido nos seus sentidos e sentimentos. Você traz angústias, medos, incertezas... As pessoas chegam assustadas no início do Caminho e aos poucos vão se libertando de tudo isso, assim como o vinho libera seus aromas. Começamos a ter novas percepções... É um encontro muito pessoal e o vinho é uma boa metáfora.

Nessa hora lembrei-me do "meu coração na boca" no primeiro dia.

Daniel então relatou que na primeira vez que fez o Caminho encontrou duas pessoas que o marcaram muito: o CEO de uma empresa do Vale do Silício, na Califórnia, e um homem de outra nacionalidade, que trabalhava como limpador de vidros. Ambos se conheceram no Caminho. Todas as noites eles dividiam uma garrafa de vinho, convidando-nos a refletir: onde esse encontro seria possível, senão no Caminho, senão em torno de uma garrafa de vinho e concluímos que a bebida é sinônimo de bons momentos e que as pessoas que estão lá pela primeira vez, mais do que um local para conhecer uma vinícola, um rótulo, têm, acima de tudo, a possibilidade de desfrutar o momento.

Daniel deu continuidade descrevendo experiências e vivências que são possíveis em torno do vinho e que vão muito além da própria bebida.

O vinho traz consigo uma história: da família que o produziu, da safra, e o peregrino e o bicigrino têm oportunidades que um turista não tem. O bicigrino pode descer da bicicleta para pegar um cacho de uvas Tempranillo que está no trajeto, por exemplo. Na região de Navarra, existem vários vinhedos na beira do Caminho. Você tem a oportunidade de poder colher um cacho in natura, é palpável, é sensorial... É difícil que as pessoas provem uvas usadas para a elaboração de vinho fino. Elas compram as uvas vendidas em feiras, supermercados e não as mesmas usadas para produção de vinhos, que são pequenas e têm sabores diferentes.

Então, eu lembrei que fiz isso uma única vez na viagem, mas não me lembro onde nem qual foi a uva que provei. Como comentei em outro capítulo, acabei provando mais amoras. Foi marcante para mim também: afinal, fui comer amora no pé já quase aos 60 anos. As videiras faziam parte de propriedades privadas onde eu não quis arriscar entrar. Como veremos nos trechos da viagem, os bicigrinos nem sempre pedalam pelo Caminho e tomam outras rotas alternativas, como rodovias e autopistas, que ficam mais distantes das videiras.

Daniel lembrou da dica de visitar a fonte de vinho do monastério de Irache (um clássico imperdível da viagem), na saída de Estella, e encher gratuitamente sua garrafa de *squeeze* com vinho. Ele comentou que voltou para a Europa anos depois, e passou por Madri, onde você também encontra os símbolos do Caminho, apesar de não estar nele, e, numa loja de vinhos, deparou-se com uma garrafa de vinho reserva do monastério de Irache, um achado!

Os peregrinos muitas vezes enfrentam fila no monastério, mas os bicigrinos, por saírem mais tarde da cidade, acabam não pegando fila. Quando passei por lá, a fonte estava vazia, eu era o único visitante naquele momento.

Monastério de Irache

Outra experiência que Daniel sugeriu é a de visitar as pequenas vinícolas familiares de garagem, que em geral ficam nas próprias casas onde residem as famílias. Ele esteve em algumas e citou especialmente uma em Sárria, na Galícia, na qual tomou vinho direto da barrica e conversou com o produtor por um bom tempo. Orientou peregrinos e bicigrinos a ficarem atentos a essas oportunidades únicas, pois é impossível dar o endereço, visto que são pequenos casebres. Eu, infelizmente, não passei em nenhum lugar onde pudesse identificar uma vinícola de garagem.

Mais um aspecto interessante que ele comentou é que quem fez o Caminho de Santiago estará ligado a ele para sempre.

Quem faz o Caminho nunca mais vai esquecer, e o vinho só ajuda nestas lembranças. As pessoas compartilham da garrafa, da taça, não uma taça especial, às vezes o tomam em um copo. O Caminho faz as pessoas se voltarem para o simples. O mais afetivo para mim era tomar um vinho com os peregrinos que estavam comigo nos albergues (só fiquei em albergues municipais na primeira vez que estive lá) e fazíamos nossas refeições na cozinha coletiva. As pessoas cozinhavam juntas e compartilhavam a comida e o vinho. Outras vezes comíamos juntos em restaurantes nas cidades, e traziam à mesa vinhos em jarras, sem rótulos, sem indicação de ano e procedência. O que importava era o ato de compartilhar e viver um momento de descontração. O vinho é perfeito para relaxar, descontrair e celebrar nossas conquistas ao longo do Caminho.

Um fato que Daniel não citou, mas acho importante salientar, é que, apesar de eu ter ficado em hotéis e pousadas, nos restaurantes deles muitas vezes os vinhos também vinham em jarra, e eu não me preocupava com os detalhes de rótulo, pois sabia que ali o vinho da casa seria bom de qualquer forma. Acho que a "cultura da jarra" já existia no Caminho de séculos atrás. O vinho era trazido na moringa, na jarra de barro.

E digo mais: outro motivo para você tomar vinho ao longo do Caminho é que ele ajudará a relaxar, a diminuir a ansiedade e o frio na barriga, que são naturais de sentir com a expectativa em cada trecho que terá pela frente, além de propiciar uma boa noite de sono.

> **Curiosidade:** o vinho nem sempre tem refil nos bares e nos restaurantes do Caminho, mas pode também ser encontrado assim ou em jarra (para cinco pessoas) ou garrafa ou taça — dependendo do número de pessoas que estão à mesa.

Quando tínhamos, meu primo e eu, a oportunidade de ter às mãos uma carta de vinhos, escolhíamos as uvas. Fizemos isso nas cidades maiores, como León, Astorga e Compostela. Olhando a carta de vinhos, além de observarmos as uvas, pedíamos um vinho da região. Não anotei nem guardei na memória o nome deles. Soubemos aproveitar a possibilidade de escolher sem fazer conta do valor, tendo em vista que na Espanha mesmo os vinhos de padrão mais elevado têm preços acessíveis.

Já os vinhos que acompanham o menu do peregrino são os do dia a dia, de qualidade razoável a boa. Você pode pedir outra taça, além da incluída no valor do menu, garrafa ou jarra por preços módicos de 2, 5 até 15 euros.

E, nesse ponto, eu já aproveito para recomendar a você que não beba sozinho uma garrafa inteira porque no dia seguinte não vai pedalar, como disse o médico e físico alemão Paracelso[48], no século XVI:

A diferença entre o remédio e o veneno está na dose, basta pouco. O vinho tem que ser um aliado e não um inimigo, uma dose de responsabilidade vai bem para poder desfrutar e aproveitar todos os momentos.

---

[48] Paracelso é o pseudônimo de Philippus Aurelous Theophrasus Bombastus Hohenheim, médico, alquimista, físico, astrólogo e ocultista suíço-alemão. Credita-se a ele também a criação do nome do elemento Zinco – *Zincum*.

Agora voltando às dicas de Daniel, ele comentou os vinhos, região por região, na ordem que se apresentam no Caminho. Ressaltou que se você for escolher a uva, pode e deve evitar os vinhos de uvas francesas, como Cabernet Sauvignon, Merlot e outras.

Experimente as uvas nativas da Espanha e faça uma imersão na cultura e nas uvas que não chegam ao Brasil.

Daniel deu a seguinte sugestão: escolha o vinho pela uva, região e teor alcoólico. Evite rótulos de marcas famosas, que você encontra aqui no Brasil. Não tente escolher pela vinícola pois o número de produtores é imenso e será muito difícil você conhecer algum. Por exemplo, beba preferencialmente vinhos tintos com teor alcoólico entre 12% e 13%. Vinhos com graduação acima disso são mais estruturados e podem fazer você acordar cansado e indisposto no dia seguinte.

No caso de **Saint-Jean-Pied-de-Port**, a recomendação dele foi para uma bebida que permita comemorar o começo da jornada: um **champanhe** pela simbologia (chamado de *espumoso* em espanhol) ou um **espumante** *Crémant* **de Bordeaux** (região icônica de vinhos que fica próxima de SJPP), difícil de ser encontrado aqui no Brasil.

Em **Navarra**, ele recomendou um vinho da uva **garnacha**, que é um tinto de meio corpo, um pouco mais leve, mas lá também você encontra vinhos brancos feitos 100% com a garnacha (*Blanc de Noir*). Dificilmente você achará esse tipo de branco fora da Espanha. A curiosidade é que no branco de garnacha a fermentação é realizada apenas com a polpa da uva, sem as cascas.

Em seguida vem **Rioja**, com cidades clássicas como Santo Domingo de la Calzada e Logroño. É a região mais famosa de vinhos espanhóis, onde a uva **tempranillo** prevalece em termos de quantidade, mas, como os vinhos elaborados com essa casta são mais fáceis de encontrar no Brasil, ele indicou os vinhos tintos da uva **mazuelo**, que lembram a picância de alguns espumantes e dão certa adstringência na boca.

Na região de **Castilla** — a parte mais famosa é **Ribera del Duero**, que produz vinhos de excelente qualidade —, ele recomenda que você prove os tintos feitos com a uva **mencia**, que lembra a francesa *pinot noir*. Os vinhos de **mencia** têm as mesmas características: leves, frutados e baixo teor alcoólico.

Já na **Galícia**, que Daniel explorou melhor em outra viagem, em 2019, quando fez um trecho do Caminho Primitivo e também em Santiago de Compostela, ele pôde conhecer a fundo os vinhos de **Rias Baixas**. Eles são encontrados facilmente nos *wine bars* de Santiago de Compostela, onde praticamente servem apenas vinhos da Galícia.

Daniel comentou que fazem assim porque as pessoas da região são um pouco separatistas e bastante orgulhosas de tudo que é próprio de sua cultura e local. Uma uva da região que ele destacou foi a **albariño**. Ele avaliou os vinhos dessa uva como equilibrados, elegantes e os definiu como uma deliciosa e inebriante grata surpresa. Eu me lembrei de que os vinhos brancos de **albariño** têm um tom amarelado que, de início, podem assustar, mas são ótimos, têm uma acidez perfeita e combinam muito bem com toda e qualquer comida da região, principalmente as que são à base de frutos do mar.

E, para terminar a jornada, Daniel também recomendou um **espumante — Cava Brut de Albariño —** 100%, para retomar o conceito de celebração do começo do Caminho.

Vale comentar que em Santiago de Compostela não há um vinho oficial, nem vinícola, nem mesmo um de produção ligado à Catedral.

Por fim, gostaria de salientar que aprecio muito todos os estilos de vinho. Na Espanha, você terá chances de provar uma variedade de brancos e tintos de ótima qualidade a preços muito bons.

No meu Caminho, acabei experimentando e aproveitando todas essas uvas e destaco aqui as surpreendentes uvas **mazuelo**, **mencia** e os vinhos de **albariño** em Compostela, este um branco muito especial e que, desde a minha volta, passou a fazer parte de minha pequena adega para ser desfrutado com peixes e frutos do mar — uma experiência incrível!

Sempre que puder, sobretudo nas cidades maiores ao longo do Caminho, busque fazer uma boa harmonização entre vinho e comida. Assim, você aumentará o prazer de suas refeições. Embora no menu do peregrino não haja tanta possibilidade de escolha, vindo quase sempre um tinto para acompanhar a comida, sugiro que você harmonize da seguinte forma:

→ pratos de carnes — com tintos, principalmente para os *puceros e cocidos*;

→ peixes — com brancos;

→ com polvo, opte por um vinho tinto mais leve.

E nunca deixe de brindar e dizer *Buen Camino*!

> **Dica:** é complicado trazer garrafas de vinho na volta, dependendo do volume de bagagem que você levou. Contudo, se tiver feito uma viagem com mala e quiser trazer uma lembrança do Caminho, anote o nome das uvas que bebeu ao longo do Caminho e compre algumas garrafas em Santiago de Compostela, incluindo uma da Fonte Irache, pelo simbolismo. Ou deixe para comprar no *freeshop* de Madri, um dos melhores da Europa. O preço é bom, e já colocam na embalagem adequada.

Se você quiser tomar nota dos vinhos que provou e de que mais gostou ao longo do Caminho, deixo a seguir uma tabela para seu uso.

No próximo capítulo, vamos falar de algumas curiosidades, malícias e macetes para você aproveitar muito bem sua viagem.

TABELA PARA ANOTAR SEUS VINHOS

REGIÃO	UVA	TEOR ALCÓOLICO	TIPO DE VINHO (TINTO, BRANCO OU ESPUMANTE)	HARMONIZAÇÃO
FRANÇA (SJPP)				
NAVARRA				
RIOJA				
CASTILLA				
GALICIA				

O PASSAPORTE DE PEREGRINO SERVE APENAS PARA IDENTIFICAR O PEREGRINO QUE PERCORRE O CAMINHO DE SANTIAGO A PÉ, DE BICICLETA OU A CAVALO E DÁ DIREITO A SE HOSPEDAR NA REDE DE ALBERGUES EXCLUSIVA PARA PEREGRINOS. E, O MAIS IMPORTANTE, NA CHEGADA À CIDADE DE SANTIAGO DE COMPOSTELA, COMPROVAR POR ONDE VOCÊ PASSOU PARA PODER PEGAR O CERTIFICADO DA COMPOSTELA.

Capítulo 14

MALÍCIAS, MACETES E CURIOSIDADES DO CAMINHO

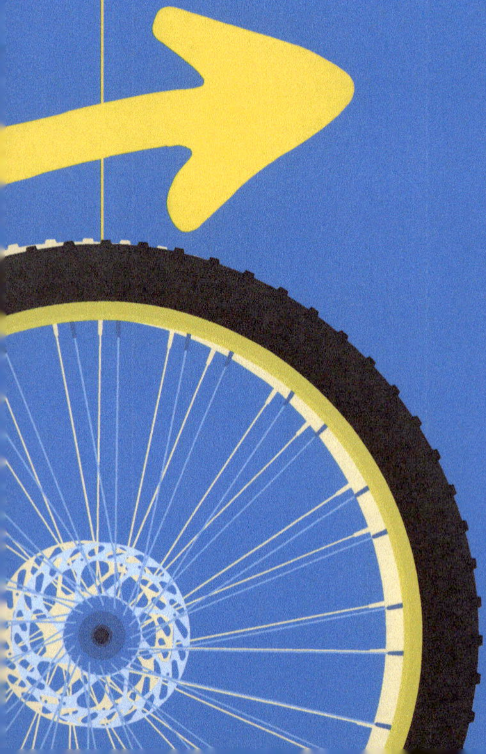

Ao longo deste capítulo, vamos voltar a alguns temas já vistos nos anteriores, os quais decidi repetir aqui pela relevância e a eles somar novas dicas que me pareceram importantes.

Para mim **malícias e macetes** são informações úteis e que você vai gostar de saber para evitar apertos e "dores de cabeça", tendo, assim, uma viagem tranquila; e **curiosidades** são dicas fáceis para você desfrutar plenamente sua experiência pelo Caminho. Espero que isso o ajude!

O PASSAPORTE (OU CREDENCIAL) DE PEREGRINO

Vamos começar pelo passaporte do peregrino. Ele é tão valioso quanto seu passaporte de nacionalidade. Brincadeira à parte, pois ele serve apenas para identificar o peregrino que percorre o Caminho de Santiago a pé, de bicicleta ou a cavalo e dá direito a se hospedar na rede de albergues exclusiva para peregrinos. E, o mais importante, na chegada à cidade de Santiago de Compostela, comprovar por onde você passou para poder pegar o certificado da Compostela.

> **Curiosidade:** Em muitos *blogs* e *sites*[49] encontramos a informação de que a credencial é uma renovação da tradição das cartas de apresentação ou "salvo-conduto" dos peregrinos medievais.

Fique atento, você também tem de levar seu passaporte oficial para passar pela imigração na sua chegada à Espanha e usá-lo dentro do país como documento de identidade. Aliás, confira os demais documentos e/ou condições de entrada na Espanha diretamente com o consulado da cidade/estado onde você mora ou com a embaixada espanhola no Brasil ou, ainda, consulte *sites*, como https://www.meuscaminhos.com.br/documentos-para-entrar-na-espanha/.

E o passaporte do peregrino deve ser comprado. Afinal, você vai se empenhar tanto, fazer um esforço grande para fazer o Caminho e deixar de trazer um passaporte todo carimbado?[50] Ele é a prova da sua conquista ao lado da Compostela.

Veja a seguir alguns detalhes importantes que você precisa saber sobre sua credencial.

→ Como adquiri-la: no Brasil ela está disponível em associações de viajantes e amigos do Caminho (veja lista a seguir) ou diretamente no Caminho, em oficinas de peregrinos ou em lojas que vendem produtos para esse público. Atenção: você não vai encontrá-la em bares, igrejas e farmácias. Se você começar em Sain-Jean-Pied-de-Port, basta ir até a Rue de la Citadelle, 39 (rua principal do centro histórico) e comprar lá sua credencial.

---

49 Você encontra alguns exemplos em: https://www.capitaomalagueta.com.br/credencial-do-peregrino e https://www.vagamundos.pt/credencial-do-peregrino-compostela/.
50 Novidade: existe um projeto para uso de credencial digital. Saiba mais em: http://www.amigosdocaminho.com.br/evento/os-peregrinos-de-santiago-estrearao-credenciais-digitais-no-proximo-ano-sagrado/.

As associações de que tomei conhecimento aqui no Brasil são:

1. em Santa Catarina: ACAC-SC (https://www.amigosdocaminho.com.br);

2. em São Paulo: ACACS-SP (https://www.santiago.org.br);

3. no Rio de Janeiro: AACS-Brasil (https://www.caminhodesantiago.org.br/), na Casa de Espanha, local onde eu comprei a minha.

Eu recebi um *kit* composto de uma credencial, uma oração do peregrino, a concha do peregrino (vieira) e um mapa guia muito interessante de vários Caminhos para Compostela. Levei tudo comigo na viagem.

→ Confira outras opções neste *link*:

https://retripexplora.com.br/acacs-relacao-associacoes-no-brasil/.

Se você quiser, é interessante se aproximar delas ou se associar, pois você terá acesso a palestras, aulas, mapas, credencial e concha. Ou seja, pode comprar itens de interesse, receber e trocar informações importantes. Algumas fazem até caminhadas preparatórias.

→ Preço: às vezes sai mais barato comprar no Caminho, visto que você consegue uma em troca de uma doação de 1 ou 2 euros diretamente na cidade onde você vai iniciar o Caminho, em alguns albergues ou em locais específicos de atendimento aos peregrinos. Eu preferi já levar o meu daqui e usar esse tempo para outras coisas. Aqui no Brasil, ele sai em torno de R$ 35,00;

→ Quantidade: eu achava que bastaria um, mas se o seu objetivo for pegar todos os carimbos e não um de cada cidade, compre logo dois, será uma boa recordação. Ter as estampas de carimbos diferentes acaba sendo parte importante do programa. O meu primeiro durou até mais do que a metade da viagem, mas já tive que comprar um segundo em Carrión de los Condes. É muito divertido ficar vendo os carimbos e mostrando para a família e amigos depois e relembrando de cada lugar. Além disso, será uma das melhores recordações daquilo que você fez no Caminho;

→ Onde conseguir seus carimbos: igrejas (eles ficam ao lado do livro de visitantes, e você mesmo carimba), restaurantes, bares, hotéis, albergues, cafeterias, *ayuntamentos* (câmaras municipais) e postos da Guardia Civil (polícia). Não pense que eles vão ficar lembrando você de "pegar os carimbos", assim, você precisa estar atento. Bom, depois de pouco tempo de viagem colecioná-los vira uma curtição e ainda melhor é "comparar" com os de outros bicigrinos e peregrinos e onde cada um pegou os seus. Eu, por exemplo, tenho um carimbo especial, que é uma espécie de brasão feito de cera, como os de sinetes de antigamente. Eu o consegui no Albergue do Brasil em Vega de Valcarce. Um brasileiro, dono da pousada, é quem o confecciona. Nesse lugar, fiz uma doação porque também jantei como convidado. Soube de outro artista que faz esse tipo de carimbo em La Huella, mas lá é pago. Cuidado: se você esquecer de alguns pelo Caminho, tudo bem. Contudo, precisa, obrigatoriamente, ter os de pelo menos algumas localidades que comprovem os seus 200 km finais para validar e solicitar sua Compostela (veremos adiante). Funciona assim: o passaporte deve ser carimbado pelo menos duas vezes ao dia nos últimos 200 km para bicigrinos e 100 km para peregrinos e viajantes a cavalo.

Meus passaportes de peregrino carimbados
(comprei um deles no Brasil e outro no Caminho)

A COMPOSTELA

Agora, vamos falar da tão desejada *La Compostela,* que em português é chamada de Compostela ou Compostelana. É o certificado que comprova que você, bicigrino, fez o Caminho por *devotionis affectu, voti vel pietatis causa* (por devoção, por voto ou por piedade). Ela é expedida pela Arquidiocese de Santiago de Compostela e pelo órgão de turismo da Junta da Galícia. Esse certificado é escrito em latim. Meu nome na minha Compostela está como — *George Ludovicum* —, e obviamente ela está enquadrada e pendurada na parede de casa.

Sua história: a peregrinação à Tumba de Santiago surgiu espontaneamente com fundamentos religiosos antes dos séculos IX e X, depois ganhou um caráter institucional com novas características sociais e religiosas e passou a ser necessário provar o seu cumprimento. Para isso, inicialmente, foram utilizadas as insígnias adquiridas apenas em Santiago, que consistiam simplesmente na vieira. Era fácil falsificar essa certificação rudimentar. A reprodução era vendida na entrada da cidade, obrigando os prelados de Compostela e o próprio Papa a decretar penas de excomunhão aos falsificadores. Mais eficazes, por serem mais difíceis de falsificar, foram as chamadas cartas de prova, que já existiam no século XIII. Essas cartas são a origem direta da Compostela.[51]

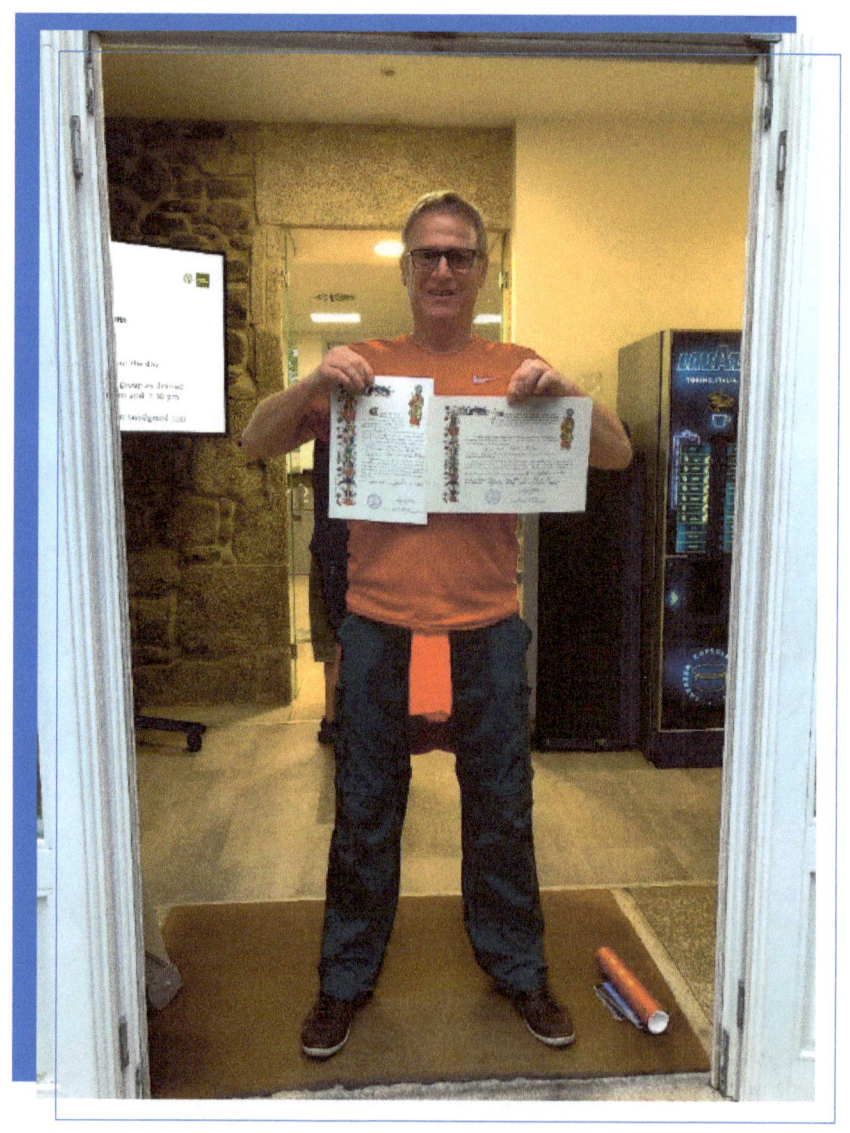

A Compostela e o certificado da distância percorrida nas minhas mãos em Santiago

---

51 Mais informações em: https://oficinadelperegrino.com/peregrinacion/la-compostela/ .

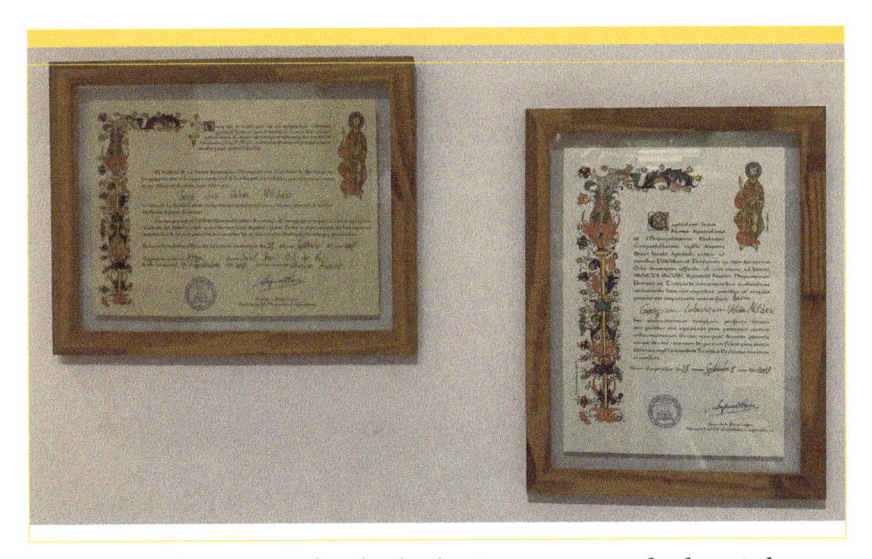

A Compostela e o certificado da distância na parede da minha casa

Veja agora algumas informações interessantes e importantes sobre a Compostela.

Onde recebê-la: na Oficina de Acogida al Peregrino, localizada na Rúa Carretas, nº 33, em Santiago de Compostela (fica logo abaixo da praça da Catedral), e ali você receberá seu último carimbo, o da Catedral de Santiago de Compostela. Geralmente, se pergunta qual foi a motivação de fazer o Caminho, se religiosa/espiritual, por esporte, turismo. A Compostela não é negada a quem não teve motivação religiosa ou espiritual, ela é concedida a todos os que concluíram o Caminho. Lá você também pode receber o certificado de distância percorrida, que é opcional, e pago à parte, vou abordar o assunto mais adiante. Prepare-se para enfrentar uma pequena fila rápida e organizada onde peregrinos e bicigrinos se encontram com a mesma ansiedade. Lembre-se do que mencionei anteriormente: são mais de mil peregrinos chegando por dia a Santiago, apesar de a Oficina ter cerca de dez pessoas atendendo, e de elas serem rápidas, ainda assim é muita gente, mas o tempo voa. Depois que você pegar sua Compostela, aproveite um pouco o local; o prédio da Oficina é mais uma das belas construções da Espanha, tem uma capela pequena e charmosa, um lindo jardim e um local de transmissão de vídeos sobre o Caminho.

Importante: verifique o horário de funcionamento da Oficina de Acogida del Peregrino para não perder outras oportunidades na cidade, como a Missa do Peregrino. Da Semana Santa até 31 de outubro, o horário de funcionamento costuma ser das 8 às 20 horas; de 1º de novembro até a Semana Santa, das 10 às 19 horas. Meu primo e eu fomos para a fila às 7 horas da manhã.

Como transportá-la: você recebe a Compostela e se quiser o certificado de distância sem nenhuma proteção plástica ou envelope, mas na Oficina há uma lojinha que vende além de lembranças do Caminho, um canudo no estilo de diploma, que custa poucos euros. Eu comprei um para não amassar a "minha Compostela conseguida com tanto sacrifício".

Preço: gratuita.

Você sabia que há outros certificados? Existem outros quatro, um pode ser obtido junto da Compostela — o Certificado de Distância — e os demais são obtidos em outras localidades, fora de Santiago, mas no Caminho:

1) **Certificado de distância:** escrito em espanhol e indica o dia e o ponto de início da peregrinação, os quilômetros percorridos, a rota percorrida (exemplo: Caminho Francês de Santiago de Compostela) e o dia da chegada à Catedral de Santiago de Compostela, que devem constar na Credencial do Peregrino. É um pergaminho ornamentado com uma gravura do Apóstolo Thiago Maior e um texto em latim, ambos retirados do *Codex Calixtinus*[52]. O certificado pode ser solicitado para

---

[52] O Codex Calixtinus é o mais antigo guia para os peregrinos que percorriam o Caminho de Santiago de Compostela.

peregrinações feitas em anos anteriores; não é necessária uma continuidade no tempo, mas sim geográfica, ou seja, o reinício da caminhada tem de se dar no término da última jornada percorrida. Este certificado também se obtém na Oficina del Peregrino em Santiago de Compostela pelo valor de 3 euros.

2) **Carta Peregrina:** obtida na cidade de Sahagún (região de León), considerada a metade oficial do Caminho. Ali, você não precisa se hospedar, mas deve pegar um carimbo na cidade e mostrar a credencial, mas terá de ir até El Santuario de La Peregrina de Sahagún (antigo Convento de San Francisco), que fica um pouco fora da rota do Caminho e numa subida. Poucas pessoas sabem disso e muitas vezes nem sabem informar no Caminho. Este certificado é pago também, custa cerca de 15 euros.

3) A **Fisterrana** e **Muxiana** – para quem continua fazendo o percurso até Finisterra (Fisterra, em galego) ou Múxia, que reconhecem que os peregrinos completaram ambos os itinerários (até Santiago de Compostela e depois até Fisterra ou Múxia). Estes certificados não são reconhecidos pela Igreja Católica. São expedidos pelo albergue da cidade de Fisterra[53] e o de Múxia é emitido pela igreja da localidade.

Eu tenho apenas os dois primeiros, além, é claro, da Compostella, pois eu não fui até as outras duas cidades por falta de tempo. Muitos bicigrinos/peregrinos não se interessam em buscar esses outros certificados. A decisão é de cada um. Não se trata de querer provar nada. É algo pessoal, uma bonita lembrança, nada mais.

---

53 Para mais informações, visite o *site*: https://concellofisterra.gal/fin_camino/fisterrana/gl .

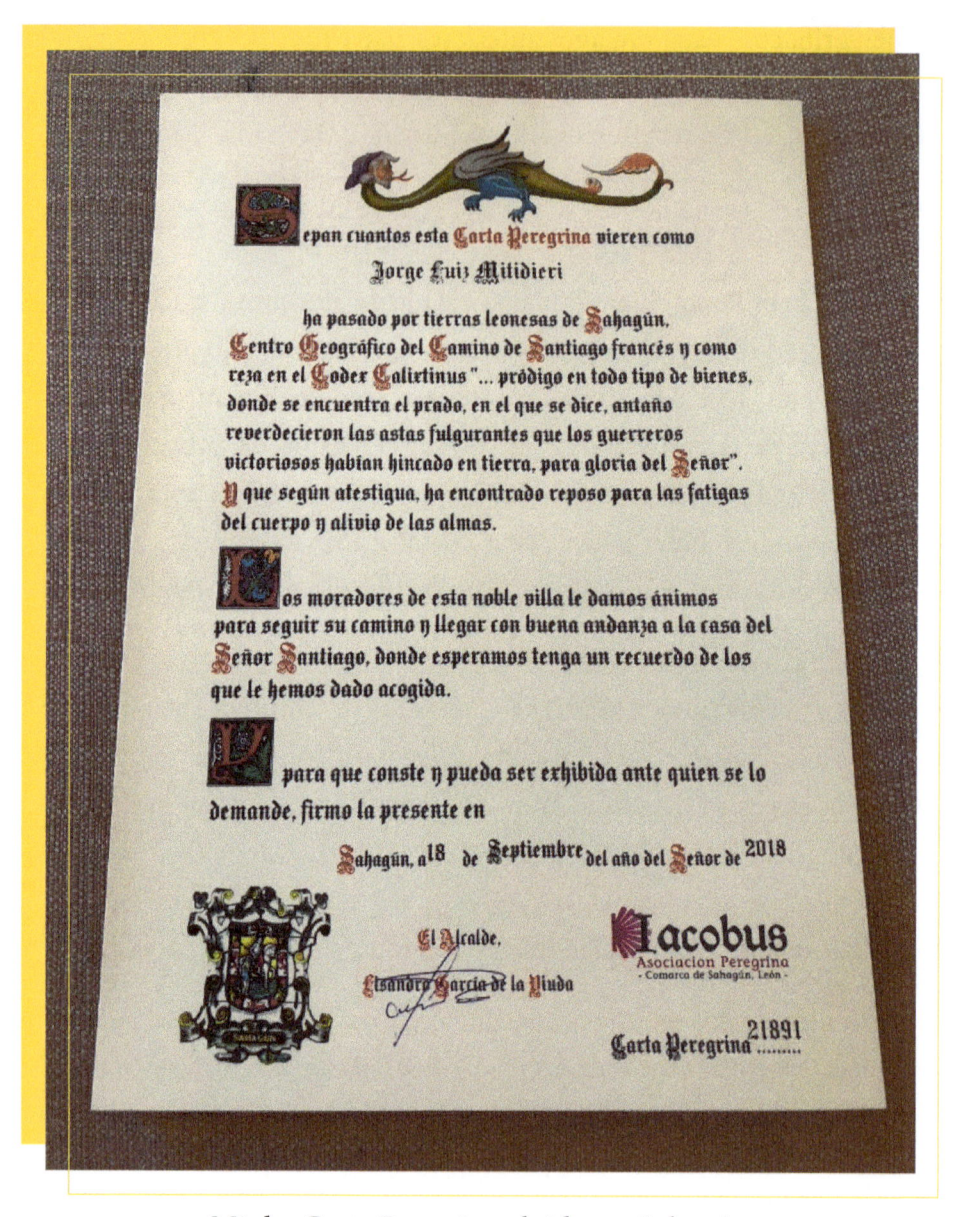

Minha Carta Peregrina obtida em Sahagún

DICAS DE SOBREVIVÊNCIA NO CAMINHO

1) Levar uma *necessaire* com medicamentos básicos, pois não há farmácias disponíveis nos vilarejos minúsculos.

2) Atentar ao horário de funcionamento dos estabelecimentos comerciais, para as refeições, e das igrejas, para as missas dos peregrinos. Se não quiser passar fome ou perder a bênção, informe-se, pois a *siesta* geralmente ocorre das 14 às 17 horas. Mas isso varia, pode ser um intervalo menor, porém é melhor você considerar o maior e, se der sorte, ótimo para você. Caso contrário, pode ficar sem almoço ou nem poder comprar uma fruta nos mercadinhos e mercearias. Na entrada desses locais, costuma haver uma plaquinha com o horário de funcionamento. Aos domingos, você também pode encontrar alguma dificuldade. Informe-se, assim você poderá comprar alguma coisa para comer no dia anterior.

3) Pesquisar as rotas que pretende fazer antes da viagem, ou todo dia antes de sair e com calma, pois, como bicigrinos, às vezes temos até quatro opções, o Caminho oficial, propriamente dito, e outras rotas alternativas (autoestrada, estrada vicinal etc.). Já os peregrinos costumam ter somente uma rota ou, quando muito, apenas mais uma alternativa. No início, eu tinha receio de andar na autoestrada. Falei com um policial em Estella, e ele me informou que eu podia sim, de qualquer forma, eu estudei antes. Os *apps* (Strava, Eroski e o GPS da Apple) dão as opções de estrada, trecho a trecho. Outras possibilidades para checagem são o *Guia Michelin* e *John Brierley*.[54]

FACILIDADES TECNOLÓGICAS

1) Para tirar peso da bagagem leve *smartphone*, em vez de câmera fotográfica, a não ser que seu objetivo seja esse, o de uma viagem fotográfica, ou que trabalhe com isso. Em razão do peso, pode ser interessante não levar livros impressos, exceto este livro (ou você pode tê-lo

---

[54] Para mais informações, acesse: https://www.thatgoodtrip.com/guias-do-camino-de-santiago/ .

como *e-book*). Leve um *e-reader*, como o Kindle, ou leia seus *e-books* em aplicativos no celular.

2) Serviços de *wi-fi* — apesar do acesso aberto em vários restaurantes — nos albergues você precisa usar o seu. Existem serviços de locação de aparelhos de *wi-fi* que você contrata em Madri e podem ser devolvidos pelo correio em Santiago[55].

3) Consolidar num único arquivo o planejamento financeiro e o de trajetos/hospedagem e salvar na nuvem, mas levar também uma cópia impressa.

4) Adaptador universal de tomada com múltiplas entradas de USB — existem poucas tomadas disponíveis nos albergues e nos hotéis, por isso esse equipamento é para lá de útil.

CUIDADOS COM SUA BICICLETA

1) Cuidado com o freio — ao parar para lavá-la, sempre peça que verifiquem o freio, afinal ele é muito importante para sua viagem fluir bem. O freio falhar na descida é sinônimo de acidente. Eu não fiz isso e me arrependi. Não me acidentei, mas encarei preocupado a "Descida da Morte" depois de O Cebreiro. Eu lavei a bicicleta duas vezes e em nenhuma delas pedi que olhassem o freio, mas quando cheguei a Sárria tive de trocar as pastilhas.

2) Local para guardar— sempre pergunte nos hotéis ou albergues onde colocar a bicicleta, pois é você que tem de se preocupar com ela, e não quem o recepciona nas hospedagens, mesmo que sejam solícitos. Não deixe a bicicleta ao relento porque à noite ela fica molhada com sereno em praticamente em todas as épocas do ano. Se for deixá-la exposta ao tempo, não se esqueça de tirar o assento acolchoado (levar um só ajuda muito e protege suas nádegas) para não ficar molhado no

---

55 Leia mais em: https://www.espanhatotal.com/wifi-na-espanha/ .

dia seguinte. Meu primo e eu nos esquecemos em Portomarín e andamos o dia todo com o traseiro molhado.

3) Curso básico de manutenção de bicicleta — faça no Brasil para saber se virar em situações de necessidade.

OUTROS MACETES VALIOSOS

1) Cartão de crédito — prefira usar essa forma de pagamento, é melhor do que levar muito dinheiro. Eu, inclusive, usei um aplicativo no meu celular para pagar com o cartão, sem precisar do cartão físico. No caso de perda ou roubo, é muito útil.

2) Apito para afastar cachorros — levei um, mas não usei. Vi poucos cachorros soltos pelo Caminho. Aliás, dizem que, quando você vê algum, não deve brincar com ele nem lhe dar comida para que ele não o siga e mude de cidade; depois o pobre coitado fica perdido pelas ruas e distante de seu ponto de partida.

3) Bandana — além de proteger a cabeça e o pescoço do sol, é um excelente acessório para as mulheres se enfeitarem. Não pesa e permite variar uma peça do vestuário.

4) Lanterna militar pequena — ela é minúscula e importante para usar nas vilas à noite. As pequenas cidades têm pouca iluminação nas ruas, e muitas vezes você sai para jantar e o restaurante está distante da sua hospedagem, como aconteceu comigo em Vega de Valcarce: o entorno tinha mato, podia ter bichos, e a luz do celular não era suficiente. Por isso, eu levei a lanterna.

E assim concluímos mais um capítulo com orientações importantes, mas isso não é tudo, no próximo, você vai adorar saber mais sobre os símbolos do Caminho.

A CONCHA É UM DOS PRINCIPAIS SÍMBOLOS DO CAMINHO DE SANTIAGO, NÃO É À TOA QUE ELA ESTÁ NAS PLACAS AO LONGO DE TODO O TRAJETO AO LADO DA SETA AMARELA. CONTAM-SE DIFERENTES HISTÓRIAS SOBRE O PORQUÊ DE A CONCHA INTEGRAR ESSA LISTA DE SÍMBOLOS. A MAIS COMUM CONTA QUE, QUANDO CHEGAVAM A SANTIAGO DE COMPOSTELA, OS PEREGRINOS RECEBIAM UM PERGAMINHO E UMA CONCHA ERA COLOCADA SOBRE O CHAPÉU OU A CAPA DELES; O QUE, ENTRE OUTRAS COISAS, DEMONSTRAVA A SUA PRESENÇA EM SANTIAGO DE COMPOSTELA.

Capítulo 15

OS SÍMBOLOS MARCANTES DO CAMINHO

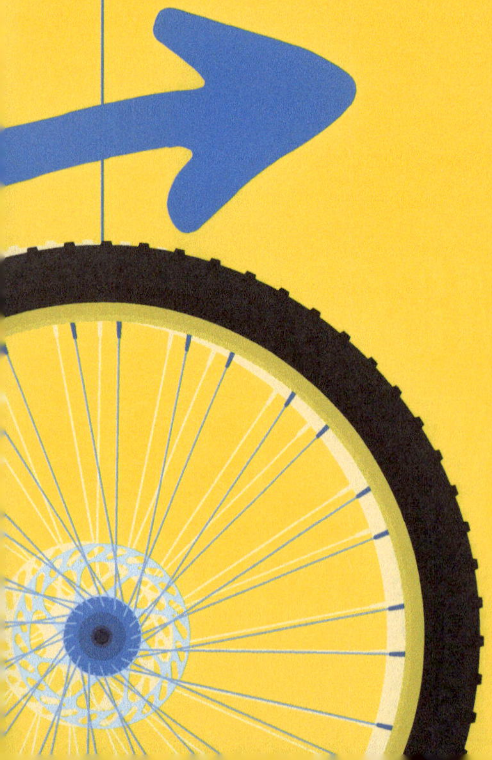

Já não era sem tempo falar deles — os famosos símbolos do Caminho. Quem não gosta de elementos representativos, que muitas vezes se tornam itens de composição das tradicionais lembranças de uma viagem. Isso, em qualquer viagem. Eu, por exemplo, tenho o costume de colecionar ímãs de geladeira (acho que muita gente faz o mesmo), miniaturas típicas de cada lugar e notas/moedas dos países por onde passei ao longo da minha vida.

Agora, imagine só os do Caminho de Santiago, que carrega tantos simbolismos. Vou listar os principais, mas eles são muitos e cada um com sua carga de diferentes sensações.

1. CONCHA (OU VIEIRA) DE SANTIAGO

A concha é um dos principais símbolos do Caminho de Santiago, não é à toa que ela está nas placas ao longo de todo o trajeto ao lado da seta amarela. Contam-se diferentes histórias sobre o porquê de a concha integrar essa lista de símbolos. A mais comum conta que, quando chegavam a Santiago de Compostela, os peregrinos recebiam um pergaminho e uma concha era colocada sobre o chapéu ou a capa deles; o que, entre outras coisas, demonstrava a sua presença em Santiago de Compostela.

A vieira presa na minha bike, Identificando-me como bicigrino

Também é dito que ela servia de amuleto no retorno dos peregrinos à terra de origem e como demonstração de uma conquista. Dizem que sua venda fora da cidade de Santiago de Compostela foi proibida sob ameaça de excomunhão por parte da Igreja Católica. Hoje, ela pode ser comprada em qualquer cidade e até nos locais no Brasil que apoiam bicigrinos e peregrinos.

Há diversas histórias, lendas e explicações sobre o simbolismo da concha de Santiago.

Contam que eram usadas para beber água nas fontes do Caminho e como "prato" no momento das refeições na Idade Média. Além disso, como naqueles tempos não existia a Compostela, os peregrinos, para provar que tinham feito a peregrinação e visitado o túmulo de Santiago, retornavam para casa com uma concha.

Outra história muito bonita narra que a concha de Santiago tem um significado de proteção e busca de conhecimento. E quando o viajante chegar a Finisterra, ele deve retorná-la ao mar para demonstrar sua gratidão por ter conseguido completar todo o Caminho. Não fui até lá, e a minha segue até hoje comigo e fará muitos Caminhos ao meu lado.

A concha é entendida também como uma metáfora do Caminho: suas linhas são uma representação das várias rotas, dos diversos "Caminhos" que levam os viajantes ao centro, ao destino final, que é o túmulo de Santiago.

A lenda mais conhecida relata que no dia da chegada à Galícia da embarcação que transportava os restos mortais do apóstolo e seus discípulos — Atanásio e Teodoro — estava sendo celebrado um casamento. No instante em que todos seguiam para o templo pagão onde a cerimônia seria realizada, avistaram uma pequena embarcação à deriva sofrendo com a violência das ondas do mar. Sem pensar duas vezes, o noivo, montado em seu cavalo, partiu em socorro da tripulação do barco. No entanto, para tristeza de todos, ele foi arrastado por uma grande onda para dentro do mar. Consciente de seu fim, o noivo rogou ao céu por ajuda. Repentinamente, o mar acalmou-se e o rapaz sentiu uma estranha força que o arrastou — assim como o barco — em direção à praia. Ao chegar salvo à praia, ele e seu cavalo estavam cobertos de conchas iguais àquela que hoje simboliza o Caminho.

Do mesmo modo que as setas amarelas, a concha de vieira é um dos símbolos mais importantes e marcantes do Caminho de Santiago. Costuma estar pendurada nas mochilas e alforjes de peregrinos e bicigrinos como indicação do Caminho. Decora a fachada das casas e das igrejas, enfim, você a vê em todos os cantos.

Depois de ter feito o Caminho de Santiago carregando a sua concha, você não se esquecerá mais dela. Muito mais do que uma tradição, ela representará a superação, a conquista, o autoconhecimento e todas as coisas boas que o Caminho trará para sua vida.

Reza a lenda que a vieira só deveria ser adquirida na chegada a Santiago de Compostela, representando um direito adquirido na conclusão do Caminho, ainda há quem diga que você deveria recebê-la de presente de um peregrino ou bicigrino e não deveria comprá-la. Por isso, o Caminho é encantador por causa de sua história e tantas estórias[56].

2. VIEIRA ESTILIZADA

Como já mencionei, é um símbolo universal que representa esquematicamente a convergência dos vários caminhos europeus para a cidade de Santiago de Compostela e o tumulo do apóstolo. Em algumas situações, a vieira estilizada é usada como elemento identificador/orientador do percurso para o peregrino.

Vieira estilizada com a data e hora de minha partida para Pamplona

---

56 Para mais informações, acesse: http://www.caminhosantiagoviana.pt/simboloserituais.html .

3. SETA AMARELA

Este é mais um símbolo muito popular entre bicigrinos e peregrinos como elemento orientador do percurso a seguir. Você encontrará a seta amarela pintada à brocha em calçadas, casas, cercas e árvores. Sua história é recente: foi concebida em 1984 por Elías Valiña, sacerdote de O Cebreiro, que a criou para ser uma sinalização para orientar peregrinos e bicigrinos que se perdiam na região, principalmente no inverno. A seta amarela está presente ao longo de todos os Caminhos. Ela tornou-se universal entre os peregrinos de Santiago de Compostela e, muitas vezes, é usada em outros caminhos, por exemplo, o Caminho do Sol, no Brasil.

A famosa seta amarela (você encontrará muitas ao longo do Caminho)

> **Curiosidade:** a concha, a vieira e a seta amarela são os guias do Caminho, e reza a lenda que, se o bicigrino passar mais de 3 km sem ver algum destes sinais, pode voltar pois está perdido.

4. CRUZ DE SANTIAGO

Este símbolo[57] é datado do século XII. Ele é originário da Ordem Religiosa de Cavaleiros de Santiago, do tempo das Cruzadas, que se dedicavam a defender os peregrinos e/ou iam visitar o túmulo do apóstolo, mas pode ter sua origem muito antes, em 844 d.C. após a batalha de Clavijo.

A cruz representa um lírio em forma de espada, advindo da conduta inquestionável do apóstolo Santiago. Já a espada representa a forma como foi decapitado.

Pingente com a Cruz de Santiago
(uso-a no meu peito desde que terminei a viagem)

---

57 Para mais informações, visite: https://hostelbulwark.com/pt-pt/localizacao/santiago-de-compostela/a-origem/ .

A Ordem se espalhou, chegando a Portugal em 1172. Em 1440, esse ramo português obteve, do papa, independência da matriz espanhola, ganhando o nome de Ordem Militar de Santiago da Espada, que existe até hoje.

Ambas as Ordens usavam, no escudo, a chamada Cruz de Santiago: uma cruz vermelha em forma de espada; no local da empunhadura, vê-se uma forma de coração com a ponta para fora. As duas flores-de-lis significam "honra sem mancha", uma alusão à firmeza moral de Santiago. Já o pé lembra que ele morreu decapitado por uma espada. Esse formato permitia que os cavaleiros fincassem a cruz na terra para fazer suas orações.

Essa cruz estampa a parte de cima da Torta de Santiago e é encontrada em diversas lojas ao longo do Caminho. São lindas como lembrança e proteção, principalmente se for um pingente que você carregará consigo. Existem diferentes modelos, desde os mais baratos até os mais caros.

5. ULTREYA Y SUSEYA E BUEN CAMINO

Você sabe o que significam essas palavrinhas "mágicas"? Pois eu vou lhe contar... Se você vivesse na Idade Média e fosse um peregrino rumo a Santiago, certamente as pessoas quando o encontrassem iriam cumprimentá-lo com a expressão *"ultreya"*, em vez de *"buen camino"*, e você provavelmente responderia *"suseya"*. Essas palavras derivam do latim.

Ultreya — que também pode ser escrita "ultreia", é uma saudação entre peregrinos utilizada para dar incentivo e motivação aos que seguem rumo a Santiago de Compostela, algo como: "Não desista", "Vá mais longe" ou "Continue!".

Suseya ou suseia — significa para cima, não no sentido literal, mas de busca por Deus e evolução espiritual, e é uma saudação entre peregrinos utilizada como resposta a quem disse primeiro *Ultreya*. Algo como: "Vamos lá!", "Estamos juntos!"[58].

---

58 Para saber mais, visite: https://viajarcaminho.com.br/'o-que-significa-ultreia-e-suseia/ .

Buen camino — todas as pessoas que o saudarem no Caminho de Santiago, certamente, utilizarão essa expressão.

Ultreya e suseya não são mais muito faladas atualmente, mas as vi escritas em muitas lembrancinhas em Santiago. Por falar em lembrancinhas, não deixe de comprá-las em lojas de *souvenirs*, igrejas, hotéis, albergues, bares e mercadinhos ao longo do Caminho. São uma recordação importante dos tantos momentos especiais que você viverá na viagem. Eu, como tenho coleção, conforme já contei, trouxe miniaturas da catedral de León, de bicicleta e do herói de Burgos, assim como estatuetas de um bicigrino e um peregrino, que comprei em Santiago de Compostela. Ao todo, devo ter trazido uns quinze objetos, quase um de cada cidade, além, é claro, dos ímãs de geladeira, um de cada cidade.

6. A COMPOSTELA

Com certeza um símbolo muito representativo do Caminho, mas esgotamos o tema no capítulo anterior. É só voltar algumas páginas e ler todos os detalhes sobre esse documento.

7. AS ESTÁTUAS/ESCULTURAS E AS PLACAS AO LONGO DO CAMINHO

As primeiras são basicamente estátuas de peregrinos ou bicigrinos, em cada canto há uma diferente, dá vontade de fotografar todas. No Brasil existe uma no Parque da Juventude em São Paulo e outra no Rio (na praia do Arpoador há um totem com a seta e a concha amarela estilizada indicando em que direção fica Santiago e qual a distância dali).

Existem as placas de homenagem aos peregrinos e as que marcam pontos importantes alcançados — a quilometragem, a distância para Santiago de Compostela — e as que apenas desejam *buen caminho!*

É um alívio e uma felicidade cruzar com elas. É quase um museu a céu aberto ver tantas estátuas e placas de materiais diferentes e símbolos.

Escultura em homenagem aos bicigrinos em Santo Domingo

Estátua de peregrinos em Logroño

Escultura de peregrino em Sahagún

Estátua de peregrino próxima de O Cebreiro

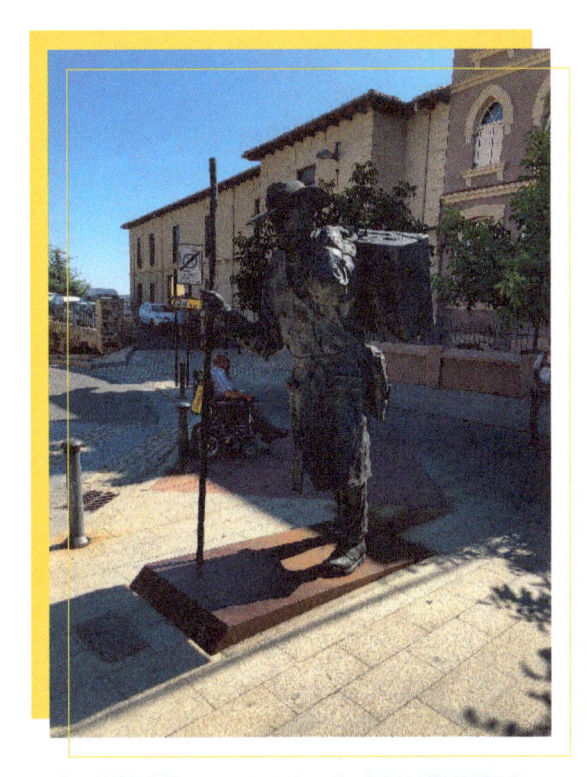

Escultura de peregrino
em Astorga

Escultura de pés em Santiago
de Compostela

8. AS PEDRAS DO CAMINHO

Todo o trajeto apresenta muitas pedras. E há alguns lugares com rituais inesquecíveis. Existe o da Cruz de Ferro, que basicamente consiste em carregar uma pedra desde a sua casa e deixá-la aos pés da Cruz de Ferro. O objetivo é deixar ali, na cruz, o que há de negativo na sua vida ou aquilo que marca sua vida de alguma forma. Seja um problema, um vício, seja até mesmo uma doença. Cada um define o que ali quer descarregar. Eu não levei do Brasil, mas peguei uma no Caminho e escrevi "Jorge Mitidieri – Brasil – set./ 2018" e coloquei-a ao pé da Cruz de Ferro (junto das bandeiras do Brasil e, é óbvio, do meu querido Fluminense) e peguei uma pedra de lá e trouxe comigo para o Brasil. Quando cheguei aqui, escrevi "Cruz de Ferro – set./2018 – Caminho de Santiago de Compostela". Além disso, ao longo do Caminho, existem montinhos de pedra sobre pedra que indicam que peregrinos e bicigrinos passaram por lá e você foi um deles. Dá medo de derrubar aquele montinho "mal e porcamente" equilibrado, mas eu também fui colocando algumas pedras ao longo do Caminho. Faz parte do folclore!

9. IGREJAS INCRÍVEIS

Sempre digo que nas cidades do Brasil existem quatro coisas: uma igreja, uma agência da Caixa Econômica Federal, uma casa lotérica e uma farmácia. Em quase todas as cidadezinhas e vilas ao longo do Caminho há uma farmácia, um botequim e uma igreja, nestas então você esbarra o tempo todo; são seculares, com estilos arquitetônicos variados, como *mudéjar*, gótico e românico. Sem falar da principal, a Catedral de Santiago, que merece um capítulo à parte. Sua construção foi iniciada em 1075 e concluída cem anos depois (1128). São 900 anos de história. Seu padrão foi inspirado em igrejas francesas[59].

---

59 Para saber mais, visite: https://umbrasileironaespanha.wordpress.com/2020/08/07/mudejar-em-castilla-y-leon/ .

10. MISSA DO PEREGRINO

Muitas missas são celebradas nas igrejas do Caminho, mas às vezes a gente corre o risco de não assistir, porque depende do horário que você chega e resolve todas as suas necessidades (banho, alimentação, descanso). Quando conseguimos assistir, é difícil descrever a beleza e a simplicidade dessas celebrações. Em algumas delas, podemos participar lendo trechos em nossos idiomas, ou simplesmente falando o nome do país de origem. Nem todas as cidades têm, nem todos os dias têm. São rezadas em espanhol. A mais bonita e esta sim, imperdível e quase divina, é a da Catedral de Santiago, em que os padres rezam pedaços distintos da homilia, cada um em um idioma, e falam o nome de peregrinos e bicigrinos que chegaram na véspera e já pegaram a Compostela (fazem menção honrosa a cada nacionalidade) e vemos o gigantesco *botafumeiro* (incensário) em ação. Quando eu fui, a catedral estava aberta, mas no ano seguinte (2019) estava em reforma e só se podia "abraçar" São Tiago e visitar seu túmulo — novamente prepare-se para a fila — mas não estavam celebrando as missas. Você vai saber tudo sobre a missa e mais um pouco no capítulo que falo da cidade de Santiago de Compostela.

11. FLORES NAS JANELAS DAS CASAS

Flores pequenas colocadas em jardineiras. Todos os que tenham feito a viagem para lá ficam com isso marcado na memória — a maior parte delas são vermelhas, depois alaranjadas e amarelas. Eu tirei a foto a seguir numa ruela em Molinaseca: ficou tão linda que acabei pedindo a um amigo pintor (Ricardo Ardente[60], de Sorocaba) que fizesse uma reprodução em tela e eu emoldurei.

---

60 Vale a pena conhecer o trabalho do Ricardo, que é um artista formidável. Visite: https://www.ricardoardente.com.br .

Ruela com flores em Molinaseca

Uma curiosidade que li na volta da viagem foi sobre a "Lenda da Flor de Sol" e que vale a pena dividir aqui — algumas casas têm em suas portas uma flor seca pendurada. Esse costume é bem mais evidente nas regiões do País Basco e em Navarra, tem a ver com a lenda da "Flor del Sol", que narra a função dessa flor para afastar as bruxas e os maus espíritos, além de proteger o lar de tempestades e relâmpagos.[61]

---

61 Para mais informações, acesse: https://www.santiagodecompostelainfo.com/2016/08/25/lendaflordelsol/ e https://www.flordesantiago.com/pt/textos/.

12. PRAÇAS E PARQUES

Todas as cidades — pequenas e grandes — têm praças e algumas, parques lindíssimos, como o de Burgos ao longo do rio. Em Carrión de los Condes, existe um parque que é "quase uma surpresa" em volta de um riacho. Vários deles foram construídos próximos a rios e muitos combinados com as pontes. Um passeio nesses parques é um brinde ao final do dia de cada trecho. Não perca!

13. FONTES DE ÁGUA

Não carregue um grande estoque de água com você, pois isso só vai trazer mais peso para a sua bicicleta. Existem muitas fontes de água potável pelo Caminho, praticamente em todos os vilarejos você vai encontrar uma. Servem tanto para refrescar o corpo como para beber. As que não são potáveis têm um aviso. Carregue sempre uma ou duas garrafinhas de 500 ml cada com você e beba a água que estiver nelas. E quando esvaziar, reponha.

Lembre-se de que você vai pedalar várias horas, e muitas vezes embaixo do sol quente, perdendo, assim, muito líquido. Por isso, é importante estar sempre bem hidratado e não se esquecer de reabastecer suas garrafinhas.

14. VINHO

É um dos principais símbolos do Caminho e já falei sobre o assunto em detalhes no capítulo 13.

15. MENU DO PEREGRINO EM TODO LUGAR

Já falamos sobre isso num capítulo anterior, mas é importante também registrar seu forte simbolismo aqui.

16. AMORAS SILVESTRES

Vi amoreiras sem fim pelo Caminho. Foi uma surpresa! Comi muitas amoras direto do pé. São bem doces e gostosas.

Amoreiras pelo Caminho

17. CAMPOS DE GIRASSÓIS

É uma planta típica das regiões do Caminho. Existem campos maravilhosos dessa flor, mas no período em que eu fui e de lá para frente (setembro/outubro/novembro) os girassóis estão todos queimados pelo sol. Já tenho um motivo para voltar na primavera para ver os lindos campos de girassóis pelo Caminho. Para isso, desde já, recomendo a ida na primavera.

18. CEGONHAS BRANCAS DA ESPANHA E SEUS NINHOS

Encerro com essa curiosidade. Até acho que as cegonhas não sejam um símbolo do Caminho, mas neste livro vou incluir esse interessante ponto que chama muito a atenção. Em todo o percurso vi ninhos grandes de aves no topo de vários campanários das igrejas, principalmente nas cidades menores. No início, não sabia do que, de fato, se tratava e fui pesquisar. Descobri que a Espanha (ao lado de Portugal) tem uma das maiores populações de cegonhas brancas (brancas de bico vermelho e pontas das asas pretas) do mundo, que elas fazem seus ninhos em locais altos e que, com o final do verão, já iniciaram sua migração para as regiões mais ao sul e até à África Subsaariana, em busca do calor. Eu não vi uma cegonha sequer, só ninhos em cima dos campanários de igrejas pequenas em várias cidades pelo Caminho. Quando você fizer sua peregrinação, não deixe de observar.

Detalhe de ninho de cegonha no topo de igreja

No próximo capítulo, vamos falar dos principais riscos e problemas que podem acontecer durante a viagem, e acho que você vai gostar de saber. Se você levar a sério essas informações, poderá evitar muitos transtornos.

AS CIDADES PEQUENAS NÃO TÊM POSTO DE SAÚDE E DIFICILMENTE VOCÊ ENCONTRARÁ MÉDICOS DISPONÍVEIS, PORÉM ELAS CONTAM COM FARMÁCIA. E AS CIDADES MAIORES FICAM RELATIVAMENTE PRÓXIMAS EM TERMOS DE DISTÂNCIA E TEMPO DE CHEGADA. NELAS VOCÊ ENCONTRARÁ TUDO: UNIDADES BÁSICAS DE SAÚDE, HOSPITAIS, CLÍNICAS E MÉDICOS. NO ENTANTO, SE UM ACIDENTE OCORRER NUMA CIDADELA, SERÁ NECESSÁRIO CHAMAR UMA AMBULÂNCIA QUE VIRÁ DA CIDADE MAIOR MAIS PRÓXIMA. ASSIM COMO VOCÊ ENCONTRARÁ BICICLETARIAS NAS CIDADES MAIORES E DIFICILMENTE ELAS ESTARÃO DISPONÍVEIS NAS CIDADELAS.

Capítulo 16

PRINCIPAIS RISCOS E PROBLEMAS QUE PODEM ACONTECER DURANTE A VIAGEM

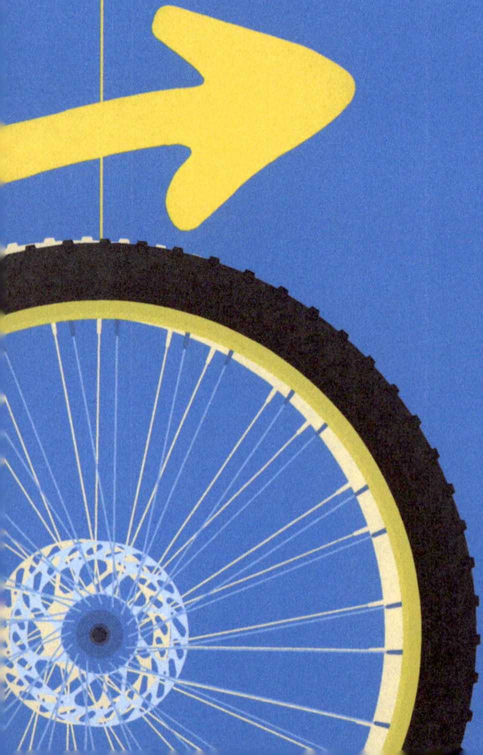

Acho este capítulo imperdível para você que está se organizando para fazer o Caminho de bicicleta.

Já passamos mensagens específicas nos capítulos anteriores, que com certeza "esbarram" na questão de riscos e problemas, mas aqui reúno tudo o que acho importante para facilitar a consulta.

Vou começar falando de um risco que é um problema ao mesmo tempo —e se eu cair da bicicleta?

Eu caí duas vezes ao longo do Caminho, chacoalhei a poeira e segui minha viagem, mas saiba que tudo depende do tombo, das condições de tempo e do terreno em que a queda ocorre.

No meu caso foram dois tombos leves porque eu estava em baixa velocidade (como sempre mantive ao longo do Caminho), meu freio estava bom, eu estava alerta, pois não uso fone de ouvido, e nas curvas sou sempre cauteloso. Contando em detalhes:

O primeiro tombo — aconteceu no primeiro dia de pedalada. Eu estava pedalando já fazia 1h30 e totalmente carregado, pois nos primeiros dias andei com os alforjes, lembra-se de que comentei isso? Eu estava na rota do Caminho, pelo meio do mato com pedra e barro, e havia chuviscado, aliás, estava com capa de chuva e proteção na bicicleta. Ainda não havia me acostumado completamente com a bicicleta pesada e, numa descida leve, mesmo segurando no freio, tirei o pé direito do pedal, apoiei-o numa pedra, ela escorregou e eu fiquei sem chão. Caí do lado direito, tombando junto da bicicleta no chão, mas nada se soltou da *bike*, tudo estava bem amarrado, só uma garrafa de água que caiu de fato. Não foi grave comigo, nem com a bicicleta, porém a corrente se soltou, por sorte, de uma forma que consegui resolver facilmente. Não tive outros problemas, apenas um arranhão na perna. Não bati a cabeça e rapidamente me levantei. Os primeiros peregrinos que passaram foram solícitos. O restante viu que eu estava bem e seguiu adiante. Não fiquei com dor na hora (quando estamos aquecidos não a sentimos) e continuei a pedalar. Naquele dia pedalei mais 5 horas. A dor muitas vezes só vem mais tarde, mas eu tive sorte, também não senti nada depois.

Avalio que o tombo resultou do tipo de terreno (muitas pedras) e de ter pisado em falso, nem tanto pelo peso que estava carregando. Eu não fiquei preocupado comigo, visto que caí, levantei e percebi que estava bem, então me preocupei com a bicicleta, mas por sorte também nada grave ocorreu com ela.

O segundo tombo — aconteceu alguns dias depois do primeiro, em uma descida íngreme e longa, no meio de terra e pedra. Eu tirei o pé para fora do pedal para colocar no chão, mas havia um buraco, e acabei me desequilibrando. Ou seja, coloquei o pé num lugar mais baixo do que eu alcançava. O tombo foi ainda mais leve porque estava sem alforjes e num terreno menos acidentado do que o da primeira vez. Não estava em alta velocidade novamente. Nada caiu da bicicleta. Dessa vez não tive testemunhas.

Além disso, no primeiro dia antes de começar o Caminho, descendo em direção à Saint-Jean, tive um pequeno acidente: cortei a perna no pedal da bicicleta quando saltei dela de forma desatenta. Isso me mostrou que não poderia bobear ao longo do Caminho.

O QUE APRENDI?

→ Duplicar minha atenção, ter mais cautela em terreno de terra, mato e pedras, que é importante observar se tem gente perto, bicigrino ou peregrino, porque nessas horas eles serão seus anjos da guarda;

→ Manter a velocidade próxima a 10 km/h no plano, aliás, o Caminho em si nem permite mais do que isso. Nas estradas a velocidade poderá ser maior;

→ Amarrar tudo muito bem na *bike* para que as coisas não caiam no chão e fiquem sujas ou amassadas;

→ Passar (ou tomar) algum medicamento na hora (como um analgésico e/ou pomada cicatrizante), mesmo não sentindo dor naquele instante, ela pode vir depois, por isso seu *kit* de primeiros socorros precisa estar de fácil acesso sempre.

Recomendo especial atenção para um trecho chamado Descida da Morte, que fica numa estrada entre a Cruz de Ferro e Ponferrada, logo depois de uma subida. São 18 km de descida, numa estrada linda, mas vários bicigrinos já morreram lá, e você pode até ver um monumento a um ciclista morto logo depois do povoado de El Acebo. É possível ver cruzes na estrada sinalizando essas perdas, e a bicicleta pode chegar facilmente a 60 km/hora. Não abuse da velocidade em descidas e pedale numa boa estrada pavimentada a no máximo 30 km-35 km/hora. Repito: se for pelos trechos de terra e pedra do Caminho, não ultrapasse os 10 km/hora. Em velocidades elevadas, se você bater numa pedra ou pegar um buraco, sairá voando.

OS MAIORES RISCOS COM A BICICLETA

Reuni a seguir alguns pontos essenciais para não se descuidar.

1. Desequilíbrio — mais difícil do que carregar o peso é manter o equilíbrio se a bicicleta estiver carregada, por isso, já falamos que os alforjes devem ter mais ou menos o mesmo peso e, melhor ainda, se puder, é contratar o serviço de transporte e não ter de levá-los na *bike*. Além disso, trechos que não são linhas retas já trazem risco. Vale lembrar que nem todo o trajeto é feito em estrada, algumas partes dele são em terreno escorregadio.

2. Velocidade alta — mantenha a velocidade que sugeri; se estiver correndo, além de colocar em risco a sua vida e a integridade das pessoas que estão passando por ali, você acaba com o seu freio.

3. Freio a disco — o freio a disco é bem melhor que freio a lona e o deixa mais seguro em dias de chuva.

4. Chuva — Pedalar na chuva é arriscado, o Caminho fica imundo e você não enxerga se tem buracos, poças e aí pode cair. Na chuva, a *bike* patina, escorrega e desliza, e você faz o dobro da força correndo risco de acidente. Tanto faz se a chuva cai na hora ou se caiu antes, o chão fica molhado e escorregadio. Cautela nunca é demais. Se a *bike* derrapa, faz um boliche com as pessoas. Se você não puder evitar de pedalar na chuva, é importante usar capa de chuva, protetor de sapato e luvas-reserva (use para não ficar encharcado e ter a roupa para o dia seguinte). Você pode passar aperto, tanto se não dispuser de roupa extra quanto se precisar carregar a roupa molhada na bicicleta. Afinal, se peregrino pendura a roupa que vai secando na mochila, o bicigrino pode pendurar no alforje. Ela pode até secar, porém vai ficar suja novamente com o que "espirra" pelo caminho. Não há uma estação chuvosa bem definida lá e por isso não há como dizer que não vá chover em determinado período, o que existe é, se chover, proteja-se da chuva e dos raios principalmente

porque lá é uma região de muitas torres de energia eólica que atraem, em tempestades, grandes descargas elétricas, que sobem até 2 km.

> **Atenção:** eu não sairia para pedalar em dia de chuva pesada. Eu pegaria um trem, ônibus, qualquer meio de transporte ou esperaria a chuva passar, mas para ter certeza precisa verificar se não vai chover o dia todo ou se vai chover muito, pois o terreno fica inviável pelo Caminho. Se você for pela estrada, a água que vem dos carros em cima de você e de sua bicicleta, mesmo com todo o respeito dos motoristas, é um problema que torna a pista escorregadia e dificulta a visibilidade. Consulte os *apps* do próprio celular ou, antes de ir, informe-se em algum *site* de serviço meteorológico espanhol.[62] Outra possibilidade é ficar mais um dia na cidade em que está, mas provavelmente você vai conseguir isso apenas em hotel, em albergue é mais difícil renovar sua estada. Lembre-se de que nos albergues uma nova leva de pessoas chega no dia seguinte, mas, dependendo da intensidade da chuva, uma parte dos viajantes permanecerá onde estiver. Vale confirmar.

COMO LIDAR COM POSSÍVEIS ACIDENTES

Felizmente, os tombos que sofri lá não foram graves para mim nem para a bicicleta. E se tivessem sido, por exemplo, com inchaço, luxação ou ferimentos maiores, com certeza as pessoas nos hotéis e nos albergues dariam apoio. Nos albergues, os chamados hospitaleiros têm noções de primeiros socorros.

Tive quedas bem piores treinando no Brasil, mas talvez eu não caísse da primeira vez se houvesse treinado com mais peso e, no final, foi bom

---

62 Aplicativo útil consultado: https://www.caminodesantiago.gal/pt/prepare-se/utilidades-e-servicos-tecnologicos/app-do-caminho .

encontrar um serviço para despachar os alforjes. Se você não fizer desse jeito, pense em treinar com peso. E mais do que isso, ciclista tem mania de fingir que não caiu, levanta-se e segue em frente, mas, se o tombo for grave, você precisa, sim, admitir para si mesmo e solicitar ajuda imediatamente.

E SE O ACIDENTE FOR GRAVE MESMO?

Vamos analisar cenários:

1. Se o que estragou foi a bicicleta, você vai ter de esperar mesmo a reposição dela pela empresa de aluguel, mas se ela for sua e, portanto, não será reposta, terá de pensar nas seguintes opções: comprar outra, ficar parado alguns dias se houver uma bicicletaria que a conserte, ou deixá-la para trás (como sucata) e ir direto ao destino final com algum meio de transporte ou, se estiver perto da chegada, fazer o trecho final a pé, fazer apenas turismo ou ainda voltar para casa do ponto em que isso aconteceu.

2. Se o acidente foi grave e causar lesões em seu corpo, o que espero que não aconteça jamais, você precisará primeiro pedir ajuda onde estiver para conseguir ser encaminhado a uma unidade básica de saúde ou hospital e acionar seu seguro de viagem.

ONDE ENCONTRAR INFORMAÇÕES DE SERVIÇOS DE SAÚDE E DE BICICLETARIAS NO CAMINHO?

Apresentarei algumas recomendações aqui no livro, mas sugiro que você consulte também um guia de mapas e serviços específicos, como o *Guia Michelin* ou *Berkeley*, use um aplicativo sobre o Caminho, por exemplo, o *Guia Caminho de Santiago*[63], e visite na entrada das cidades os quiosques e os centros de apoio ao peregrino/bicigrino.

---

63 Para mais informações, acesse: https://www.blog.mariafilo.com.br/app-caminho-de-santiago/ .

As cidades pequenas não têm posto de saúde e dificilmente você encontrará médicos disponíveis, porém elas contam com farmácia. E as cidades maiores ficam relativamente próximas em termos de distância e tempo de chegada. Nelas você encontrará tudo: unidades básicas de saúde, hospitais, clínicas e médicos. No entanto, se um acidente ocorrer numa cidadela, será necessário chamar uma ambulância que virá da cidade maior mais próxima. Assim como você encontrará bicicletarias nas cidades maiores e dificilmente elas estarão disponíveis nas cidadelas.

OUTRO PONTO DE ATENÇÃO: POR ONDE FAZER O CAMINHO?

O oficial (ou histórico), autoestradas ou vicinais? Uma coisa é pedalar pelo Caminho oficial no plano e outra num trecho com variações de sobe e desce. Pense bem o que é melhor para você, mesmo que queira deixar seu espírito aventureiro vir à tona.

Agora, se você deseja ter auxílio prontamente em caso de imprevisto, vá pelo Caminho histórico. Existe muita solidariedade no Caminho diante de adversidades, acidentes etc. Os peregrinos sempre perguntam se você precisa de ajuda, remédio etc.

Em rotas alternativas, autoestradas e vicinais, se você não estiver acompanhado por outra pessoa ou num grupo de ciclistas, fica absolutamente sozinho.

O ideal é ter um planejamento de qual rota vai pegar, pois se houver imprevisto, você terá um plano de contingência para lidar com o problema.

E COM O FREIO, SE TIVER PROBLEMA, COMO RESOLVER?

Comecei a ter sinais de que ficaria sem freio antes de subir O Cebreiro. Depois, na Descida da Morte, com freio ruim, mas decidi não fazer a troca, até que na descida de O Cebreiro para Triacastela, que é forte e longa, com extensão de 12 km, fiquei com o freio bem prejudicado. Por sorte, até Sárria, a descida foi pequena e lá encontrei um lugar para trocá-lo.

Eu poderia ter trocado o freio antes, quando fiz a limpeza da bicicleta em León, mas não fiz uma revisão lá. Rodei muitos quilômetros principalmente em descidas onde forcei muito os freios sem manutenção. Acabei descendo para Molinaseca e forcei-os ainda mais. Dali para a frente até a subida de O Cebreiro e depois de uma nova descida, consegui acabar de vez com as pastilhas do freio traseiro. Uma troca de pastilhas custa ao redor de 20 a 30 euros e vale muito a pena. Você deve avaliar o estado de seu freio para uma possível troca talvez depois de 300 km.

OUTROS POSSÍVEIS RISCOS E PROBLEMAS

Além dos problemas relativos à atividade de pedalar, vamos falar de outros riscos e problemas:

1. Hospedagem — ficar sem lugar para dormir. Já falei em outro capítulo que o peregrino tem prioridade nos albergues em relação ao bicigrino. Cuidado ao chegar a uma vila e não encontrar hospedagem. Reforço que você faça reserva previamente, ainda no Brasil ou pelo menos dois dias antes de cada etapa que você for cumprir. Para a cidade de Santiago de Compostela, reserve com mais antecedência, pois no final peregrinos e bicigrinos somam-se a turistas e viajantes dos 100 km finais, que só querem ir a Compostela. Próximo à cidade de Sárria, você vê vários ônibus com excursões de pessoas que têm o objetivo de conhecer a cidade final e pegar o certificado.

2. Alimentação — fique atento se você é alérgico e leve seus remédios para lidar com alguma situação de reação.

3. Perder-se no Caminho — é difícil, pois tudo é sinalizado, mas você pode confundir alguma indicação, então tenha à mão o celular sempre

carregado, ou um *power bank*. Na autoestrada, por exemplo, não há setas, mas existem placas a cada 5 km a 10 km e você enxergará boa parte das cidadelas. Ao longo do Caminho, se ficar mais de 2 km sem ver a seta ou placa da concha, fique atento! Outro ponto importante é definir a rota antes, pensando na temperatura: o asfalto, por exemplo, fica muito quente em dias de sol... talvez o melhor seja ir por um caminho de terra. Corra riscos com conhecimento de causa, como ter um bom aplicativo ou guia de mapas à mão para se orientar bem nas rotas. Se pedalar em estradas fora do Caminho, não existe sinalização do Caminho, mas placas indicam as cidades. Portanto, fique atento.

4. Perda de documentos ou itens essenciais (ex.: cartão de crédito, passaporte etc.) — já mencionei antes e mais adiante vou contar o episódio do meu esquecimento, no terceiro dia de viagem, da bolsa que eu carregava sempre comigo. Dei sorte, pois voltei rapidamente ao hotel e ela estava lá, mas e se não a encontrasse? A velha e boa dica, leve tudo duplicado e guarde em lugares separados. Evidentemente, isso é impossível no caso do passaporte oficial, mas tenha consigo uma cópia dele, pois conseguirá fazer o caminho sem o oficial e, no caso de perda, faça um boletim de ocorrência em uma delegacia. Você vai precisar dele para embarcar de volta para o Brasil, em Madri, mas aí pode já deixar agendada uma ida à Embaixada Brasileira em Madri antes do retorno ao Brasil. É possível que você tenha de remanejar com a sua companhia aérea a data do seu embarque de volta. Por isso, quando for comprar suas passagens, pode valer a pena adquirir a de retorno com flexibilidade para eventuais mudanças de data de embarque. Também é importante salvar cópias de documentos na nuvem. Quanto ao cartão de crédito, você pode usar aplicativos que aceitam que suas compras sejam feitas sem o cartão físico, mas nem todos os lugares lá aceitam esse sistema. Imagine perder seu cartão? É complicado receber um novo, porque depende de onde você vai ficar, se já está com tudo reservado, embora possa tentar solicitar a entrega numa cidade maior e turística,

ligar lá, pedir que o recebam no hotel ou em outro local, e você pega-o assim que chegar à cidade. O melhor mesmo é levar dois cartões de crédito.

5. Pior do que perda é roubo — já dissemos que poucos são os relatos, mas aparentemente eles vêm aumentando, mesmo que numa escala pequena. Então tome precauções, como hospedar-se em albergues com *locker* e guardar tudo lá. Se este não estiver disponível, durma com a doleira e leve seus itens essenciais até mesmo quando for ao banheiro, não se esqueça de levar um cadeado para prender a mochila na cama.

6. Precisar levar a *bike* "rebocada", pense que nem toda cidade pode ter táxi com bagageiro ou, se usar o ônibus, aquela cidade pode não ter intervalos de circulação com muita frequência. Em O Cebreiro, por exemplo, tudo é mais complicado, mas sempre pense em pedir ajuda no Centro de Apoio ao Peregrino/Bicigrino ou ao turista. Em último caso, prepare-se para carregar a bike ou empurrá-la, e neste caso você pode levar até 8 horas para chegar ao seu destino.

7. "DR" com seu parceiro(a) de viagem ou grupo de pedal – já falamos sobre isso no capítulo 2, sobre ir sozinho ou acompanhado, mas sempre vale lembrar que isso pode ser um problemão. Enfim, alinhe expectativas, defina algumas regrinhas, antes de viajar, mas se a discussão foi inevitável, saiba ser tolerante, ter maturidade. Quando a gente está cansado, que é como terminamos cada trecho, o mau humor pode estar exacerbado. Prepare-se.

8. Por fim, já falamos da sua pulseira de identificação mais atrás no capítulo 7. Ela serve para te identificar em caso de qualquer situação mais grave. Me senti muito seguro com a minha. Avalie ter a sua.

Daqui para frente você vai fazer o Caminho comigo, pois os capítulos que se seguem vão relatar trecho a trecho, detalhando cada região por onde passei. Para mim uma viagem no tempo, para você um Diário de bordo. Vamos começar com a minha chegada e o trecho inicial de Madri a Burguette.

Capítulo 17

O INÍCIO DA VIAGEM

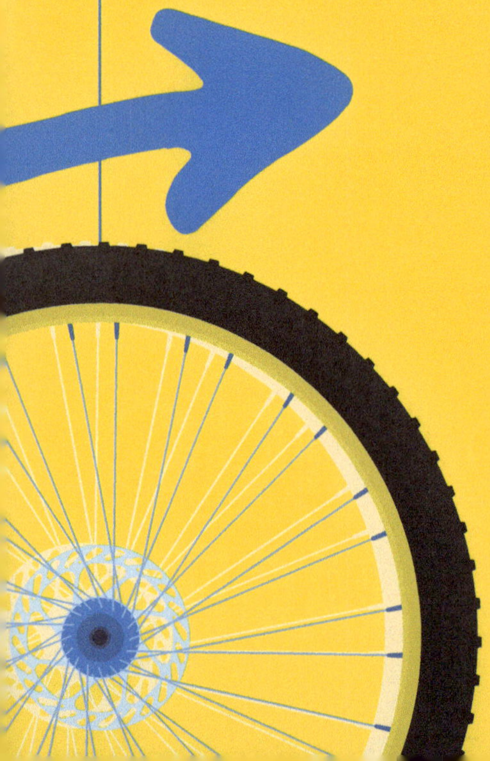

A partir de agora, você vai viajar comigo! Vamos colocar o pé na *bike* e viajar pelo Caminho. Em todos os capítulos daqui em diante, você terá acesso a um resumo do dia no boxe "Diário de bordo" e acompanhar a divisão dos trechos que percorri da mesma forma que o Caminho, em quatro regiões: Navarra e Aragón, La Rioja, Castilla Y León e Galícia.

A CHEGADA À ESPANHA

Antes disso, um pequeno preâmbulo da minha chegada à Espanha.

Saí do Rio de Janeiro, minha cidade natal e onde moro, no dia 6 de setembro de 2018, em voo direto Rio-Madri, e depois fiz uma rápida conexão Madri-Pamplona. Cheguei no dia 7 de setembro à tarde à Pamplona, visitei a cidade, comi um bife à milanesa com fritas (em espanhol apenas *milanesa* já quer dizer o prato completo), acompanhado de uma taça de vinho de Rioja, e dormi no mesmo hotel em que eu dormiria na volta já fazendo o Caminho — hotel Sancho Ramirez.

No dia seguinte, dia 8, peguei um táxi (conduzido pelo simpático senhor Santos) na recepção do hotel de Pamplona até Burguete (uma viagem curta e rápida numa distância de mais ou menos 40 km).

Embora Burguete tenha sido o ponto de partida para a minha "bicigrinação" pelo Caminho, passei o dia 9 de setembro na encantadora cidade francesa de Saint-Jean-Pied-de-Port, marco inicial do Caminho Francês, conforme falarei mais à frente.

Até aqui você deve estar se perguntando:

1. POR QUE NÃO PAREI EM MADRI E DORMI LÁ?

Porque conheço bem a cidade e não tinha esse dia a mais. Eu também não queria fazer turismo fora do Caminho, meu foco foi dedicar integralmente o meu tempo para viver a experiência de "ser bicigrino", assim, queria estar logo com a minha *bike* alugada para testá-la e começar a viver a emoção de ser um bicigrino. Conhecer Pamplona nesse dia era minha melhor opção.

2. POR QUE EU PARTI DE BURGUETE E NÃO DE SAINT-JEAN-PIED-DE-PORT (CARINHOSAMENTE CONHECIDA POR SAINT-JEAN)?

Afinal quase a totalidade de peregrinos e bicigrinos sai de lá. Eu decidi não começar em Saint-Jean por ter receio de sentir um cansaço muito grande logo no primeiro dia. A subida dos Pirineus tem um ganho de altimetria de 1.230 m em 18,5 km, o trajeto total é de 27,1 km com altitude variando de 200 a 1.430 metros. É viável para um bicigrino, mas é um percurso puxado, e esse trecho percorrido pelo Caminho é bem complicado para fazer de *bike*. Quis evitar porque estaria com uma *bike* nova. Eu havia decidido começar de Roncensvalles, mas lá existe apenas um albergue, enorme e famoso, e eu sabia que Burguete tinha mais estrutura de hospedagem e ficava a apenas 2,5 km. É uma cidade pequenininha, como tantas outras que você encontrará ao longo do Caminho, nela há somente uma igreja, uma avenida e uma farmácia, em contrapartida, tem seu charme, sua história e curiosidades.

Burguete (em castelhano), ou Auritz (em basco), tem 19,2 km² e em 2019 tinha 231 habitantes. Ficou mais conhecida depois de ter sido mencionada no livro *O Sol também se levanta*, do famoso escritor Ernest Hemingway. Ele relaxava e descansava nessa cidade, depois das festanças que frequentava em Pamplona, e também era lá que se inspirava para escrever seus livros.

Muitos bicigrinos saem de Burguete, evitando as mesmas coisas que eu: o "temido Pirineus" e a hospedagem no mega-albergue de Roncesvalles. Quando eu estive lá, encontrei um animado grupo de ciclistas italianos, que se preparava para o dia seguinte, e outro muito barulhento de franceses, que faria o Caminho a pé!

Voltei a Roncesvalles para visitar o famoso "albergue dos holandeses" — Institución Hospitalaria de Roncesvalles na Real Colegiata de Santa María — sua arquitetura, o museu e a igreja. Soube que a missa do Peregrino de lá é linda, mas não fiquei para assistir. No albergue há um bar interno que parece um *pub* e um restaurante que lembra uma cantina. A construção é imensa e oferece diferentes opções de hospedagem: quartos de 45 a 110 euros no hotel, na pousada ou Casa de Beneficiados, ou os beliches de 12 euros no Albergue de Peregrinos, que comporta até 120 peregrinos[64]. Ele é administrado por padres.

O MEU DIA ZERO

Bom, retomando o dia 8 de setembro, um sábado, cheguei a Burguete e almocei. Minha *bike* foi entregue no período da tarde, atrasada. Eu a montei inteira, inclusive com alforjes, e a batizei: daquele dia em diante ela seria a minha Dorothy, aquela mesma de *O Mundo Fantástico de Oz*.

---

64 Para mais informações, acesse os links: http://www.roncesvalles.es/contenidos.php?idB=8&c=16&s=139&t=17 e https://www.elpelegrino.com.br/caminho/Frances/etapas/roncesvalles.php .

Estava muito ansioso.

Dia 9, domingo, acordei bem cedo e decidi testá-la, era o dia de conhecer a minha bike. Achei que ia apenas brincar um pouco somente, e então, em vez de ir na direção de Pamplona pelo Caminho, pois não queria desbravá-lo sem ser oficialmente, fiz o sentido contrário pelo Caminho mesmo até Roncesvalles e em seguida a estrada. Não levei nada na *bike* nesse dia, nem a garrafa de água, o que foi um erro (cuide para nunca esquecer de levar a sua, não importa aonde vá).

Lá tomei um chá e visitei o albergue, mas não peguei carimbo para deixar o lugar reservado para Saint-Jean. Não satisfeito fui em direção à fronteira, sim à França.

Pedalando rumo a Roncesvalles

Logo de cara encarei uma subida brava, saindo de 200 m para 1.430 m, cheguei a Collado Lepoeder já no trecho fora da estrada, dentro do Caminho, com uma vista linda dos Pirineus, num belo dia de sol. Acho que ali fui tomado do espírito livre do bicigrino e, depois de retornar para a estrada, comecei a descer devagarzinho, pela rodovia N-135, na Espanha, que se liga à francesa D933. Nesse trecho a estrada e o Caminho ficam bem distantes e não se cruzam até a chegada em Saint-Jean. Passei na fronteira, tirei uma foto. Eram 9 horas da manhã, resolvi descer, porém a descida tinha 15 km de distância na estrada em direção a Saint-Jean, mas eu resolvi seguir em frente e depois pensar como faria para retornar a Burguete — tudo que não queria fazer era subir os Pirineus de volta. Eu pensei apenas no meu caminho de ida, acabei fazendo exatamente o que não havia me programado para... aliás, a única coisa de toda a viagem que saiu do planejado.

Tudo começa aqui: placa próxima da cidade de Roscenvalles com distância de 790 km

O trajeto é lindo, com muitas árvores e o dia estava superagradável. Ao chegar a Saint-Jean, vi uma cidade simplesmente deslumbrante, talvez uma das mais charmosas do Caminho (que meus amigos espanhóis não me escutem). Trata-se de uma cidade medieval, cercada de muralhas de arenito, com ruas ladeadas por casas antigas e a antiga ponte sobre o rio Nive.

O rio atravessa a cidade, e há ainda outros pontos charmosos: La Citadelle, uma fortificação medieval localizada no topo da colina de Mendiguren, a vista de lá é encantadora, a ponte Eyheraberry, a Cárcel de los Bispos (antiga residência dos bispos transformada em prisão no século XVIII), a porta de Santiago, a igreja de Notre-Dame e uma espécie de mirante.

O muro medieval de Saint-Jean-Pied-de-Port

A cidade é repleta de bares, restaurantes e lojas para turistas. Ela é murada, toda de pedra, "uma boneca de cidade". Antigamente, Saint-Jean pertencia ao reino de Navarra.

Outro incentivo para eu ir até lá era a minha única chance de falar francês na viagem. Para mim foi um presente, mas para muitos pode ser um perrengue, pois muitas pessoas na cidade podem não falar o espanhol nem o inglês, apesar de que, na língua universal de gestos e algumas expressões dos peregrinos, tudo se resolve.

A cidade estava apinhada de peregrinos, afinal é o ponto de partida de muitos deles, que até compram lá seus passaportes. Eu já estava com o meu, que havia comprado no Brasil, e aproveitei para pegar meu primeiro carimbo.

Saint-Jean é linda e vale muito a pena ser visitada

Então, decidi almoçar num *bistrot*, comi *jambon e fromage* e tomei uma garrafa de um bom *bordeaux*.

Depois de uma garrafa de vinho, pensei: "Preciso ir embora, pois já estou um pouco tonto". Saí da mesa umas 13 horas e fui procurar a Oficina de Peregrinos, que era fácil de achar, mas abriria somente às 14 horas. Lá é o local ideal para obter informações sobre o clima, principalmente para quem vai atravessar os Pirineus. Então decidi ir à uma empresa de *transfer* para ver se tinha como levar a *bike* "carregada". No entanto, ela abriria às 16 horas apenas. Assim, acessei a internet e descobri um táxi. Agendei para o motorista me apanhar às 15 horas. Era uma *van* para caber a minha *bike*. Voltei para o *bistrot* e comi uma sobremesa, com outra taça de vinho, e fiquei fazendo hora.

O senhor Jean Baptiste com sua *van* me pegou no local combinado, em frente à igreja. Ele era muito simpático, elogiou o meu francês e tentou me ensinar basco, mas eu não entendi nada, guardei somente o meu nome — que, segundo ele, era GORKA. Ele me deixou perto de Puerta de Ibaneta, localidade minúscula já na Espanha após a fronteira. Eram 16h30, desci de *bike* até o hotel, passando por Roncesvalles novamente. Eu não queria fazer o esforço da subida íngreme de Saint-Jean a Burguete, mas consegui aproveitar bem o dia para experimentar a bicicleta. Cheguei a Burguete perto das 18 horas.

Quem quiser, como eu, visitar Saint-Jean pode ir de ônibus ou de trem.

Para quem vai mesmo fazer de *bike* o percurso desde Saint-Jean, há duas opções: o trecho é como um formato oval, do lado esquerdo sai o Caminho e do lado direito, a estrada. O Caminho é dentro do morro, no meio do mato, mas ambos se encontram no mesmo lugar. É um dos piores trechos, tão difícil quanto o de O Cebreiro, com muitas pedras e buracos. É uma das maiores subidas do Caminho e é muito íngreme. Sugiro que você vá pela estrada ou empurre a bicicleta.

Anote aí as principais subidas do Caminho:

→ Pirineus: desde Saint-Jean são 18,5 km subindo de 200 m a 1.430 m;

→ Alto del Perdón: desde Pamplona são 13 km subindo de 445 m a 770 m;

→ Cruz de Ferro: desde Astorga são 27 km subindo de 870 m para 1.504 m;

→ O Cebreiro: desde Vega de Valcarce são 12 km subindo de 630 m a 1.330 m.

Dica: faça uma foto com os pés posicionados em frente ao triângulo dourado com a concha em Saint-Jean e outra diante da placa que marca a distância de Roncesvalles até Santiago de Compostela, que é de 790 km.

Balanço final: fiz bem meu primeiro trecho, pois cheguei com folga ao país e pude me adaptar ao fuso horário e ao clima. Aterrissei dia 7 de setembro e só comecei a pedalar "oficialmente" no dia 10. Então pude dormir bem nesses dias, antes de começar meu desafio. Raramente eu preciso me acostumar ao fuso, pois sempre viajei muito a trabalho e a locais distantes, mas quem sofre com *jet lag* precisa pensar nisso. Minha dica é: viva a rotina do país, seguindo os horários dos costumes locais, como almoço e jantar. A diferença será de 4 ou 5 horas, dependendo da época em que você for, mas já ajuste seu horário biológico ao do país no mesmo dia ao da sua chegada.

Diário de bordo

Dia zero: saí para testar a *bike* e acabei em SJPP.

→ Trecho: Burguete a Saint-Jean-Pied-de-Port.

→ Quilômetros pedalados: 1.230 m de altimetria e 26 km de

descida com 9% de inclinação (grau de dificuldade: se você apenas descer, é fácil; se descer e subir, é desafiador).

→ Tempo gasto: menos de 3 horas de *bike*.

→ Hotel em Burguete (Auritz): Hotel e Restaurante Loizu (lê-se Loiziu), uma pequena hospedagem com mais de 200 anos de história e serve de pousada para os peregrinos desde o século XVIII, fica bem na estrada N135. Pequeno, simples, charmoso, parecia uma casa rural. Havia mais um ou dois hotéis; fiquei nele porque tinha restaurante lá mesmo e como ia chegar no fim de semana, não quis arriscar de não conseguir lugar para comer.

→ Restaurante: existem cinco restaurantes — dois na cidade, dois fora dela, e um deles no hotel em que me hospedei.

→ Facilidades: farmácia, mercado, correios e ponto de ônibus.

Considerei esse dia como zero pois o trecho de Burguete a Pamplona foi meu primeiro dia propriamente dito rumo à cidade de Santiago de Compostela.

Quero falar, agora, um pouco do meu estado de espírito. Eu estava ansioso. Sabia que ia começar o Caminho com o terreno molhado, pois já havia consultado *sites* de previsão de tempo. Fiquei um pouco preocupado porque seria a minha primeira vez pedalando com alforjes e sentia um frio na barriga por estar sozinho, mas estava concentrado, energizado e cheio de fé de que tudo daria certo. Jantei muito bem, apesar de ser um menu do peregrino muito simples — lombo de porco com verdura e uma sopa rala — tomei vinho, água, comi fruta de sobremesa e logo fui dormir.

Acordei, conforme planejado, às 6 da manhã, quando o despertador tocou — depois de alguns dias, nem precisei mais dele. Levantei-me e aí senti o coração pendurado na boca. Fechei minha mala, deixei minha bagagem na recepção para retirada pela Bikeiberia e arrumei os alforjes.

Sai às 8 horas. É possível, sim, sair mais cedo e fazer tudo mais depressa, mas, nesse primeiro dia, acabei saindo nesse horário porque perdi um tempo com os alforjes.

Vou detalhar melhor isso no próximo capítulo, junto do meu primeiro dia oficial de pedaladas.

A CIDADE DE PAMPLONA É UMA DAS MAIORES DO CAMINHO — COM BURGOS E LEÓN —, É A MAIOR EM POPULAÇÃO DE TODO O CAMINHO (NELA VIVEM MAIS DE 200 MIL PESSOAS). ESPALHADA E CHARMOSA, ELA É MEDIEVAL, PORÉM CHEIA DE GENTE JOVEM, AFINAL É UMA CIDADE UNIVERSITÁRIA.

Capítulo 18

A REGIÃO DE NAVARRA E ARAGÓN

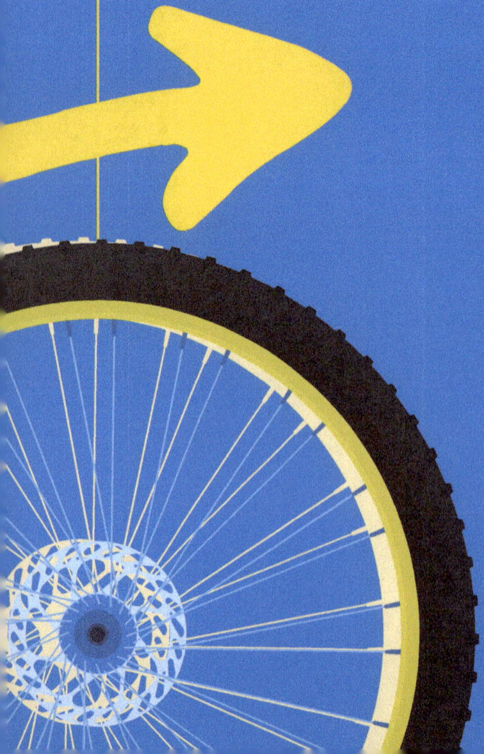

TRECHO I – BURGUETE A PAMPLONA

Finalmente chegou o primeiro dia no Caminho: bicicleta carregada, alforjes, bolsas e tudo pronto para começar.

Choveu à noite, e o primeiro dia prometia. Muitos peregrinos e bicigrinos passaram pelo mesmo hotel em que fiquei. O Caminho começa exatamente atrás do restaurante do próprio hotel que fiquei.

Deixei o hotel rumo à Pamplona às 8 horas e decidi fazer o primeiro trecho pelo Caminho. A paisagem é linda: você pedala em meio à floresta de faia, que são as típicas florestas atlânticas que caracterizam o solo montanhoso da região ibérica. A faia é uma árvore que projeta grande sombra. Há também pequenos bosques de carvalho e coníferas, muito mato, plantas, mas nada de videiras, há um cheiro agradável de verde. Encontrei vários peregrinos no trajeto (brasileiros, franceses, norte-americanos, espanhóis, passei por mais de duzentas pessoas). Foi uma experiência encantadora, cruzei vários pequenos riachos e pontes. Pedalei com calma, passeei bastante — não estava controlando o tempo —, também tive de empurrar a *bike* em parte do trecho, mais no início, onde havia muito cascalho e escorregava demais. Aliás, encontrei uma família com dois meninos espanhóis que também empurravam suas *bikes*.

O lindo, bucólico e desafiador Caminho até Pamplona

Tomei meu primeiro tombo, conforme já contei antes, e logo estava de volta ao Caminho.

De Burguete à Pamplona, o Caminho é colado à estrada e cruza com ela cinco vezes. São 25 km até Larrassoana (total de 27 km, se sair de Roscenvalles) e depois mais 17 km até Pamplona. O trecho não é difícil, até porque a primeira parte dele é toda em descida (de 950 m a 445 m de altimetria). Fiz uma das paradas em um quiosque num cruzamento perto de Alto do Erro, onde comi uma banana, e depois em Zubiri, onde fiz um lanche rápido.

Pausa no meio do Caminho num quiosque para repor as energias antes de chegar a Pamplona

O trecho transcorre por pequenas subidas e descidas em terrenos acidentados, e a descida a partir do Alto do Erro requer cuidado redobrado. Se estiver chovendo ou o chão molhado, é melhor pegar a estrada. Cheguei a Pamplona depois das 15 horas.

Minhas primeiras impressões: foi um dia difícil, pois demorei a sair, estava muito carregado, ainda me acostumando com a bicicleta e, apesar de encantado com o Caminho, cheguei bem cansado. Esse primeiro dia me assustou, e pensei: "Se todos os dias forem assim, eu não chego ao final".

A cidade de Pamplona é uma das maiores do Caminho — com Burgos e León —, é a maior em população de todo o Caminho (nela vivem mais de 200 mil pessoas[65]). Espalhada e charmosa, ela é medieval, porém cheia de gente jovem, afinal é uma cidade universitária.

Chegada a Pamplona, uma das maiores cidades do Caminho (também medieval e murada)

---

65 O número preciso é 203.944 pessoas, dados de 2020, segundo o Instituto Nacional de Estatística (INE) da Espanha. Informações disponíveis em: https://www.ine.es/nomen2/index.do?accion=busquedaDesdeHome&nombrePoblacion=pamplona .

Na chegada à Pamplona, passei de bicicleta pelo centro histórico e fui direto ao hotel, que fica na direção da saída da cidade, e depois voltei andando até o centro, onde ainda se veem um pedaço de muro da Idade Antiga e várias igrejas. O centro de informações ao peregrino também fica ali, e você encontra tudo de que precisa: credencial, mapa, lojinha associada, concha, orientação para transporte de bagagem (os hotéis oferecem isso também). Dei uma volta e retornei ao hotel para jantar.

Anote alguns locais legais para você visitar na cidade: Plaza del Castillo, Plaza de Toros, Calle Mayor, com a prefeitura no final dessa rua, Catedral de Santa Maria (construção maravilhosa, do século XVI, fachada neoclássica e um magnífico templo gótico), Igreja de São Nicolau (século XIII, com mistura de estilos romano e gótico) e uma pequena paróquia de São Saturnino (construção original do século III em estilo romano reconstruída no século XVIII).

Em Pamplona, fiquei no mesmo hotel da minha chegada — hotel Sancho Ramirez —, que era muito confortável com ótima comida, porém distante do centro histórico. O menu do peregrino e o café da manhã foram na medida certa.

Diário de bordo

1º dia: 10.09.2018

Trecho: Burguete a Pamplona

→ Quilômetros pedalados: 45 km (grau de dificuldade: moderado).

→ Tempo gasto: pouco mais de 6 horas, talvez o dia mais longo de toda a viagem, estava carregado e fiz todo o percurso pelo Caminho.

→ Hotel em Pamplona: hotel Sancho Ramirez.

→ Restaurantes em Pamplona: jantei no restaurante do hotel Sancho Ramirez. Por ser uma das maiores cidades do Caminho, você encontra grande e variado (de diferentes estilos de gastronomia) número de restaurantes.

→ Facilidades em Pamplona: farmácias, supermercados, correios, ponto de ônibus, centro de informações ao peregrino, hospitais, museus, lavanderias, bicicletarias, hotéis, albergues e estação de trem.

Dica: pesquise hotéis e restaurantes no Booking.com e no Tripadvisor e fique atento para o horário de funcionamento. Sempre é bom reforçar que você pode encontrar poucas opções abertas, dependendo do horário ou se chegar a determinado local num fim de semana. E sempre confirme se as acomodações contam com facilidades para estacionar/guardar sua bicicleta.

TRECHO 2 – PAMPLONA A ESTELLA

Acordei muito cansado do dia anterior e ainda tinha pela frente uma tarefa: comprar e instalar meu hodômetro com velocímetro. Como expliquei anteriormente, comprei-o em Pamplona, por ser muito mais barato na Espanha e ser item imprescindível para acompanhar a viagem. Eu já havia verificado onde era a loja pela internet e confirmado que ela dispunha do que eu queria.

Aí começa a história do dia: a loja ficava bem no miolo da cidade, eu precisava passar por muitas ruas, resolvi ir de carro até lá. Dessa vez, o motorista era o senhor Juan. Se eu não tivesse feito assim, não chegaria nunca porque o nome da rua é **Quiroja nº 20 bis**, que significa o lado de trás da rua, e eu não sabia disso... cheguei lá, encontrei os números 18 e 24, mas não havia o 20. Então, entrei numa lavanderia e perguntei, e a pessoa ao ver o "bis" me orientou corretamente. Fui de táxi até o outro lado e lá comprei e instalei o hodômetro com velocímetro. Podia seguir dali de *bike*, mas preferi ir com o senhor Juan até o ponto da saída do Caminho. Eu havia lido que era complicado sair pelo meio da cidade.

A saída de Pamplona é complexa, fica no meio de avenidas, e se você sair do centro histórico, então, tem de dar uma boa pedalada até encontrar o ponto exato, que fica do lado oposto da cidade.

> **Dica:** foram três dias até meu corpo se acostumar ao ritmo de pedalar várias horas diariamente... se você estiver bem-preparado, rapidamente se adaptará. Se eu fosse refazer o trecho de Burguete a Pamplona, faria metade dele, teria parado em Larrassoana em vez de ir até Pamplona. Evidentemente que, para isso, eu precisaria de mais um dia de viagem a fim de evitar os 45 km logo no primeiro dia. Se você puder quebrar os dois primeiros dias em três, ficará mais leve.

No entanto, depois da saída, foi só alegria! Eu fui pela autopista A-12 e pela N-1110/1111 porque o Caminho antes da chegada ao Alto del Perdón é bem poeirento e cheio de pedras, portanto, difícil. Toda a viagem é bem gostosa com o Caminho em paralelo às estradas, ambos se cruzam três vezes durante o percurso.

Passei por pequenas dificuldades com uma leve subida, cujo ponto alto tem uma vista maravilhosa, o Alto del Perdón (Morro dos Ventos), que fica a 10 km de Pamplona e tem altitude de 970 m. Lá há estátuas e cata-ventos modernos. Não subi pelo Caminho, pois achei que seria muito pesado, eu me arrependi de ter exagerado no primeiro dia e, por isso, não passei pelo Alto del Perdón. Bom, ao menos já tenho outro motivo para voltar!

Ali no Alto del Perdón existia uma ermida e uma hospedaria de peregrinos que, durante os séculos XV e XVI, era dedicada a Nossa Senhora do Perdão. A ermida, construída no século XIII, era de grande importância para os peregrinos. Considerava-se que as graças recebidas por alcançá-la eram as mesmas que as obtidas por finalizar a peregrinação em Santiago de Compostela, isto é, era concedido o perdão dos pecados e garantida a saúde espiritual, no caso de morte durante o trajeto restante. Muitas cidades foram construídas ao longo do tempo para dar suporte aos peregrinos, mas essa localidade tinha um significado especial.

> **Dica**: sobre estradas, existem as autopistas ou autovias, com áreas de serviços; as *carreteras* de comunicação internacional, que são pavimentadas; *carreteras* de comunicação regional ou alternativa, que são de terra ou de cimento.

Eu continuei alternando entre a A-12 e N-1110/1111 até a cidade de Puente la Reina. Dali para a frente peguei um longo trecho plano.

Puente la Reina é uma minúscula cidade medieval (tem pouco mais de trezentos habitantes, segundo dados de 2020 do INE[66]), com castelos e uma ponte muito famosa que cruza o rio Arga. Não parei lá, mas é muito charmosa e, se eu voltar ao Caminho, dormirei lá e não em Pamplona.

Depois dali até a chegada, no final do dia, fui pelo Caminho. O trajeto foi de muito calor e sol, muito aberto e sem sombras. Passei por muitos peregrinos e bicigrinos, mas poucos brasileiros.

---
66 Disponível em: https://www.ine.es/nomen2/index.do?accion=busquedaRapida&subaccion=&numPag=0&ordenAnios=ASC&nombrePoblacion=Jaca&botonBusquedaRapida=Consultar+selecci%F3n .

Peregrinos e Bicigrinos pelo Caminho

A chegada a Estella (13.991 habitantes, em 2020, segundo o INE[67]) foi muito agradável. A cidade é superbonitinha, cortada pelo rio Ega, com muitos barzinhos e espreguiçadeiras ao lado dele. Uma curiosidade sobre ela: fala-se Estella em castelhano e Lizarra em basco. A cidade foi fundada pelo rei Sancho Ramirez (o nome do hotel onde me hospedei em Pamplona) com o objetivo de permitir o pernoite dos peregrinos ao longo do Caminho.

---

67 Disponível em: https://www.ine.es/nomen2/index.do?accion=busquedaAvanzada&entidad_amb=no&codProv=31&codMuni=97&codEC=0&codES=0&codNUC=0&denominacion_op=like&denominacion_txt=&L=0 .

Chegada a Estella

Relaciono a seguir alguns lugares que passei ao chegar à cidade, mas não voltei para visitar cada um. Escolha um ou passe rapidamente por todos, como eu fiz:

→ Palácio dos Reis de Navarra;

→ Igreja de São Pedro de la Rua;

→ Igreja octogonal do Santo Sepulcro;

→ Igreja de São Miguel;

→ Porta de Castilla;

→ Claustro de São Pedro de la Rua;

→ Basilica del Puy.

De diferentes pontos de Estella, você avista o rio Ega

Rio Ega em Estella

Quanto ao hotel, hospedei-me em um mais caro, mas valeu cada centavo. Chama-se Hotel Tximista e fica ao lado do rio, com excelentes acomodações e um ótimo restaurante. Ali eu comi o melhor menu do peregrino da minha viagem: salada com camarão e prato principal com cordeiro.

> **Diário de bordo**
>
> **2º dia: 11.09.18**
>
> **Trecho: Pamplona a Estella**
>
> → Quilômetros pedalados: 46 km (grau de dificuldade: moderado).
>
> → Tempo gasto: 5 horas.
>
> → Hotel em Estella: Hotel Tximista.
>
> → Restaurante em Estella: do próprio hotel (muito bem classificado no Tripadvisor), além de muitos outros ótimos lugares, dentre eles: Casanellas Taller, La Cepa, Restaurante Navarra.
>
> → Facilidades em Estella: farmácia, bicicletaria, estação de ônibus, lavanderia, museus, supermercado, centro de informação ao peregrino e hospital.

TRECHO 3 – ESTELLA A LOGROÑO

Dormi muito bem e saí tão animado que esqueci minha mochila no hotel, como já contei. Esse foi meu primeiro trecho sem alforjes. Atravessei o rio de novo (a cidade fica dentro de um pedaço de terra cercado completamente pelo rio, quase uma pequena ilha).

Saindo de Estella, cruzei a "fronteira" e entrei na região de La Rioja — a segunda província de nosso caminho.

Comecei pelo Caminho numa subida lenta, margeando a estrada regional (NA-19110) em direção ao famoso Monastério de Irache, que infelizmente estava fechado para visitação por causa da hora.

No monastério existe uma fonte de vinho, e você pode tomá-lo gratuitamente. Ali bicigrinos e peregrinos param para beber da fonte e enchem as garrafinhas para bebericar ao longo do trecho. Isso eu pude fazer, pois ficava do lado de fora. Há duas torneiras, uma de água e outra de vinho com duas legendas:

Si quieres llegar a Santiago com fuerza e vitalidade, de este gran vino echa um trago y brinda por su felicidade.

A beber sin abusar te invitamos com agrado, para poderlo llevar, el vino há de ser comprado.

O Monastério de Irache produz um vinho bem elaborado, envelhecido por mais tempo, portanto mais caro — não era o caso do vinho da torneira — que não é de nenhuma reserva especial, mas vale o folclore.

Continuando, fiz a subida até Villamayor de Monjardin e dali até Los Arcos, um sobe e desce com muita pedra e calor; tive a sorte de não pegar sol, que só apareceu depois das 11 horas.

De Los Arcos até Logroño, pedalei muito na estrada NA-1110 / N-1111, que fica colada no Caminho, então acabei alternando muito. A altimetria é bem variada, não muito forte, mas foi um pouco cansativo com pequenos "sobe e desce". É um trecho *light*, em relação a subidas e descidas. Los Arcos é uma pequena cidade medieval que merece uma rápida visita e até uma passada na Ermita San Sebastian.

O belíssimo Monastério de Irache e seus vinhedos

Antes de chegar, passei por uma cidade muito linda, também medieval, pequena, mas que tem de tudo, Viana (4.260 habitantes, em 2020, segundo o INE[68]), e nesse dia havia muita gente jovem de branco e vermelho. Estava acontecendo uma festa de touros, resolvi não ficar no meio da confusão com a bicicleta.

Atravessei o rio Ebro pela Puente de Piedra e cheguei à charmosa cidade de Logroño (com pouco mais de 152 mil habitantes[69]), que é a capital de La Rioja.

---

68 Disponível em: https://www.ine.es/nomen2/index.do?accion=busquedaAvanzada&entidad_amb=no&codProv=31&codMuni=251&codEC=0&codES=0&codNUC=0&denominacion_op=like&denominacion_txt=&L=0 .
69 Disponível em: https://www.ine.es/jaxiT3/Datos.htm?t=2911 .

Chegada a Logroño e a concha em via de paralelepípedo

    A cidade é uma incrível mistura de novo e antigo com muitas bodegas urbanas e visitas guiadas às vinícolas, as quais não dá tempo de visitar. A não ser que você tenha e tire um dia para passear e sua viagem seja um misto de turismo e bicigrinação. Deve ser incrível, já que estamos numa região mundialmente famosa por seus vinhos maravilhosos. Existem muitos albergues e hotéis — vale a pena parar lá.

Logroño é um charme, convivendo em harmonia o moderno e o antigo

Ponte de pedra em Logroño: quase todas as cidades do Caminho têm a sua

Comi um menu do peregrino no meio da rua, paguei 14 euros, com água, pão, vinho, dois pratos para escolher e *postre*. O hotel onde fiquei era bom, mas estava bem cheio, por isso foi confuso o café da manhã no dia seguinte. Ficava mais distante do centro histórico e tive de dar uma boa caminhada para visitar a cidade depois, em compensação, para a saída do Caminho no dia seguinte, foi bom. A gente chega numa ponta da cidade e sai depois pelo outro lado. Vi muitos restaurantes fechados durante a *siesta* e abertos somente depois das 19 horas.

> **Dica**: sempre que possível, fique em hotéis próximos ao centro histórico. Então, a escolha de onde vai se hospedar deve considerar a localização. É sua chance de visitar o local, mesmo cansado. Se você ficar longe, provavelmente, não irá.

Para visitar:

→ Catedral de Santa Maria de la Redonda na Praça do Mercado;

→ Igreja Imperial de Santa Maria de Palacio;

→ Praça Santiago e Igreja de Santiago El Real;

→ Museu de La Rioja.

A história do Caminho contada em mural no interior da catedral de Santa Maria, conhecida como catedral de Logroño

Diário de bordo

3º dia: 12.09.2018

Trecho: Estella a Logroño

→ Quilômetros pedalados: 50 km com subidas e descidas, alternando estrada e Caminho (grau de dificuldade: fácil).

→ Tempo gasto: 6 horas com pouco mais de 4 horas de pedalada.

→ Hotel em Logroño: Murrieta, na *calle* Murrieta.

→ Restaurante: vários pequenos restaurantes próximos à Catedral, na rua principal, além de outros tantos espalhados pela cidade.

→ Facilidades: farmácias, supermercados, correios, ponto de ônibus, centro de informações ao peregrino, hospitais, museus, lavanderias, bicicletarias e estação de trem.

Mais um trecho concluído. Prepare-se, pois no próximo capítulo iremos juntos desbravar a região de La Rioja.

Capítulo 19

A REGIÃO DE LA RIOJA

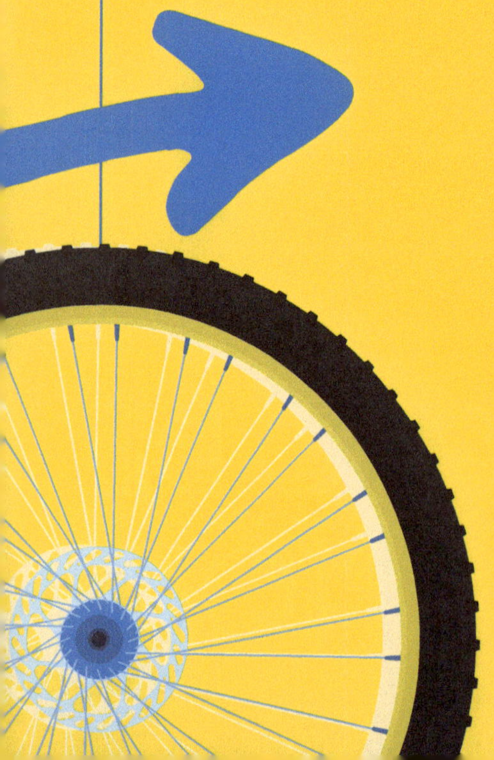

TRECHO 4 – LOGROÑO A SANTO DOMINGO DE LA CALZADA

Agora sim estamos com os dois pés, na verdade com as duas rodas, na região de La Rioja. A saída de Logroño foi confusa. Os guias que consultei já indicavam isso, eu me perdi três vezes. Fui e voltei até encontrar a saída correta. As indicações com as setas amarelas não são tão claras. Por isso, mantenha atenção redobrada. Acabei conseguindo sair e, logo depois, atravessei um parque, que fica a oeste da cidade —Parque de la Grajera (essa é a melhor dica para sua saída da cidade) —, passando depois por vinhedos magníficos em direção à Navarrete e em seguida Nájera.

No trajeto até Navarrete (2.800 habitantes[70]), passa-se praticamente apenas por propriedades rurais, nas quais predomina o cultivo de uvas para a produção de vinhos, conforme me relatou uma amiga peregrina.

Navarrete é um vilarejo, por isso passei voando por ele. Foi uma pena não ter visitado a Igreja de Santa Maria de la Asunción e seu lindo altar barroco, além de colocar uma fitinha, parecida com a do senhor do Bonfim, no mapa-múndi que tem lá e assinar o caderno de presença. Cada peregrino que chega lá coloca uma fita no seu país de origem.

---

70 Para mais informações, acesse: https://www.ine.es/nomen2/index.do?accion=busquedaDesdeHome&nombrePoblacion=navarrete .

Você passará pela entrada de vinícolas ao percorrer a região de La Rioja

Poeira pelo Caminho e vista de Santo Domingo de la Calzada ao fundo

Em todo esse trecho até Santo Domingo, o Caminho segue paralelo à autopista A-12, e pela primeira vez experimentei colocar a bicicleta nessa estrada. Foi uma boa opção para subir até Alto de San Anton, que fica a 715 m de altitude, e descer até Nájera, uma cidade pequena, mas que atende a todas as necessidades básicas. A partir daí foram subidas e descidas leves, mas não havia nada para ver, a não ser mais vinhedos, e havia poucos lugares para parar.

RECOMENDAÇÕES PARA ESTE TRECHO:

1) leve muita água e uma fruta.

2) de Nájera até Santo Domingo, a autopista A-12 fica um pouco mais afastada do Caminho e, portanto, sugiro ir pelo Caminho na companhia dos peregrinos.

Santo Domingo de La Calzada (aproximadamente 6.500 habitantes[71]) é uma cidade medieval extremamente graciosa, fundada no século XI, mais precisamente no ano de 1019 — o que faz dela uma cidade milenar —, com muitas ruelas, foi a maior cidade murada de toda La Rioja, com mais de 1,6 km de perímetro e 38 torres de 12 m de altura cada. Ainda restam pedaços da murada para visitar.

La Muralla: Es el mayor recinto amurallado que se conserva en La Rioja. Mandada edificar por Pedro I de Castilla hacia 1367 y terminada en 1369, con motivo de las luchas fratricidas con su hermanastro Enrique II de Trastámara. Esta monumental construcción en

---

71 Para mais informações, acesse: https://www.ine.es/nomen2/index.do?accion=busquedaAvanzada&entidad_amb=no&codProv=26&codMuni=138&codEC=0&codES=0&codNUC=0&denominacion_op=like&denominacion_txt=&L=0 .

piedra de sillería, tenía una longitud de 1670 metros, con un espesor de dos metros y medio, 38 torreones de 12 metros de altura y 7 puertas de arcadas góticas apuntadas que, fortalecidas con barbacana y animadas con el escudo real y de la ciudad facilitaban la comunicación con el exterior.[72]

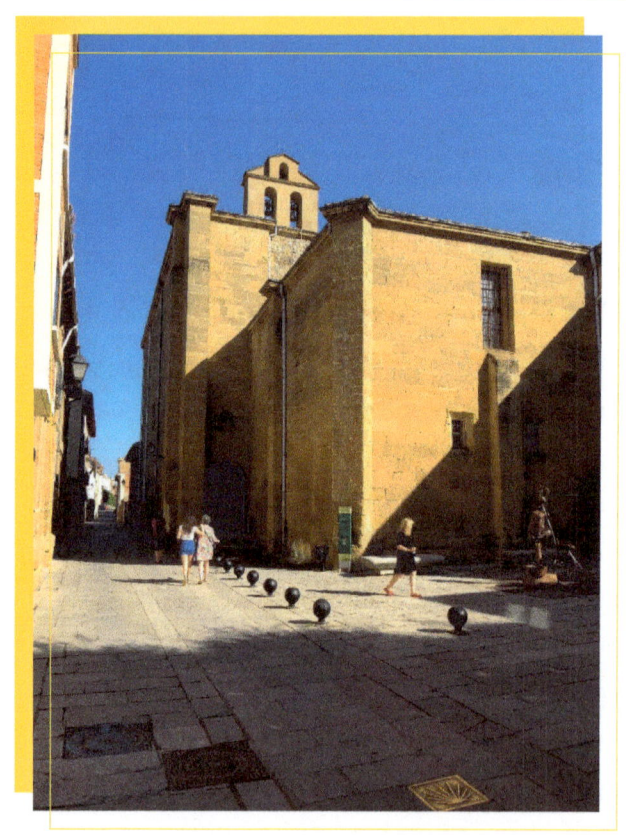

Santo Domingo é uma graça e muito bem-cuidada

Na catedral, os peregrinos visitam o túmulo de Santo Domingo, idolatrado por ter construído pontes (incluindo a ponte — originalmente de madeira — sobre o rio Oja na entrada da cidade), estradas (as *calzadas*, que dão nome à cidade) e hospitais para os que seguiam o rumo de Santiago.

---

72 Disponível em: https://www.pte.es/turismo/La-Rioja/i26138/Santo-Domingo-de-la-Calzada.html .

A esplêndida catedral de Santo Domingo

Painel magnífico no interior da catedral

Uma curiosidade: um casal, galo e galinha (vivos), mora numa gaiola na catedral de mesmo nome, em homenagem aos milagres do santo. Existe uma lenda[73] em torno desses animais, vale a pena conhecê-la:

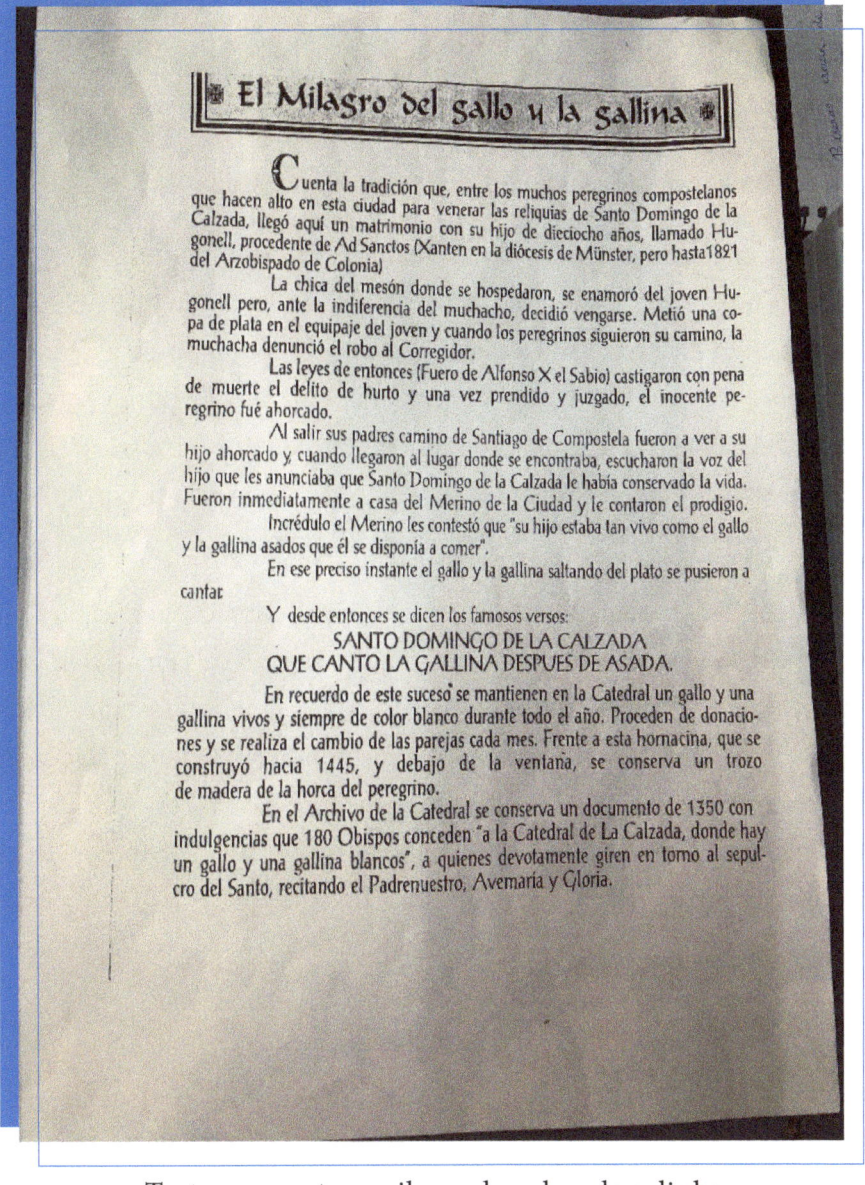

El Milagro del gallo y la gallina

Cuenta la tradición que, entre los muchos peregrinos compostelanos que hacen alto en esta ciudad para venerar las reliquias de Santo Domingo de la Calzada, llegó aquí un matrimonio con su hijo de dieciocho años, llamado Hugonell, procedente de Ad Sanctos (Xanten en la diócesis de Münster, pero hasta 1821 del Arzobispado de Colonia).

La chica del mesón donde se hospedaron, se enamoró del joven Hugonell pero, ante la indiferencia del muchacho, decidió vengarse. Metió una copa de plata en el equipaje del joven y cuando los peregrinos siguieron su camino, la muchacha denunció el robo al Corregidor.

Las leyes de entonces (Fuero de Alfonso X el Sabio) castigaron con pena de muerte el delito de hurto y una vez prendido y juzgado, el inocente peregrino fué ahorcado.

Al salir sus padres camino de Santiago de Compostela fueron a ver a su hijo ahorcado y cuando llegaron al lugar donde se encontraba, escucharon la voz del hijo que les anunciaba que Santo Domingo de la Calzada le había conservado la vida. Fueron inmediatamente a casa del Merino de la Ciudad y le contaron el prodigio.

Incrédulo el Merino les contestó que "su hijo estaba tan vivo como el gallo y la gallina asados que él se disponía a comer".

En ese preciso instante el gallo y la gallina saltando del plato se pusieron a cantar.

Y desde entonces se dicen los famosos versos:

SANTO DOMINGO DE LA CALZADA
QUE CANTO LA GALLINA DESPUES DE ASADA.

En recuerdo de este suceso se mantienen en la Catedral un gallo y una gallina vivos y siempre de color blanco durante todo el año. Proceden de donaciones y se realiza el cambio de las parejas cada mes. Frente a esta hornacina, que se construyó hacia 1445, y debajo de la ventana, se conserva un trozo de madera de la horca del peregrino.

En el Archivo de la Catedral se conserva un documento de 1350 con indulgencias que 180 Obispos conceden "a la Catedral de La Calzada, donde hay un gallo y una gallina blancos", a quienes devotamente giren en torno al sepulcro del Santo, recitando el Padrenuestro, Avemaría y Gloria.

Texto que conta o milagre do galo e da galinha

---

73 Para saber mais, acesse: https://www.anawanke.com/category/historia/ .

Conta a lenda que, no século XIV, um jovem alemão chamado Hugonell realizava sua peregrinação a Santiago de Compostela acompanhado de seus pais. Eles pararam para descansar em um albergue, e a filha do dono da casa se apaixonou pelo rapaz, mas não foi correspondida. A moça, com ódio no coração, escondeu um cálice de prata nos pertences do rapaz e o acusou de roubo. O jovem foi preso, julgado e, logo em seguida, enforcado.

Quando os pais dele foram recolher o corpo, ouviram a voz de um anjo anunciando que Santo Domingo havia conservado sua vida.

O juiz, que estava à mesa jantando, não acreditou na história contada pelos pais do jovem e exclamou: "Solto vosso filho quando este galo cantar e esta galinha cacarejar novamente" — disse apontando os assados que tinha sobre a mesa. Nesse mesmo instante, o galo e a galinha cobriram-se de penas e puseram-se, respectivamente, a cantar e a cacarejar. É claro que o jovem foi libertado e Santo Domingo de la Calzada ficou conhecida como a cidade onde a galo cantou depois de assado.

Se você visitar a cidade entre o fim de abril e maio, "participará" das festividades em homenagem ao patrono. Ela é muito turística e tem várias opções para hospedagem. Todas bem simples, por isso, acabei ficando num hotel nos fundos da Catedral, sem ar-condicionado, mas tive a sorte de encontrar Ana Luisa na recepção, um doce de pessoa, que explicou tudo e cuidou da minha bicicleta. Fui dar uma volta e descobri as delícias gastronômicas e as atrações turísticas. São elas:

- → Catedral;
- → Torre Exenta (vista magnífica da cidade e região);
- → Muralhas medievais do século XIII;
- → Convento de São Francisco;
- → Ponte de Santo Domingo (na saída da cidade).

Na cidade pode-se desfrutar de alguns pratos típicos de La Rioja:

→ *patatas de La Riojana* (cozido de batatas, chouriço e pimentão);

→ *chuletas de cordero al Sarmiento* (chuletas assadas sobre brotos de videira na brasa);

→ *huevos a La Riojana* (legumes cozidos em panela de barro sobre os quais se colocam ovos fritos).

Depois fui jantar, no hotel mesmo, com diversos peregrinos de várias nacionalidades. O prato foi o menu do peregrino do hotel, mas a comida era farta — com cordeiro e legumes assados e muito vinho local (o melhor de toda a Espanha, na minha opinião). Foi incrível!

Naquela altura da viagem, as pernas começaram a cansar. Eu programei dois dias mais "mansos" com menos quilometragem, mesmo sabendo que eu enfrentaria uma subida linda e puxada perto de Burgos.

Diário de bordo

4º dia: 13.09.2018

Trecho: Logroño a Santo Domingo de la Calzada

→ Quilômetros pedalados: 52 km (grau de dificuldade: leve).

→ Melhor via: A-12 até Nájera e/ou Caminho até SDC.

→ Tempo gasto: mais ou menos 5 horas, incluindo paradas para hidratação e lanche.

→ Hotel em Santo Domingo: El Molino de Floren (um charme!).

→ Restaurantes em Santo Domingo: o do próprio hotel.

→ Facilidades em Santo Domingo: albergues, restaurantes, apoio ao peregrino, ponto de ônibus.

TRECHO 5 – SANTO DOMINGO A VILLAFRANCA MONTES DE OCA

Acordei, meditei, guardei minhas coisas para despachar, me arrumei e lá fui eu. Destaque para este pequeno hotel com tratamento especial em todos os detalhes. Minha bicicleta ficou guardada dentro do hotel sem estresse, jantar perfeito e rápido e café da manhã simples, mas farto.

O dia começou nublado e fresco, mas logo às 10 horas já estava o "maior solão".

Aqui, estamos nos preparando para sair de La Rioja e seguir para o trecho mais longo da viagem, na região de Castilla y León.

De Santo Domingo a Villafranca, o Caminho segue colado, paralelo à autopista N-120/A-12. Dá muito bem para trocar de um para o outro o tempo todo até Belorado. O dia, porém, foi todo muito quente e de sol escaldante. O Caminho era de terra batida. Pedalei menos nesse dia, foi o menor trecho de todos os que eu fiz. Cheguei à Villafranca antes das 13 horas.

Uma curiosidade: antes de Belorado há uma cidade chamada Viloria de Rioja, onde se encontra o refúgio de peregrinos Acácio & Orietta[74] — Acácio é brasileiro e amigo de Paulo Coelho, dizem que ele patrocinou a fundação do albergue. Além disso, o local é um "alento", pois é possível comer comida brasileira no Caminho, e eles também alugam bicicletas. Eu não tive tempo de parar, mas é um local agradável, amigável e uma ótima opção no Caminho, segundo alguns amigos me contaram.

Os bicigrinos cruzam a cidade de origem celta, Belorado, a qual, antes de eu ir, achei que seria sem graça, mas estava lotada de peregrinos. Fiquei

---

74 Para mais informações, acesse: http://www.acacioyorietta.com .

curioso para saber o motivo disso, mas, mesmo assim, optei por pousar em Villafranca (entre 100 e 200 habitantes[75]), pois sabia que teria um trecho mais pesado para Burgos depois, porém fiquei com um gostinho de "quero mais" para Belorado, que é bem maior, 1.781 habitantes[76].

Pelo visto, terei muito o que visitar no meu retorno ao Caminho. Segundo as dicas do peregrino brasileiro, Oswaldo Buzzo, vale conhecer em Belorado: a Plaza Mayor, um espaço com marquises e terraços; as igrejas de San Pedro (do século XVII) e Santa María (do século XVI); a ermida de Nuestra Señora de Belén, único vestígio do antigo Hospital de Peregrinos; o convento de las monjas Clarisas (do século XVI); e as Cuevas de San Caprasio, San Valentín y Santa Pía, assim como a ponte El Canto.

De Belorado até Villafranca, o Caminho segue quase tranquilo e passamos pelos Montes de Oca, que são esculpidos nas pedras, e têm entrada para uma igreja (quando eu passei, estava fechada). Na época medieval era considerado um caminho perigoso por haver muitos bandidos ali. Fica bem perto da chegada à cidade. Vale muito a pena visitar.

Villafranca é minúscula, quando eu cheguei lá praticamente aumentei em 0,5% a população da cidade. Ela fica bem no sopé da subida para o começo da Meseta em direção a Burgos, tem um bar, uma farmácia, um ponto de ônibus, uma pequena igreja do século XVIII e o albergue-hotel no topo de um monte.

Para minha surpresa, o albergue era dividido em dois lados, um era abrigo, e outro era hotel (onde fiquei). Chamado Real Hostal de San Antonio Abad, ele é grande, bonito, bem gostoso, sua entrada parecia de cinema, com pé direito alto. A *bike* ficou do lado de fora, amarrada no

---

75 Para mais informações, visite: https://www.ine.es/buscar/searchResults.do?Menu_botonBuscador=&searchType=DEF_SEARCH&startat=0&L=0&searchString=%-22Villafranca%20Montes%20de%20Oca%22 .

76 Para mais informações, acesse: https://www.ine.es/buscar/searchResults.do?-Menu_botonBuscador=&searchType=DEF_SEARCH&startat=0&L=0&searchString=%22Belorado%22 .

portão. Como cheguei cedo, meu quarto não estava pronto e só foi liberado às 15 horas; esperei do lado de fora. Meu quarto tinha uma vista magnífica. Durante a noite deu uma esfriadinha no tempo.

Montes de Oca: incríveis construções romanas dos séculos VI e VII

Na cidade, não há muito o que fazer[77], por isso, andei um pouco a pé, visitei a igreja (Monastério de San Félix de Oca), onde peguei meu carimbo, fiz minhas orações e voltei para descansar, visto que no dia seguinte teria uma grande subida até San Juan de Ortega e de lá até Burgos.

Depois fui jantar e encontrei dezenas de peregrinos no mesmo horário, foi incrível. Era um grande salão com várias mesas comunitárias. O menu do peregrino também estava muito bom: sopa, salada, frango com batatas,

---

77 Veja mais em: https://www.turismoburgos.es/villafrancamontesdeoca/ .

frutas, água e vinho farto. Na minha mesa havia dois casais de californianos — com saudade da família, pois estavam andando fazia 12 dias, e eu apenas há 5 de *bike*. Conversamos muito sobre a Califórnia, região de que gosto bastante. Como o papo rendeu, bebemos muito. Voltei para o quarto às 21 horas e apaguei. A cidade foi perfeita para mim, talvez porque o clima estivesse ameno. Imagino que essa cidadezinha com chuva não teria sido agradável.

A pequenina Villafranca é muito tranquila e pacata

No dia seguinte, acabei acordando muito cedo. Foi quando tirei esta foto linda, parecia ainda noite, mesmo já sendo 5 horas.

Foto de Villafranca ao amanhecer

Comi no café da manhã: um sanduíche de atum com ovo e azeitonas temperadas. O espanhol adora ovo, e eu também!

Diário de bordo

5º dia: 14.09.18

Trecho: Santo Domingo de la Calzada a Villafranca Montes de Oca

→ Quilômetros pedalados: 35 km.
→ Grau de dificuldade: leve.
→ Melhor via: qualquer opção é boa pelo Caminho ou pela autopista A-12 que anda em paralelo.
→ Tempo gasto: 4,5 horas, com parada para beber um refrigerante e comer uma banana.
→ Hotel em Villafranca: Real Hostal San Anton Abad (ótima opção).
→ Restaurante: na rua tem somente um bar e o restaurante do hotel foi a única opção.
→ Facilidades em Villafranca: farmácia, albergue, bar, apoio ao peregrino e ponto de ônibus.

E aqui termina La Rioja, uma região com muitos vinhedos ao longo do trajeto, embora eu achasse que veria uma quantidade maior deles. Não bebi todos os dias o famoso vinho da região nos lugares por onde passei, pois sabia que podia pedir esse vinho em qualquer outra região do Caminho.

A MESETA NADA MAIS É DO QUE UMA REGIÃO PLANA, PORÉM COM MUITAS PEDRAS E ONDE O TERRENO E A VEGETAÇÃO PRATICAMENTE NÃO MUDAM. UMA ÁREA QUENTE, SECA, DE PAISAGEM UNIFORME, POUCAS SOMBRAS, MUITO SOL E UMA RETA APARENTEMENTE INFINITA, CERCADA DE PLANTAÇÕES DE TRIGO E CEVADA. AO MESMO TEMPO FAZ PARTE DO DESAFIO E SUPERAÇÃO DO CAMINHO. SUA EXTENSÃO É DE CERCA DE 200 KM — INDO DE BURGOS ATÉ A CHEGADA EM LEÓN E UM POUCO MAIS A FRENTE.

Capítulo 20

A REGIÃO DE CASTILLA Y LEÓN

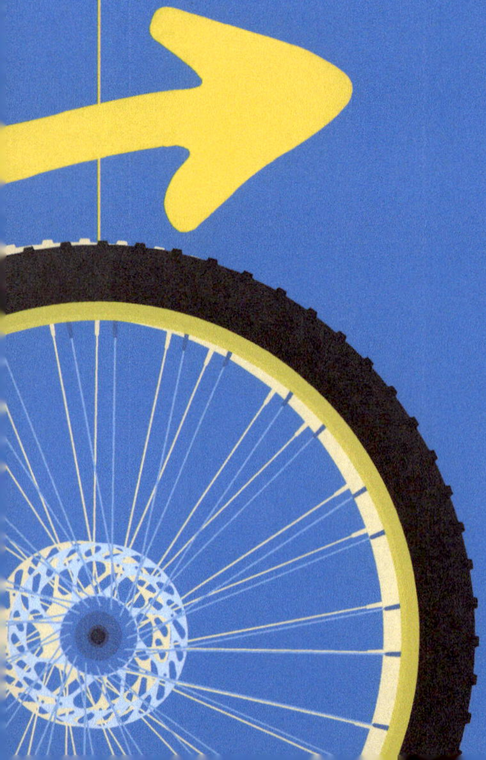

TRECHO 6 – VILLAFRANCA MONTES DE OCA A BURGOS

Esse trecho é início da famosa Meseta, que nada mais é do que uma região plana, porém com muitas pedras e onde o terreno e a vegetação praticamente não mudam. Uma área quente, seca, de paisagem uniforme, poucas sombras, muito sol e uma reta aparentemente infinita, cercada de plantações de trigo e cevada. Ao mesmo tempo faz parte do desafio e superação do Caminho. Sua extensão é de cerca de 200 km — indo de Burgos até a chegada em León e um pouco mais a frente.

A Meseta nada mais é do que um planalto extenso que se elevou acima do nível do mar por forças tectônicas, formando um grande descampado cercado por cordilheiras e bordas infinitas. Parece que nunca vai acabar... são pedras, poeira e nenhuma árvore!

Terras contínuas, sem vegetação, os campos de trigo e girassóis estavam todos queimados, com paisagem monótona e ao fundo moinhos de vento, o que me fez pensar em uma alucinação de Dom Quixote, um lugar perto e distante ao mesmo tempo. A sensação é a de que você pedala, pedala e não chega aos moinhos e, ao fim, a lugar nenhum.

Ao todo, são três a quatro dias de Meseta até o trecho final, onde está León, mas que não fiz direto, é claro. O trecho mais árido é até Castrojeriz, do qual falaremos mais adiante.

Na época medieval, os peregrinos se perdiam ali. O céu e a terra se encontram, e você se perde. É como andar no deserto, mas com temperatura distinta... Hoje isso não acontece mais porque o Caminho é bem sinalizado.

Nesse dia em particular pensei em pegar um ônibus para "pular" a subida, cheguei a ficar esperando no ponto, mas, quando ele apontou, estava lotado de peregrinos, e eles têm prioridade em relação a nós, bicigrinos. Então decidi subir pela autopista. Lá em cima, quando a autopista se distanciou do Caminho, decidi seguir por ele o tempo todo, afinal do que vale o desafio se você não o enfrentar?

No total, pedalei menos nesse dia (41 km), mas houve uma subida forte e bastante dura, com pouco mais de 400 m de altimetria. A sorte é que ela era curta, cerca de 4 km. Você sai de 800 m para 1.200 m em poucos quilômetros. Nesse trecho, parei em San Juan de Ortega (apenas 25 habitantes) e aproveitei para visitar a igreja e monastério de mesmo nome, que, aliás, é muito bonita. O trecho inteiro também pode ser feito pela rodovia N-120 que fica distante do Caminho. A melhor opção é ir pelo Caminho em estrada de terra batida.

Depois da subida — passando pelo Alto de Valbuena e Puerto de la Pedraja, dois pontos com vistas deslumbrantes — veio o trecho final de San Juan de Ortega até Burgos. Cheguei depois das 14 horas a Burgos e demorei a alcançar o centro histórico porque tardei para me achar na entrada da cidade. A chegada do Caminho é colada no centro histórico. Atravessei um bom pedaço da cidade para chegar ao meu hotel. Cheguei lá quase às 15 horas, uma hora depois. Acertei na escolha do hotel porque ele era ótimo e exatamente no centro. A saída para continuar o Caminho é por lá, mas a entrada é longe. Nem em Pamplona, onde o centro também fica distante da chegada, eu tive tanta dificuldade. Na verdade, demorei a encontrar alguém que pudesse me ajudar.

Sofri para me encontrar ali, mas depois foi tudo perfeito, o hotel, as facilidades do entorno, fui à lavanderia, à catedral (estonteante, por sinal), meditei no banco da praça, jantei num restaurante argentino, comi bem e pude escolher uma opção diferente de gastronomia. Se estiver enjoado do menu do peregrino, em cidades maiores, você tem opções de lugares que servem outras culinárias — seja num bar, num restaurante, seja no hotel.

Há comidas típicas também (todas muito temperadas, mais pesadas e boas para combater o frio que faz na região):

- *Olla podrida*: guisado de cordeiro com chouriço e grão de bico.

- *Cojonudos*: servido como tapas (fatias de pão com chouriço e ovo frito).

- *Morcilla de Burgos*: embutido à base de carne de porco e cebola com sabor forte, diferenciado e um pouco adocicado.

- *Asados*: de leitão, cordeiro e cabrito (uma especialidade de Burgos)

- Sopas e guisados de carnes diversas.

Vale a pena chegar cedo a Burgos e passear pela cidade. Há muito para ver. Passear pelo centro histórico a pé é obrigatório, você verá praças, área verde, o rio Arlanzon e ainda tem uma lista de pontos turísticos interessantes pela redondeza:

- Castelo de Burgos;

- La Casa de Cultura de Gamonal;

- Arco de San Juan;

- Casa del Cordón;

- Igreja de São Lourenço; e

- Arco de Santa Maria.

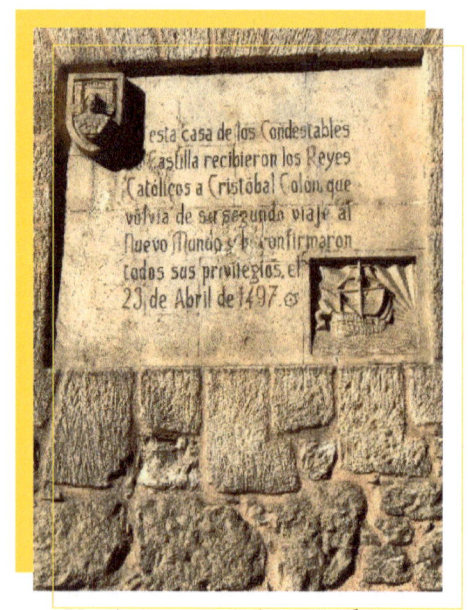

Você encontrará muita história em Burgos: monumentos e marcos importantes (como esse da época dos descobrimentos)

Atenção: Os hotéis mais baratos estão longe do centro e ficará difícil ir e voltar de lá, pela distância ou custo do táxi. O ideal é sempre ficar, no máximo, a 500 metros do centro histórico. Assim, você terá mais tempo para aproveitar. E saiba que, se tiver de usar os serviços de uma rodoviária ou estação de trem, elas estão distantes do centro.

A cidade estava cheia, com muitos turistas e moradores circulando. Aliás, nas cidades grandes ao longo do Caminho, você não identifica peregrinos e bicigrinos com tanta facilidade. Era um sábado e havia uma festa de rua. A noite, quando saí para jantar tomei uma garrafa de vinho.

Castelo em Burgos

Burgos é "grande" para os padrões do Caminho. Tem quase 180 mil habitantes[78], foi fundada como fortaleza em 884 d.C. e elevada à categoria de sede episcopal em 1024 d.C. A cidade foi sede do governo de Francisco Franco e é muito rica em arte gótica.

---

78 Disponível em: https://www.ine.es/nomen2/index.do?accion=busquedaAvanzada&entidad_amb=no&codProv=09&codMuni=59&codEC=0&codES=0&codNUC=0&denominacion_op=like&denominacion_txt=&L=0 .

A Catedral de Santa Maria de Burgos, ou simplesmente Catedral de Burgos —presença gótica marcante na cidade — teve sua construção iniciada no ano de 1221 e foi inspirada na Catedral de Notre Dame, de Paris, e na Catedral de Reims[79]. Em 1984, foi declarada Patrimônio da Humanidade pela Unesco. É considerada uma das dez mais bonitas do mundo, com a de León e a de Santiago de Compostela. Paga-se 5 euros para entrar.

A famosa catedral de Burgos

Perto dali, numa aldeia chamada Vivar, nasceu uma das figuras mais míticas da história espanhola, Rodrigo Diaz de Vivar, depois conhecido como El Cid — o guerreiro mercenário que comandou a reconquista de Valência para os cristãos no século XI —, seus restos mortais estão na catedral e há uma estátua dele em uma das praças[80].

---

79 Para mais detalhes, acesse: https://www.passaportecompimenta.com/burgos/ .
80 Para saber mais, visite: https://www.viagemeturismo.abril.com.br/cidades/burgos/ .

O rio Arlanzón, que passa por Burgos

Apesar da beleza da cidade, tenho alguns pontos fracos a comentar: é difícil de entrar e de se achar. Foi a única cidade de todo o Caminho onde não encontrei alguém com boa vontade para ajudar com informações. Não é como em León, onde logo na chegada há um centro de informações ao peregrino/bicigrino que nos recepcione e ajude com tudo do que precisarmos saber. Não fui maltratado, mas senti um clima frio, distante. Ouvi outros relatos de pessoas que se perderam lá.

No entanto, vale a pena, se der, reservar um dia inteiro para conhecer a cidade. Ela parece ter uma luz diferente... na chegada à tarde e na saída logo cedo. Eu não vi uma nuvem sequer no céu enquanto estive lá, tudo era brilho da luz solar.

Diário de bordo

6º dia: 15.09.2018

Trecho: Villafranca Montes de Oca a Burgos

→ Quilômetros pedalados: 41 km (grau de dificuldade: moderado).

→ Melhor via: na subida até Alto de Valbuena, siga pela A-12 e dali em diante siga sempre pelo Caminho.

→ Tempo gasto: 6 horas, incluindo as paradas.

→ Hotel em Burgos: hotel Cordon/La Puebla 6. Burgos é uma cidade grande e tem dezenas de hotéis e muitos albergues. Procure com calma.

→ Restaurantes: por ser uma cidade turística de grande porte, existem dezenas de bons restaurantes e a procura em um *site*, como o TripAdvisor, pode ser muito divertida. Comer perto do hotel pode ser uma ótima opção.

→ Facilidades: farmácias, supermercados, correios, ponto de ônibus, centro de informações ao peregrino, hospitais, museus, lavanderias, bicicletarias, estação de trem.

TRECHO 7 – BURGOS A CASTROJERIZ

Na saída de Burgos, vê-se uma estátua de um peregrino com expressão sofrida, indicativa do que viria pela frente.

São dias duros para o peregrino que segue a pé, muita terra batida e pedrinhas que entram nas botas. Encontrei nessa região muita gente com pé machucado.

Estátua de peregrino

Para mim, foi um dia curto (40 km), contudo, um dos mais difíceis de todo o Caminho (de sol, calor, um "retão" plano sem nada). Nesse dia contei três traços de nuvens no céu. No verão, deve ser inviável fazer esse trecho durante o dia.

À noite a temperatura cai um pouco e fica quase agradável.

O bicigrino precisa seguir pelo Caminho... a estrada está muito distante. Recomendo que você faça o trecho da Meseta praticamente inteiro pelo Caminho. Há poucas paradas e pouco para ver. São apenas cinco cidadelas pequenas com quase nada de infraestrutura, uma delas tem uma farmácia — Pardaroz, a 6 km de Burgos. Por isso, você precisa levar muita água, frutas e usar protetor solar, pois pegará muito sol e calor pela frente.

Nesse trecho, a falta de árvores, de um lugar para se refrescar, de uma sombra sequer já nos faz sentir cansaço em boa parte do tempo.

A paisagem da Meseta

Antes da chegada à Castrojeriz, visite, se puder, a Igreja de Santa Maria del Manzano (do século XIII), já na cidade, a Igreja de Santo Domingo (do século XVI) e a Igreja de San Juan de los Caballeros, mas a melhor surpresa mesmo está a 6 km da cidade. Você não espera ver algo assim numa cidade pequena: o monastério de San Antón[81], construído em 1146 d.C. por Afonso VII, rei e imperador de Castella, e instalado para dar apoio

---
81   Saiba mais em: https://www.traveler.es/naturaleza/articulos/ruinas-del-monasterio-
-de-san-anton-castrojeriz-parada-mas-bonita-del-camino-de-santiago-burgos/14864 .

aos peregrinos. Nesse monastério operava-se a cura do "mal do fogo"[82], doença que causa tremenda queimação, contraída em decorrência de intoxicação com o esporão do centeio, um fungo encontrado comumente no centeio e em outros cereais.

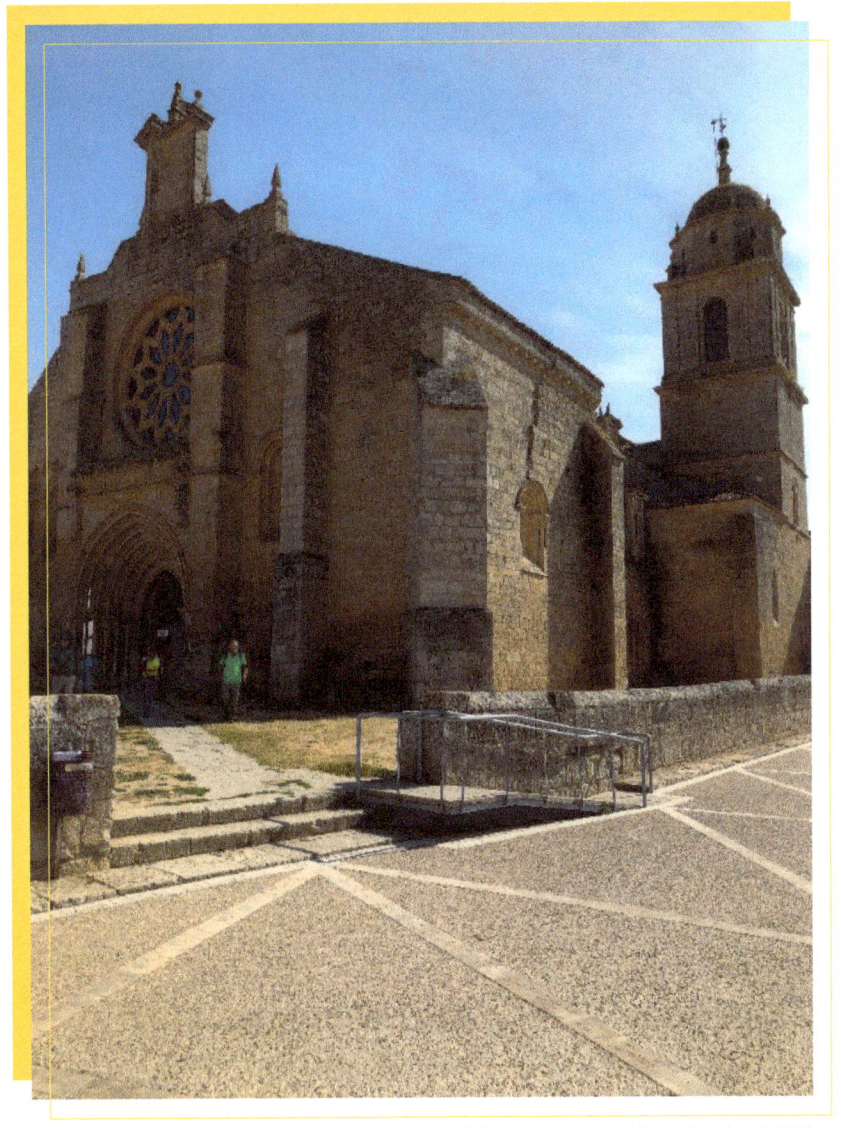

A belíssima igreja de Santa Maria del Manzano (do século XIII)

---

82 Para mais detalhes, visite: http://www.cremesp.org.br/pdfs/eventos/eve_24092013 _091459_Fogo%20Sagrado.pdf .

Se der tempo, visite as ruínas do Castelo de Castrojeriz que fica à leste da entrada da cidade, mas você terá de enfrentar uma subida, o que depois da pedalada até a cidade pode ser muito cansativo. Eu não fui!

As ruínas do Castelo de Castrojeriz, que fica à leste da entrada da cidade

Depois, ao chegar à cidade, que é encantadora, aconchegante e fica no alto do morro, escolha uma de suas bodegas e visite suas ruelas e vilas medievais. Apesar de pequena (aproximadamente 790 habitantes), Castrojeriz[83] tem alguma coisa para ver e fazer.

---

83 Para mais informações, acesse: https://www.ine.es/nomen2/index.do?accion=busquedaAvanzada&entidad_amb=no&codProv=09&codMuni=91&codEC=0&codES=0&codNUC=0&denominacion_op=like&denominacion_txt=&L=0 .

No local onde me hospedei, uma pousada encantadora, ofereceram-me um *upgrade* de somente 6 euros, eu nem pensei duas vezes, foi outra boa surpresa... Meu quarto tinha uma vista espetacular para o planalto. Esther, a proprietária, tratou-me de forma muito atenciosa e gentil.

Vista do quarto do meu hotel: a Emebed Pousada

Eu consegui ir à missa na Igreja de Santo Domingo e fazer um lanche rápido num bar próximo à pousada, até que meu quarto ficasse pronto. Jantei na pousada, onde me prepararam um menu especial de peregrino (acho que gostaram de mim). A entrada foi presunto cru e aspargos e o prato principal frango e *champignons*. Tomei vinho branco para acompanhar. Existem também alguns bons restaurantes nos albergues: El Puntido, Bar-Hostal el Manzano, Casa Cordon, Bar e Restaurante El Jardin, todos oferecem comida espanhola mediterrânea.

Castrojeriz é uma cidade toda em pedra e muitas igrejas para visitar

Castrojeriz com seus calçamentos de pedras

Diário de bordo

7º dia: 16.09.2018

Trecho: Burgos a Castrojeriz

→ Quilômetros pedalados: 43 km

→ Melhor via: Caminho (grau de dificuldade: moderado).

→ Tempo gasto: 6 horas no total, incluindo as paradas para descansar e hidratar.

→ Hotel em Castrojeriz: Emebed Pousada – Plaza Mayor 5, mas existem outras opções entre hotéis, pousadas e albergues num raio de 1 km do centro.

→ Restaurante: apesar de ser uma cidade bem pequena, ela tem várias opções, entre elas Casa Cordon, Pizzaria El Fuero, El Meson, La Taberna, além de outros localizados em albergues e pousadas. Vale aqui uma nota: ao longo do Caminho, é comum haver peregrinos fazendo refeições em hotéis, pousadas e albergues, mesmo não estando ali hospedados, ao menos nas cidades menores. É uma espécie de cortesia para com o peregrino ao longo do Caminho.

→ Facilidades: farmácias, mercados, correios, ponto de ônibus, centro de informações ao peregrino, hospitais, museus, lavanderias, bicicletarias, estação de trem.

TRECHO 8 – CASTROJERIZ A CARRIÓN DE LOS CONDES

Depois de cruzar as rodovias BU-404/405 e BU-400 e atravessar o Rio Odrilla, chega-se a uma estrada de cascalho que se confunde com uma antiga estrada romana e, em seguida, vem uma subida curta, mas puxada

(18% de inclinação em terra e cascalho) até o Alto de Mostelares, o topo da montanha e parada obrigatória para apreciar a vista maravilhosa, tirar fotos e descansar depois da subida. Lá de cima pode se ver o amanhecer e avistar Castrojeriz. Não vi o sol nascer ali. Parti antes do amanhecer, mas valeu a foto.

Dica: saia cedo e veja o nascer do dia do alto da montanha.

Vista deslumbrante do Alto de Mostelares

E deixe lá sua marca gravada!

Então, vem a seguir um trecho enorme (enorme mesmo) de Meseta.

Nesse dia, vi muita gente parada e com pé machucado, passando pomada.

São trechos com muitas pedrinhas no sapato, literalmente. Para o bicigrino todo o trecho de Meseta é menos ruim do que para o peregrino, mas é claro que você precisa ter atenção. É um lugar com maior risco de furar os pneus, mesmo da *mountain bike*. O nível de aderência em terra batida é diferente daquele em cimento ou no asfalto. Então, seja mais cuidadoso, afinal também pode escorregar mais.

O maior problema da Meseta não é o calor em si, mas a exposição constante ao sol. Não há árvores nem florestas para proporcionar uma sombra pequena que seja. Fiquei pensando que seria assustador pegar a Meseta num dia de chuva, não há um único lugar para se proteger. Além disso, para o bicigrino, as pedrinhas voam e podem bater nas costas. Cheguei muito sujo nesse dia.

A Meseta não é brincadeira!

Novamente à noite há queda de temperatura, mas não precisei dormir com cobertor. Também não usei ar-condicionado nas cidades mais quentes. Tudo tem justamente a ver com a época na qual você decidir viajar.

Até Fromista (767 habitantes)[84], que fica a mais ou menos a 23 km para frente de Castrojeriz, não existe opção de estradas, mas, de lá até Carrión de los Condes, o Caminho segue colado na interestadual P-980, que pode ser uma alternativa. O Caminho é bem mais tranquilo, aliás parte desse trecho pode ser feito de barco, onde há as eclusas na entrada da cidade de Fromista. Eu não o fiz, mas é convidativo.

O Caminho de barco e as eclusas em Fromista

Apesar de pequena, Fromista tem todas as facilidades, parei para tomar um refrigerante. Se der, conheça a Igreja de San Martin de Tours, a Igreja de San Pedro e a eclusa quádrupla na entrada da cidade, passando sobre o canal de Castilla, e a Igreja de San Miguel. Na minha próxima vez, essa será uma das cidades escolhidas para pernoitar.

---

84 Veja mais informações em: https://www.ine.es/nomen2/index.do?accion=busquedaAvanzada&entidad_amb=no&codProv=34&codMuni=74&codEC=0&codES=0&-codNUC=0&denominacion_op=like&denominacion_txt=&L=0 .

O trecho total é longo. Foi um dos que mais gostei porque a saída é linda, mesmo eu tendo deixado o hotel muito cedo, aí vem a subida forte. Até ali é lindo, mas depois peguei poeira o tempo todo, mesmo sem vento.

Acabei chegando a Carrión de los Condes (2.069 habitantes) no meio da tarde. A cidade é muito charmosa.

Fiquei num hotel simples, sem serviços (não tinha porteiro nem recepcionista — uma pessoa veio de fora apenas para deixar a chave do quarto, no qual não havia água nem geladeira —, pelo menos o quarto estava arrumado) e sem refeição. Não recomendo, este é o segundo hotel que menos gostei em toda a viagem. Apesar de tudo isso, tinha uma linda vista para a praça e sua localização era ótima.

Nesse dia, almocei *bocadillo* de presunto *crudo*, *papas bravas* e tomei uma cerveja. Descansei e às 18 horas deixei o hotel para passear. Fui a um parque e visitei as igrejas.

O rio Carrión corta a parte de trás da cidade e vale uma caminhada pelas suas margens. Ele é grande e tangencia o lado leste.

Os pontos turísticos são: a Plaza Mayor, a Igreja e Museu de Santiago, Igreja de Santa Maria del Camino, Ermita de la Vera Cruz e a imponente Igreja de San Andrés. Acabei não visitando sequer um museu nas cidades em que passei, mas recomendo, se você tiver tempo, pois a história das regiões do Caminho é muito rica.

Também aproveitei para comprar meu segundo passaporte. Na loja encontrei três brasileiros, um deles caminhava 50 km por dia, e jantamos juntos num hostal. A comida típica da região é a paleta de cordeiro assada em forno a lenha, mas não comemos porque dependia de encomenda antecipada. Até hoje tenho água na boca ao pensar nesse prato típico, quando voltar lá vou provar com certeza!

Parque localizado às margens do rio Carrión

Plaza Mayor

Diário de bordo

8º dia: 17.09.2018

Trecho: Castrojeriz a Carrión de los Condes

→ Quilômetros pedalados: 43 km (grau de dificuldade: moderado).

→ Melhor via: P-980 e Caminho.

→ Tempo gasto: pouco mais de 5 horas e meia.

→ Hotel em Carrion: Hostal Plaza Mayor.

→ Restaurantes: La Cerve café, El Bar de Pichi, Meson, El Porton, Hostal Plaza Mayor e La Corte.

→ Facilidades: farmácia e mercado.

TRECHO 9 – CARRIÓN DE LOS CONDES A EL BURGO RANERO

Como no hotel onde fiquei não havia nenhum serviço, no dia seguinte. esperei a padaria que ficava bem embaixo da pousada abrir para comer e beber alguma coisa, pois, no dia e na noite anterior, senti falta de água, mesmo tendo comprado uma garrafa que levei para o quarto.

Dica: em todas as cidades pequenas, você entra por um lado e sai pelo outro. É fácil seguir, pois é por dentro das cidades e há várias indicações com as setas. Nas maiores, porém, não é tão simples. Por isso, fique atento para não se perder.

Comi uma fruta e comprei um garrafão de água para encher as minhas garrafinhas, fechei o quarto e deixei a chave perto da porta. Alguém pegaria mais tarde.

Carrión é quase na metade do Caminho. Estava eufórico. Percebi que, desde Pamplona, tudo flui numa curva crescente: há cada vez mais lugares bonitos e coisas interessantes para ver. Era tudo muito mágico.

Estava bem escuro, aliás, a cada dia ficava mais escuro pela manhã. A saída de Carrión não oferece dificuldades nem belezas. Seria um trecho bem longo. Estava me preparando para encontrar meu primo em León e precisei fazer mais de 60 km nesse dia.

Até Bercianos del Real Camino (554 habitantes), são doze lugarejos e pequenos pontos de parada, se você puder e tiver tempo: aproveite!

O Caminho é muito plano e com várias pequenas cidades bem simpáticas nesse trecho. Vale passear, parar, rezar, carimbar e meditar — Ledigos (66 habitantes[85]), Terradillos de los Templanários, San Nicolás del Real Camino (onde é imperdível a visita à Ermita Virgen del Puente — igreja antes de Bercianos) e a imprescindível Sahagún — cidade como as outras, pequena, mas muito charmosa.

Parei em Sahágun (2.493 habitantes), acima de tudo, pelo marco histórico (aqui chegamos à metade do Caminho), mas eu pouco sabia sobre essa localidade. Dei sorte de "esbarrar" com um casal de brasileiros. Ele é carioca e torcedor do fluminense, como eu — o que o fez me chamar ao ver minha bandeira pendurada na bicicleta quando estacionei num bar para um refresco —, e ela, paulista. Esse casal me deu a dica de como chegar ao local para pegar o certificado de metade do Caminho percorrido.

---

85 Veja mais informações no *link*: https://www.ine.es/nomen2/index.do?accion=busquedaAvanzada&entidad_amb=no&codProv=34&codMuni=94&codEC=0&codES=0&codNUC=0&denominacion_op=like&denominacion_txt=&L=0 .

Marco indicativo de metade do Caminho na cidade de Sahagún

Fiquei muito feliz porque eu não esperava e por me sentir como se realmente fizesse parte do Caminho. Chegando ao Santuário de la Peregrina de Sahagún — antigo Convento de San Francisco, um local um pouco fora do Caminho —, vivi uma sensação muito agradável: dentro da igreja há uma maquete e um marco que descrevem o centro geográfico do Caminho, mostrei minha credencial com os carimbos e ganhei meu certificado.

Santuário de la Peregrina de Sahagún (antigo Convento de San Francisco): pegue aqui o seu certificado de metade do Caminho percorrido

Dicas:

→ se seguir direto pelo Caminho, você passará por Sahágun, mas se tiver ido pela N-120 não, pois a estrada passa ao largo;

→ e pouquíssimos *sites* e livros falam desse certificado, já o mencionei no capítulo 15, que trata dos símbolos do Caminho.

Durante a época medieval, Sahágun foi a segunda maior cidade da região, depois de León, e o local onde o rei Afonso VI foi educado (século XII). Próximo ao rio Cea, existe um monumento em homenagem ao meio do Caminho

Outros pontos a visitar em Sahágun, se tiver tempo, já que o Caminho é bem longo:

→ Convento de las Madres Benedictinas;

→ Igreja de La Trinidad;

→ Igreja de San Juan de Sahágun;

→ Igreja de San Lourenzo (século XIII);

→ Igreja de Tirso.

Assim, nesse dia meu itinerário foi: o primeiro trecho de Carrión a Ledigos, que fiz pelo Caminho; depois peguei a estrada interestadual (N-120), que vai colada ao Caminho, bem como a autopista A-231, e de volta ao Caminho até Sahágun; seguindo pelo Caminho, fui até Berciano; por fim, segui mais 16 km até El Burgo pela autoestrada.

Antes de chegar a Bercianos, visitei também a Ermita de la Virgen de Perales.

No fim das contas, eu deveria ter parado em Sahágun, não o fiz porque havia me informado antes e parecia que El Burgo (715 habitantes) também tinha alguma estrutura, mas isso não era verdade. Era um embuste, cidade minúscula com tudo concentrado ao redor de um posto de gasolina e com vários caminhões parados.

Apesar de El Burgo não valer a pena, avistei os ninhos de
cegonhas vazios no alto da igreja

Uma cidadela sem nenhum atrativo, era mais uma passagem do que qualquer outra coisa. O problema é que parar em Bercianos também não era uma opção, visto que tinha menos estrutura ainda.

Dica: se fizer esse trecho, escolha passar a noite em Sahagún: primeiro porque vai pedalar menos nesse dia, somente 40 km, e lá é mais bem estruturado do que El Burgo, há muita coisa para fazer. No dia seguinte, serão mais 57 km até León, nada que um bom bicigrino já calejado não possa fazer.

Eu me hospedei num hotel de beira de estrada e, pela primeira vez, fiquei preocupado pois a minha bagagem ainda não estava lá quando cheguei e demorou muito para entregarem, mas acabou dando tudo certo.

O jantar podia ser no Albergue Municipal San Bartolomé ou na Hospedaria El Nogal (esta foi a minha opção). Vi muitos peregrinos se preparando para chegar a León no dia seguinte.

Foi um dia de muito sol, por sorte, em uma temperatura agradável.

Diário de bordo

9º dia: 18.09.2018

Trecho: Carrión de los Condes a El Burgo Ranero

→ Quilômetros pedalados: 61 km (grau de dificuldade: moderado).

→ Melhor via: N-120 e Caminho.

→ Tempo gasto: mais de 5 horas, mas fiz uma parada longa em Sahagún.

→ Hotel em El Burgo Ranero: hotel Castillo El Burgo, que fica num posto de gasolina à esquerda do Caminho e à beira da A-231.

→ Restaurantes: apenas os que já mencionei acima nos albergues.

→ Facilidades: dois albergues, umas poucas bodegas e um grande posto de gasolina com muitos serviços.

TRECHO 10 – EL BURGO RANERO A LEÓN

Foi um dia de trecho curto e especial —meu último dia sozinho. Eu estava ansioso, acordei às 4 horas da manhã. "Minha vida" no Caminho certamente ia mudar...

Demorei a sair da cidade, pois o café da manhã do hotel seria servido apenas às 8h30, desisti de tomar lá e fui a outro local. Segui pelo Caminho até Reliegos (220 habitantes). Não há alternativa, e a autopista A-231 vai logo se afastando do Caminho. Depois continuei no Caminho, mas a partir de Mansilla de las Mulas, e daí até Burgos foram mais 18 km, com o Caminho seguindo paralelo à rodovia N-601 e um pouco adiante pela autopista A-60. Eu optei pela autopista porque queria ir mais depressa para ter tempo de conhecer a cidade de León antes de o meu primo chegar.

Em Mansilla de las Mulas, cidadela fortificada no século XII, há alguns dos muros com até 14 m de altura e dois portais que ainda resistem ao tempo. Vale uma parada rápida para subir as muradas e também depois conhecer as igrejas de Santa Maria e San Martin, bem como a Casa de Cultura — antigo Convento de San Agustín. Eu tinha tempo e fiz todos esses passeios.

O trecho todo até León é quase plano e eu o fiz realmente muito depressa. Cheguei cedo, perto do meio-dia. Meu primo chegaria apenas às 17 horas.

A entrada em León é bem difícil, mas a cidade recepciona o peregrino e o bicigrino com muito carinho e atenção. Existe uma barraca de "proteção civil ao peregrino" na chegada com mapas e informações diversas da cidade. Para mim foi ótimo, pois eu queria dica de lavanderia e bicicletaria (loja do Ramón), e eles me mostraram as duas indicações, perto do hotel.

Serviço de recepção para peregrinos e bicigrinos na entrada de Léon

Fui fazer o *check-in* no hotel, que era excelente e bem localizado: atrás da Catedral. Quarto confortável, bom café da manhã e bom "estacionamento" para as bicicletas.

Depois, desci sem me trocar com toda roupa suja que estava nos alforges para a lavanderia, fui até a bicicletaria do Ramón, deixei a *bike* para manutenção, fui para um bar próximo. Enquanto eu tomava cerveja e fazia um lanche, o Ramón cuidava da *bike*. Era fim de semana e, mesmo assim, ele foi supergentil e fez um excelente serviço. Eu prometi para o Ramón que, se um dia eu escrevesse este livro, falaria dele. Promessa cumprida! Comprei lembrancinhas em forma de bicicleta na loja dele, inclusive.

Quando voltei ao hotel, tinha outra bicicleta me esperando lá, era a do meu primo. Ele teria de arrumar os acessórios que estavam na caixa.

Ramón cuidando da minha bike

León foi uma cidade romana nos séculos II e III, e muitas de suas muradas ainda permanecem de pé. Tão logo tomei banho e comi um *bocadillo*, fui visitar La Catedral de Santa María de León. Ela é simplesmente de cair o queixo. Eu, que já visitei igrejas no mundo todo, não posso deixar de afirmar que é uma das mais belas de todas em que já entrei. Ela é conhecida por La Pulchra Lonina, foi construída entre os séculos XIII e XIV e foi declarada em 1844 como o primeiro monumento nacional de Espanha.[86]

---

86 Para saber mais, visite: https://www.destinocastillayleon.es/index/pulchra-leonina/ .

Estive lá cedo antes de o meu primo chegar e retornei no final do dia com ele. Lindas estátuas, vitrais e entrada suntuosa valem cada centavo de euro. Uma das catedrais com mais vitrais que jamais vi. Descobri recentemente que alguns achavam que a catedral não pararia em pé por não ter estrutura suficiente para seus muitos vitrais... ela é menor que a Catedral de Burgos, mas é conhecida pelos vitrais; do lado de fora, parece a de Notre Dame. A entrada custa 6 euros e, como sou apaixonado por igrejas, não me incomodei em voltar a visitá-la à noite com o meu primo, quando ela está toda iluminada, nem tive de pagar de novo.

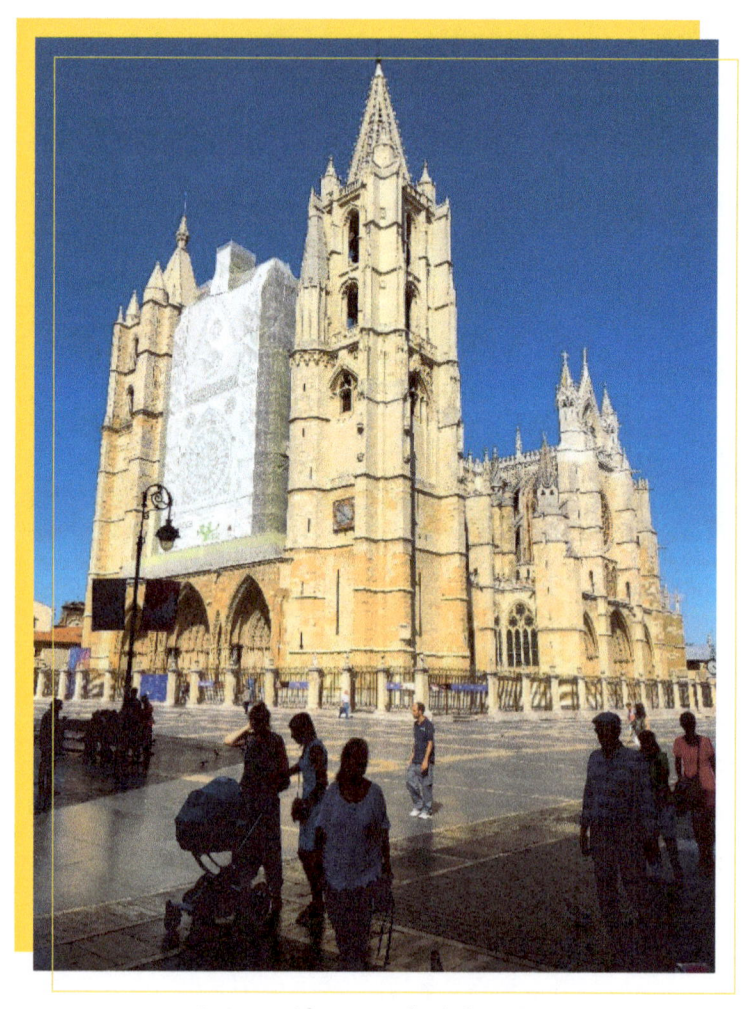

A magnífica catedral de Léon

Os vitrais da catedral são incríveis

A cidade tem mais de 124 mil habitantes e ainda estava bem cheia. Ela também é uma cidade universitária. O centro parece o de Pamplona, com calçamento largo.

Depois de passear, finalmente me preparei para encontrar meu primo. E então fiz novo passeio com ele. Nesse dia, para comemorar a chegada dele, não comemos o menu do peregrino. Jantamos em um restaurante turístico, comemos uma salada gigante com frutos do mar e depois uma carne. Eram 19 horas. Terminado o jantar, voltamos para o hotel passando pela Catedral.

> **Dica**: um ditado da região diz que apenas o chocolate e a *morcilla a la plancha* de León, esta última acompanhada de arroz, cebolas ou batatas, são tão bons quanto o sexo. Não experimentei, apesar da fama.

É difícil escolher o que e onde comer, são muitas opções, mas minha dica é: escolha algum lugar no bairro de Húmedo, pois ali a noite ferve. O bairro está nas cercanias da cidade velha e é lotado de bares, restaurantes e boa comida local. Eu não fui, não tinha tempo e precisava dormir cedo.

Outros lugares para visitar na cidade:

→ Casa de Botines em estilo gótico com arquitetura do catalão Gaudi.

→ Botillo del Bierzo.

E outros pratos para experimentar, que também não tive oportunidade: *ancas de rana a la banezana, bacalao al ajo, sopas de truchas e o cocido maragato*. Este último experimentei em outra cidade e darei mais detalhes adiante.

Resumo do dia: foi um dia bastante positivo para mim, rendeu, cuidei das roupas, da *bike* e meu primo chegou.

O ENCONTRO COM MEU PRIMO

Ele chegou de trem e fui encontrá-lo na estação, que, aliás, é distante. Ela é pequena, mas bem arrumada.

Eu estava feliz porque ele tinha chegado e por ter alguém para contar as histórias vividas até ali, para dividir a mesa e o pedal. Ah, meu primo tem nome, ele se chama Mário Uchôa

Percebi que ele estava vivendo a minha ansiedade de mais de 400 km antes. Além do que, eu estava nitidamente diferente: mais bronzeado, mais magro e barbado, ele se surpreendeu...

Ele simplesmente foi para o Caminho confiando em mim. Foi parar no meu plano, não sabia um nome de hotel, foi totalmente às cegas. Eu planejei tudo.

Ele é meu primo de terceiro grau, passamos a conviver no Rio depois de anos distantes e construímos nossa amizade ao longo dos últimos anos. Somos muito diferentes, mas compartilhamos dos mesmos valores de vida e família. Valeu a pena sua companhia, mesmo ele tendo chegado ao hotel e perguntado: "Onde está o controle remoto?". E eu não via TV desde o início da viagem.

Eu havia pensado em ficar mais um dia em León, mas não ficamos, pois meu primo chegou com vontade de pedalar...

Diário de bordo

10º dia: 19.09.2018

Trecho: El Burgo Ranero a León

→ Quilômetros pedalados: trecho curto: 42 km (grau de dificuldade: fácil).

→ Melhor via: N-601, A-60 e Caminho.

> → Tempo gasto: 4h30, com paradas.
>
> → Hotel: FC Infanta de León (quatro estrelas).
>
> → Restaurante: várias opções de gastronomia.
>
> → Facilidades: farmácias, supermercados, correios, ponto de ônibus, centro de informações ao peregrino, hospitais, museus, lavanderias, bicicletarias, estação de trem.

TRECHO 11 – LEÓN A ASTORGA

A saída de León é muito linda e passa ao lado do rio Bernesga, mas logo se torna complicada e com muito trânsito até passarmos pelo caminho do aeroporto, margeando a N-120 e a LE-20/AP-71, que são duas opções caóticas ao Caminho. Não nos perdemos porque o aeroporto fica o tempo todo à nossa direita em qualquer das opções e é uma referência muito boa.

O Caminho fica colado na estrada secundária, depois ainda tem um trevo, bem complicado, com uma autopista por cima e outra por baixo. Nós fomos pela estrada. Preferi assim, pois era o primeiro dia do meu primo e era longo... Eu estava cansado também.

Após Villadangos del Páramo (1.132 habitantes), o Caminho segue margeado pela N-120 até próximo ao Hospital de Órbigo (998 habitantes) — visita obrigatória.

Lá há uma linda igreja e uma incrível ponte romana de 200 m de comprimento com 20 arcos sobre o rio Órbigo — La Puente del Passo Honroso, uma das pontes romanas mais bem conservadas do mundo, toda em pedra, até o calçamento.

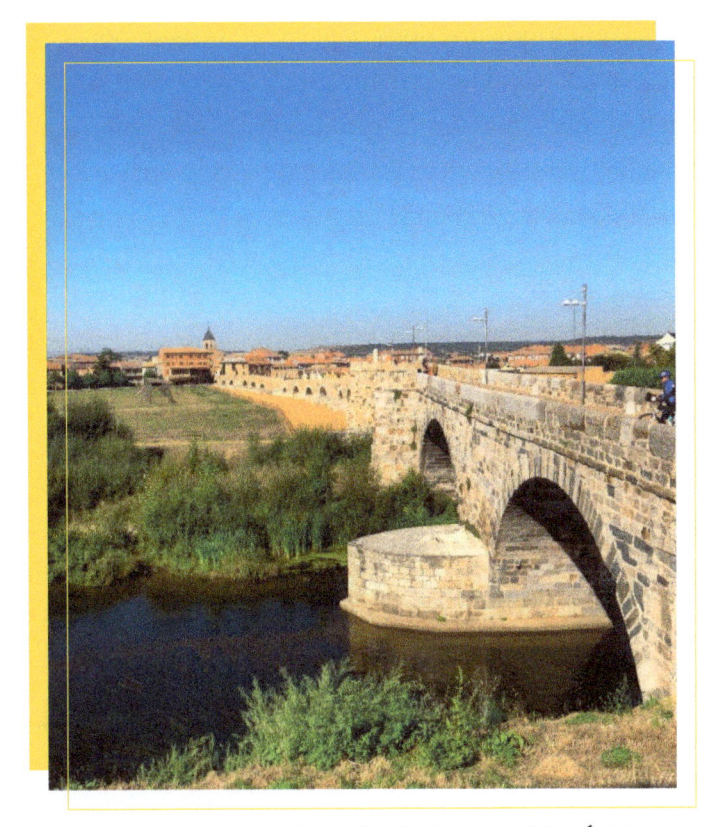

Ponte romana na chegada de Hospital de Órbigo

Se você seguir pela estrada N-120, ela passa à esquerda dessa cidade, e você pode perder o que é mais uma das joias do Caminho. Depois da Ponte Viejo (que é plana e grande), há outra ponte que sobe e desce (Órbigo ou Paso Honroso), e nesse ponto é a entrada da cidade. Ponte famosa pelas lutas medievais de época. Até hoje fazem festas anuais em homenagem às lutas ocorridas na ponte.

As pequenas ruas da cidade são todas de paralelepípedos e a cidadela é ideal para um lanche ou café. Está a 32 km de León.

Vi muitos ciclistas por lá.

Na saída, tomamos um refrigerante, viramos à direita e logo depois à esquerda. A saída é confusa e nos perdemos. A estradinha se confunde com a LE-420, e andamos um bom pedaço. Percebi, depois de um tempo, que tinha algo errado e peguei o mapa, vi a placa de São Feliz de Órbigo e constatei que realmente havíamos errado. Voltamos (uns 10 minutos) até encontrar a saída correta e então fomos até Astorga direto pelo Caminho. Há muitos vilarejos nesse trecho tranquilo e quase todo plano.

Ao chegar a Astorga, almoçamos num restaurante turístico de frente para a praça principal e nos juntamos a um grupo de mais 7 brasileiros ciclistas, de lugares variados: Campos, João Pessoa, Curitiba…

Almoço com grupo de brasileiros

Dessa vez, escolhemos algo melhor para comer — um peixe especial. Depois fomos para o hotel, tomamos banho, descansamos durante a tarde. Saímos para uma caminhada e jantamos uma *pizza*, eu e meu primo apenas.

Ele estava MORTO… me seguiu muito, pedalou na minha cola. Eu o ajudei a dosar as energias, fazer as paradas, dar o norte da velocidade. Não mudei meu ritmo de viagem. Ele curtiu bastante. Quando voltamos ao hotel, ele apagou.

O Caminho nesse dia foi muito plano, com algumas pequenas subidas e descidas, mas o trecho era bem longo — 50 km viajando pelo Caminho, mas, como alternamos com estrada e nos perdemos, acabamos pedalando quase 60 km.

Ao longo de todo o percurso até Astorga ainda passamos por algumas cruzes, cada qual representando um marco espiritual — Cruz de Valle e Cruceiro Toribio. A chegada a Astorga é quase triunfal, após passar por uma ponte medieval sobre o rio Tuerto, mas com uma bela ladeira para entrar na cidade. As pernas já não aguentavam mais.

Astorga, algumas vezes chamada a capital do Maragato (pouco mais de 10.800 habitantes), foi um acampamento militar romano no século 1 a.C., tornando-se importante sede episcopal a partir de 3 d.C. e aos poucos ocupando seu espaço no Caminho de Santiago de Compostela.

Que cidade! Adorei ter parado e descansado lá, eu a escolhi a dedo. Astorga foi a única cidade que escolhi ficar por dois dias. Se eu pudesse teria ficado também dois dias em Pamplona, Burgos e León.

O hotel também era muito charmoso, pequeno, tinha no máximo oito quartos. Também não servia café da manhã, tinha *self-service* de café e chá, e a bicicleta ficou na loja da proprietária do hotel, que vendia cristais, inimaginável. Do quarto dava para ver a catedral de Astorga, tudo extremamente silencioso.

O DIA SEGUINTE E O PASSEIO EM ASTORGA

Acordamos tarde, saímos e fomos colocar o hodômetro com velocímetro na bicicleta do meu primo. Voltamos, deixamos as *bikes* no hotel e fomos passear a pé: na Catedral e depois no Palácio Episcopal. Dedicamos nosso tempo a ele — ficamos três horas lá.

A Catedral de Astorga — do século XV, é dedicada à Santa Maria — com uma arquitetura entre o gótico e neoclássico, passando pelo renascimento e barroco, tem lindos e imponentes arcos em seu interior.

Vista do quarto de nosso hotel das torres da Catedral

O Palácio Episcopal, projetado em estilo modernista e neogótico por Gaudi, atualmente abriga o Museu de los Caminos, que conta com uma incrível coleção religiosa dedicada ao Caminho e ainda com incríveis muradas do lado de fora. Mesmo que você decida não ficar em Astorga, como foi o nosso caso, sugiro e recomendo muito que conheça esse Palácio — é muito especial.

O Palácio Episcopal e a Catedral lado a lado

Fomos almoçar depois das 14 horas, não tinha ninguém no local, somente nós e o proprietário. O restaurante era magnífico e comemos finalmente o famoso *cocido maragato*...

Sabíamos que existia esse prato, mas não sabíamos que era típico de Astorga, e numa loja nos informamos do melhor restaurante: Las Termas. Fizemos ali certamente uma das melhores refeições de todo o percurso. O *cocido maragato* conta com carnes diversas, linguiças, grão-de-bico, massas, repolho — uma refeição dos deuses. Falei desse e de outros pratos no capítulo 12. Para completar a refeição, havia vinho, água, pão e ela terminava com um doce. Tudo por 20 euros por pessoa. Foi uma experiência incrível!

Voltamos para o hotel depois das 17 horas, após uma andada pela cidade, e apagamos. À noite tinha esfriado, saímos do hotel para comer algo bem depressa e voltamos para dormir, pois o dia seguinte seria pesado.

Eu e meu primo com o proprietário do restaurante Las Termas

Além dos locais que sugeri, se você tiver tempo, visite também:

→ Praça da Catedral com vários restaurantes e bares;

→ Museu Romano;

→ Museu do Chocolate.

Astorga é uma cidade maravilhosa e um excelente passeio pelo Caminho.

Diário de bordo

11º dia: 20.09.2018

Trecho: León a Astorga

→ Quilômetros pedalados: 60 km (grau de dificuldade: moderado).

→ Melhor via: Caminho e rodovias alternativas, mas como é bastante plano não tem problema ir pelo Caminho.

→ Tempo gasto: 6 horas, incluindo paradas e confusão na saída de Órbigo.

→ Hotel em Astorga: El Descanso de Wendy.

→ Restaurante: várias opções de gastronomia.

→ Facilidades: farmácias, supermercados, correios, ponto de ônibus, centro de informações ao peregrino, hospitais, museus, lavanderias, bicicletarias, estação de trem

TRECHO 12 – ASTORGA A MOLINASECA

Esse foi nosso primeiro dia de viagem com um pouco de frio — saímos de casaco, meias grossas e bandana —, algo em torno de 10 °C. Fazia sentido a queda de temperatura, afinal era o segundo dia do outono.

A saída de Astorga foi fácil. Eram 8h10, alternamos entre o Caminho e a estrada, que é bem fajuta, quase apenas uma rota asfaltada (LE-142), passamos primeiro por Rabanal del Camino (63 habitantes). Deu vontade de conhecer, mas não foi dessa vez. Dizem que na missa de lá, numa igrejinha minúscula, tem cantos gregorianos em latim.

Depois passamos por Foncebadón, um antigo povoado hoje reduzido apenas a ruinas, onde você ainda encontra um pequeno albergue e nada mais. Nossas energias estavam concentradas em chegar à Cruz de Ferro. De Rabanal até lá o trecho mais difícil — subida de quase 400 m em 7 km. Desde Rabanal, fomos alternando entre o Caminho e a estrada que fica ao lado, a LE-142.

A Cruz de Ferro está a 1.504 m de altitude e são quase 700 m de altimetria a partir de Astorga. Um dos pontos mais altos do Caminho. Sobre um monte de pedras está fincada uma pequena Cruz de Ferro, presa no alto de um tronco de madeira de uns 5 m de altura. Não se sabe a data em que foi colocada ali, há muitas histórias sobre ela[87].

---
87 Saiba mais em: http://www.oswaldobuzzo.com.br/artigos/foncebadon-e-a-cruz-de-ferro .

A famosa Cruz de Ferro é um dos principais marcos do Caminho

Enfim, chegamos a ela. Ficamos quase uma hora lá, tiramos muitas fotos, cumprimos alguns rituais, o céu estava lindo, as imagens dizem tudo. Em algumas fotos, é possível ver as gotículas de orvalho passando por dentro do calor, isso dá o efeito de raio de luz, formando desenhos. Quando chegamos, eu já havia tirado o casaco e a bandana.

Com certeza, é uma das lembranças mais fortes da viagem para mim, muito mais do que O Cebreiro, afinal não é uma cidade, mas uma localidade.

Fiz meu ritual com as bandeiras, deixei a do Brasil e a do Fluminense. Também deixei uma pedra que peguei ao longo do Caminho. Seguindo a tradição de deixar uma pedra para pedir proteção durante o resto da viagem, como relatei no capítulo 14.

Coloquei a bandeira do meu querido FLU na Cruz de Ferro

A minha impressão é a de que em O Cebreiro há muita representação do nosso mundo consumista e, na Cruz de Ferro, não. Lá tudo é paz e silêncio. A Cruz falou fundo comigo. Ela é especial para peregrinos e bicigrinos, pois é um lugar só nosso. Talvez seja um lugar tão ermo como o Alto do Perdón, por onde eu não passei por isso não sei comparar.

Peregrinos e bicigrinos, ao longo do tempo, construíram rituais e trazem muita energia boa para o local. O lugar é um símbolo da nossa devoção, esforço e coragem em fazer o Caminho.

Ela é um marco único, ou você passa ou você passa... um lugar onde me senti magicamente atraído, espiritualmente tomado e me emocionei muito. A vista é bonita, mas o que nos marca mesmo é a Cruz e nossa concentração em fazer nossos pedidos e agradecimentos. Mesmo com todo o seu simbolismo, a Cruz de Ferro é a Cruz de Ferro e ponto. Ela pode ter muitas histórias, mas, acima de tudo, ela é uma Cruz.

O acesso é viável (do lado da estrada) e ela está ali de pé há muito tempo.

Para refrescar, e ainda margeando a LE-142, percorremos uma descida muito forte desde Callado de las Antenas, que fica a 4 km da Cruz até Molinaseca.

Como eu havia lido num livro sobre o Caminho, a descida parece um enorme tobogã sem fim! Essa é a conhecida "Descida da Morte" com várias cruzes de bicigrinos, que se acidentaram ao longo da estrada, e há até um mausoléu do ciclista. São quase 15 km de descida e é impossível não se empolgar pela vista maravilhosa e pela sensação deliciosa que é o vento no rosto — desça com CUIDADO —, mas aproveite!

Pense que, se os freios falharem ou se você passar em cima de algum defeito na pista, poderá sofrer um acidente. Não se desconcentre. Foi ali que eu estourei meus freios. Chegamos a 60 km/h nas *bikes* (meu primo foi até mais depressa). Há muitas curvas, é lindo, na estrada asfaltada, meu primo até desapareceu à minha frente. Descemos só no freio... eu pensava que, se ele perdesse o controle, ia cair no meio do nada e sumir, ninguém o acharia. Quando nos encontramos, eu disse a ele que não fizesse mais isso, que o ideal seria mantermos uma distância máxima de uns 40 m a 50 m para nos ajudarmos, em caso de acidente ou algum outro problema com as bicicletas.

Ao chegar a Molinaseca, você dá de cara com uma pequena cidade que se parece com uma das muitas da região serrana do Rio de Janeiro, mas você chega a ela passando sobre uma pequena ponte romana e o rio Meruelo.

Ponte romana e praia fluvial na entrada da cidade de Molinaseca

A maioria dos peregrinos não para ali, preferindo seguir até Ponferrada (outra linda cidade de que falarei a respeito depois e para onde certamente quero voltar), mas Molinaseca foi uma grata surpresa para nós.

Inicialmente, íamos parar em Ponferrada, 8 km adiante, mas depois optamos por Molinaseca (872 habitantes), por causa da região dos bosques, e não nos arrependemos. O dia de pedalada com a passagem pela Cruz de Ferro é muito puxado. Faz parte das decisões do Caminho, das escolhas, porém desse trecho para a frente nem todas as cidades são tão bonitas assim ou guardam algo especial, elas são basicamente dormitórios (com exceção de Sárria e Portomarín).

Naquela época do ano, o rio Meruelo forma na cidade uma linda praia fluvial com um gramado ao lado. A prefeitura construiu um dique, assim as pessoas nadam no rio e depois voltam e tomam sol. Há escadas como as de piscina para descer no rio. Meu primo aproveitou bem essa "praia", enquanto eu fui andar.

Para mim, o que melhor a descreve é "cidade enfeitada", com suas ruelas e casinhas de pedra com jardineiras nas janelas. Fiz até um quadro de uma das minhas fotos dessa cena. Um amigo meu, que é pintor — Ricardo Ardente —, de quem sou fã e tenho mais outros dois quadros em casa, retratou exatamente o que estava na minha foto. Hoje o quadro está emoldurado e pendurado na parede de casa.

Nosso hotel na cidade era simples — colado na rua e de frente para o rio —com um café da manhã simples, caseiro e delicioso. Fomos muito bem tratados por uma moça espanhola, que desceu com as duas bicicletas sozinha por uma escada grande, colocou nossas garrafas de água na geladeira, foi um anjo com a gente. O anjo tinha nome, Ana.

Pela Calle Real Camino de Santiago (uma charmosa rua de pedras) chega-se ao Crucero del Santo Cristo na praça de mesmo nome, passando antes pela Plaza del Rollo, na sequência avistamos mais um monumento ao peregrino na confluência com a Calle Manuel Fraga Iribame.

Na entrada da cidade não deixe de visitar a Igreja de San Nicolas de Bari, que fica bem ao lado esquerdo da entrada, após a Puente de Los Peregrinos.

A cidade conta com alguns restaurantes gostosos à beira do rio, como Puente Romana, El Palacio ou Casa Marco. Meu primo e eu jantamos por lá. Ele, assim como eu, é um bom garfo e para mim uma excelente companhia.

Diário de bordo

12º dia: 21.09.2018

Trecho: Astorga a Molinaseca

→ Quilômetros pedalados: 45 km (grau de dificuldade: desafiador).

→ Melhor via: LE-142 e Caminho.

→ Tempo gasto: quase 6 horas com paradas e pedaladas.

→ Hotel em Molinaseca: The Way Hotel

→ Restaurante: algumas poucas e boas opções de gastronomia local e bares em frente ao rio.

→ Facilidades: farmácias, supermercados, correios, ponto de ônibus, centro de informações ao peregrino, museus, lavanderias, bicicletaria, estação de trem.

DEPOIMENTO DE MÁRIO UCHÔA, DO RIO DE JANEIRO – PRIMO E COMPANHEIRO NA VIAGEM

O Caminho de Compostela é fruto de muito planejamento e preparação. Confesso que somente me engajei nesse projeto de vida após pedalar com Jorge com frequência em nossa cidade, o Rio de Janeiro, vários quilômetros durante aproximadamente mais de dois anos. Foi uma excelente oportunidade que encontrei de, em meio a tanto estresse envolvido no meu trabalho, ter um tempo para dedicar a mim mesmo, para buscar algo melhor para o meu intelecto e bem-estar.

E foi assim, que ganhei através dessa oportunidade, e pelo fato de ter alguém especial, que já havia planejado e detalhado a viagem, uma programação com quem viria a compartilhar alguns dias no Caminho de Santiago. Em 18 de setembro de 2018, eu me engajei no Caminho, encontrando meu primo em León, no fim da tarde, depois de chegar em Madri e pegar um trem até lá. E partimos no dia seguinte em direção a Santiago de Compostela.

Um dos dias mais marcantes da viagem foi quando passamos na Cruz de Ferro, um centenário marco do Caminho. Ao chegarmos lá de *bike*, havia muita gente reverenciando esse marco, inclusive um peregrino fazendo voos de drone para passar a sensação aérea do local. Lá, fiz a minha torre de pedra e, seguindo a tradição de deixar objetos, deixei uma pedra que havia levado comigo. E como não poderia deixar de ser, tanto eu como Jorge, tiramos fotos com a bandeira do Botafogo e do Fluminense, nossos times do coração. Após a Cruz, partimos e chegamos na encantadora cidade de Molinaseca, um local lindo com uma ponte de pedra e restaurantes à beira do rio que corta a cidade. Depois de nos instalarmos no The Way Hotel e deixarmos as bicicletas, fomos passear e tive vontade de entrar e dar um mergulho nas gélidas, mas revigorantes, águas límpidas do rio Meruelo, próximas a Puente Romana. A paisagem do local é, na minha memória, uma das mais belas imagens que eu tive no Caminho e me recordo tal como se fosse hoje.

Outro momento muito especial de minha viagem foi em 24 setembro de 2018, depois de deixarmos para trás O Cebreiro, um símbolo entre os mais intrigantes da nossa viagem. Localizado no topo de uma serra, numa altitude de mais de 1.300 m, foi um Caminho árduo até chegarmos lá. Depois tivemos uma descida até o Alto de San Roque, mas foi na subida logo a seguir que algo diferente aconteceu, pois, em uma de minhas paradas para beber água e respirar um pouco daqueles ares tão especiais, eu me dei conta de que tinha perdido os meus óculos escuros. Comentei com o Jorge que os havia perdido no Caminho, resolvi voltar na estrada difícil da subida e acabei encontrando, graças ao reflexo no asfalto, os meus óculos... fiquei feliz, eles tinham sido presente de minha querida esposa, antes de viajar. Logo reencontrei Jorge, que continuou a subida, e tomamos um refrigerante numa bodega em Alto do Poio, 1,5 km acima, pouco antes de pegarmos uma outra descida bastante radical (depois daquela da Cruz de Ferro) até chegar em Triacastela. Que sensação maravilhosa a de ter aquele visual lindo e o vento batendo no meu rosto com força, num dia de sol maravilhoso.

Fiquei aguardando o meu primo e somente na entrada de Triacastela é que nos encontramos, após ficar alguns minutos esperando. Triacastela é um modesto povoado, bem encrustado em um vale e agora estávamos a pouco mais de 100 km do nosso objetivo final.

A você, Jorge, meu primo e irmão, meu agradecimento pelos vários bons momentos que passamos juntos e pela oportunidade de me engajar dentro de seu plano, do qual tive a felicidade de compartilhar. Certamente, foi uma formidável oportunidade de estarmos juntos e também de eu poder reavaliar muitos valores, na busca dos maiores significados pessoais, e de maior espiritualidade para a minha vida.

Depois deste longo capítulo sobre a região de Castilla y León, no próximo, entraremos na última região do Caminho, a Galícia (Galiza). Então, estaremos a seis dias de pedal de Santiago de Compostela. Prepare-se!

DIZEM QUE "QUEM NÃO FOI ATÉ O CEBREIRO NÃO FEZ O CAMINHO". NÃO IMPORTA O QUE DIGAM NEM TODAS AS DIFICULDADES POR QUE PASSAMOS, SUBIR O CEBREIRO É UM MARCO PARA QUALQUER PEREGRINO E BICIGRINO. DÁ PARA ENCARAR SE ESTIVER BEM-PREPARADO, A VISTA DA MONTANHA, DAS FLORESTAS E DOS VALES É LINDA, FAZ JUS AO DESAFIO…

Capítulo 21

A REGIÃO DA GALÍCIA

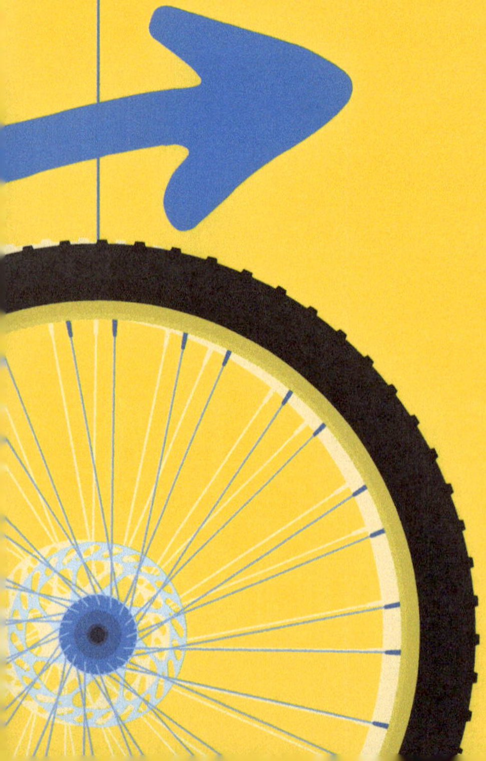

TRECHO 13 – MOLINASECA A VEGA DE VALCARCE

Foi tranquilo sair de Molinaseca: seguimos por dentro da pequena cidade e no final, depois de uma leve saída à direita, já estávamos de volta ao Caminho.

Até Ponferrada, o Caminho segue paralelo a uma pequena estrada em boa parte do trajeto, a mesma LE-142, e vai assim nos primeiros 31 km até Villafranca del Bierzo num trecho de poucas e pequenas subidas e descidas. De lá até Vega, podemos escolher estrada batida, estrada comum ou autopista, que seguem a rota do Caminho e são próximas dele. As várias alternativas são: NVI, A-6, 405, além do Caminho.

Há até um momento em que essas vias estão coladas no Caminho, quase se confundem. Fomos trocando, ora íamos pelo Caminho, ora pela estrada e ora pela autopista para podermos passar nas cidades.

A cidade mais interessante deste trecho é Ponferrada (cerca de 5 mil habitantes[88]). Como mencionei no capítulo anterior, eu queria ter ficado lá, mas acabei mudando a programação. Por isso, recomendo fortemente: passe a noite em Molinaseca (é menor, mais bucólica e sossegada), mas chegue cedo, se possível ainda no começo da tarde, assim dá tempo de esticar até Ponferrada, conhecer a cidade e voltar para Molinaseca. São só 8 km de distância.

---

88 Para mais informações, acesso o *link*: https://www.ine.es/buscar/searchResults.do?Menu_botonBuscador=&searchType=DEF_SEARCH&startat=0&L=0&searchString=Ponferrada .

Há muita coisa para conhecer em Ponferrada:

→ Castillo de los Templários (um castelo de 8 mil m²);

→ La Fabrica de Luz, que é o Museu de Energia;

→ Museo de la Radio;

→ Monastério de San Pedro de Montes;

→ Basílica Nuesta Señora de la Encina;

→ Torre del Reloj;

→ Além de suas ruas e passagens em estilo medieval.

Se ficar mais tempo por lá, visite Las Médulas[89] — paisagem de terra vermelha e laranja.

Castelo dos Templários em Ponferrada

---

89 Saiba mais em: https://www.viajarentreviagens.pt/espanha/las-medulas-ponferrada/ .

Eu acabei passando rapidamente apenas, sem descer da *bike*, e já fiquei encantado. É uma questão de escolha, se optar por ficar em Ponferrada, perderá o banho fluvial de Molinaseca e todo o seu charme.

Dizem também que Villafranca del Bierzo (cerca de 3 mil habitantes[90]) é a melhor parada antes do desafio para O Cebreiro no dia seguinte. Devido ao planejamento que tracei, acabei optando por ficar um pouco mais à frente, em Vega de Valcarce (apenas 606 habitantes[91]), uma pequena cidade sem nada para ver.

Fazia um calor infernal nesse dia, mas por sorte ficamos num hotel que era uma casa rural (Pandelo), onde fomos carinhosamente recebidos pela proprietária e ficamos num quarto com varanda, lavamos roupa e descansamos depois de uns *bocadillos* e cerveja.

Conversei com peregrinos e bicigrinos depois e cheguei à conclusão de que Villafranca del Bierzo é uma opção melhor, pois tem mais ofertas de hospedagem e restaurantes. Eu parei apenas para comer lá.

Por sorte em Vega, encontramos um casal de amigos da minha irmã. Eles estavam fazendo o Caminho a pé e hospedados no Albergue do Brasil, um albergue privado que pertence a Bráulio e a esposa. Ele montou o local depois de fazer o Caminho e nunca mais saiu de lá. A esposa estava viajando, e não a conhecemos.

Lá tivemos um autêntico jantar brasileiro com direito a feijão e cerveja. Bráulio cozinhou tudo sozinho e não quis cobrar. Lavamos a louça e deixamos uma doação de 20 euros cada. Outra coisa legal de lá é que eles têm dois carimbos, um tradicional e um de cera. Eu fiz questão de ter o carimbo especial de cera. É o único carimbo diferente do meu passaporte.

---

90 Para mais informações, acesse: https://www.ine.es/nomen2/index.do?accion=busquedaAvanzada&entidad_amb=no&codProv=24&codMuni=209&codEC=0&codES=0&codNUC=0&denominacion_op=like&denominacion_txt=&L=0 .

91 Para mais informações, acesse: https://www.ine.es/nomen2/index.do?accion=busquedaAvanzada&entidad_amb=no&codProv=24&codMuni=198&codEC=0&codES=0&codNUC=0&denominacion_op=like&denominacion_txt=&L=0 .

Albergue do Brasil

Recomendo o albergue deles para quem ficar em Vega, é muito ajeitadinho, tem até um pátio de terra com mesa para jantar fora, que foi onde ficamos durante o jantar.

Foi muita coincidência, minha irmã me ligou para ver se estávamos na mesma região e, no final, estávamos exatamente na mesma cidade e nosso hotel ficava próximo do albergue. Fomos a pé. Foi a primeira e única vez que usei minha lanterna militar, pois na volta estava escuro.

Não teríamos nada para fazer na cidade e acabamos tendo uma noite muito agradável. Essas são as bênçãos do Caminho.

Existe um lugar para visitar em Vega de Valcarce, chamado Castelo de Sarracin[92], que se enxerga a distância, mas fica numa parte muito alta da cidade e não é recomendado subir de bicicleta, quem sabe da próxima vez eu vá até lá a pé.

---

92 Para saber mais, acesse: http://www.manuelgago.org/blog/2008/04/07/facer-un-alto-no-castelo-de-sarracin/ .

Carimbo especial de cera do Albergue do Brasil

Informações sobre o Castelo de Sarracin

Casa rural Pandelo: a pousada onde nos hospedamos em Veja de Valcarce

Diário de bordo

13º dia: 22.09.2018

Trecho: Molinaseca a Vega de Valcarce

→ Quilômetros pedalados: 49 km (grau de dificuldade: fácil).

→ Melhor via: Caminho e vias NVI, A-6 e 405.

→ Tempo gasto: 5 horas.

→ Hotel em Vega: Casa Rural Pandelo.

→ Restaurante: o do Albergue Brasil.

→ Facilidades: bar, farmácia, ponto de ônibus e apoio ao peregrino.

TRECHO 14 – VEGA DE VALCARCE A TRIACASTELA PELO O CEBREIRO

Era chegado mais um momento importante do Caminho: a temida subida de O Cebreiro. O lugarejo é chamado oficialmente de Pedrafita do Cebreiro e tem cerca de mil habitantes[93].

Saímos de Vega bem cedo, seriam quase 13 km de subida e colocamos as "magrelas" na estrada de terra. Até Las Herrerías e um pouco mais adiante, é possível ir pela estrada N-VI ou pelo Caminho. Se estiver chovendo ou se tiver chovido, não vá pelo Caminho. Se estiver muito seco, então, prepare-se porque o trecho inteiro é de muita terra batida e poeira, além de buracos e pedras. Em outros trechos encontramos peregrinos experientes que nos disseram ser impossível chegar a O Cebreiro pelo Caminho de *bike*. Nós fomos. Em Pamplona conheci um espanhol que me garantiu que eu não ia passar pela subida de O Cebreiro via o Caminho, recomendando que eu fosse pela estrada. Qual seria a graça? Foi aí que me senti desafiado e fiz acontecer a minha subida pelo Caminho.

Pedalamos até Las Herrerías, a 4 km de Vega de Valcarce. Depois disso, fomos alternando — pedalando um pouco e empurrando a *bike* até La Faba, quase 3 km de subida. De lá em diante, foram mais 5,5 km passando por La Laguna, somente empurrei, empurrava 500 metros e parava, bebia algo, conversava, descansava e voltava a empurrar... literalmente, arrastei a bicicleta nesse trecho. Levamos três horas para fazer todo o percurso.

As mudanças de altitude seguiram esta sequência: em Vega, era de 63 m, em La Faba, distante 6,5 km, 900 m, e dali para a frente uma subida muito íngreme igual à da inclinação da Vista Chinesa, no Rio de Janeiro, com mais de 16%.

---

93 Acesse: https://www.ine.es/buscar/searchResults.do?Menu_botonBuscador=&searchType=DEF_SEARCH&startat=0&L=0&searchString=O%20Cebreiro .

O Caminho para O Cebreiro é bem desafiador e tem uma vista estonteante

São 2,7 km até La Laguna a 1.200 m e depois mais 2,8 km até O Cebreiro, localizado a 1.330 m. Tudo no meio de terra, pedras e buracos. Impossível pedalar. Resultado: empurramos as *bikes* morro acima, enfrentando todos os terrenos. Foi um esforço incrível, mas chegamos. Acredito que em dias de chuva ou com terreno muito molhado seja praticamente impossível subir com *bikes* nesse trecho. O problema é que, se você for pela estrada a partir de Las Herrerías, não vai direto até O Cebreiro e precisa voltar um pedaço. Essa seria a única opção em dias de chuva.

Você acha que já chegou ao alto da montanha, mas ainda tem o Alto do Poio, localizado a 10 km de O Cebreiro, então, quando chega lá é possível pedalar pela estrada vicinal L-1633.

Depois de O Cebreiro, há mais subida até o Alto do Poio

Podemos dizer que La Laguna, Las Herrerías e La Faba são apenas pontos no mapa, localidades minúsculas, sem nenhum atrativo especial.

Já O Cebreiro é passagem obrigatória, não tem como evitar. Se você optar por uma das três estradas disponíveis, dará uma volta gigante, e elas são todas distantes umas das outras. Portanto, se não for pelo Caminho nesse trecho, você se afastará de O Cebreiro. A partir de lá, há uma vicinal.

A chegada em O Cebreiro não foi tão emocionante como a da Cruz de Ferro. Havia muita gente, muitos ônibus de turismo, muitos brasileiros, muitas lojas... Eu gostei da pequena Igreja de Santa María La Real. Dizem até que o cálice do Santo Graal[94] esteve nessa igreja de O Cebreiro durante alguns séculos.

Chegada a O Cebreiro num lindo dia de sol

Outro encanto de lá são as *pallozas* e as *calzadas*. A origem dessa região se deu com os Celtas, que deixaram como herança as *pallozas*, construções circulares, feitas de pedra e teto de palha, a inclinação dessas casas é perfeita para suportar o peso da neve e os fortes ventos da montanha. Depois dos Celtas, já na época do império romano, parte do itinerário das *calzadas* romanas — caminhos de pedra que ligavam toda a Europa com intuito de facilitar o comércio e o escoamento de suas produções — passavam por lá.

---

94 Saiba mais em: https://www.caminhosperegrinos.com.br/a-lenda-do-cebreiro--caminho-de-santiago/ .

Locais para visitar em O Cebreiro:

→ Museu Etnográfico: com mobiliário e utensílios domésticos antigos, onde é possível entender como viviam os povos antigos nessa região tão hostil. Entrada gratuita.

→ Igreja Santa María La Real del Cebreiro: construída na Idade Média e reconstruída depois de ser destruída no século XIX. Tem esse nome por ter sido declarada santuário de proteção real. Lá estão expostos o cálice e a patena do milagre, o relicário doado pelos reis católicos, o sepulcro dos protagonistas do milagre e o túmulo do padre Elías Valiña.

A pequena igreja de Santa María La Real del Cebreiro

No final O Cebreiro é um lugarejo turístico com um albergue apenas, não tem farmácia, mas há birô de informações ao peregrino, lojas e muitos restaurantes. Tem também um pátio de estacionamento gigante.

> **Atenção:** no Booking, eles colocam O Cebreiro em todas as hospedagens, pois classificam por região, mas nem todas ficam em O Cebreiro mesmo, mas sim em La Laguna.

Vale contar a história das setas amarelas, visto que elas têm relação direta com O Cebreiro.

Em meados da década de 1980, o Caminho de Santiago foi redescoberto como itinerário no contexto do turismo cultural e religioso europeu, e até mesmo mundial, pois o centro histórico da cidade de Santiago de Compostela foi declarado Patrimônio da Humanidade pela Unesco[95]. As recém-criadas "comunidades autônomas" (Navarra, Aragão, Astúrias, Castilla e Galiza), que datam de 1978 e por onde o Caminho Francês passa, uniram esforços para sinalizar os roteiros com azulejos em que se encontravam desenhados a vieira de Santiago. O problema é que os peregrinos levavam os azulejos como *recuerdo*, deixando longos trechos do Caminho sem sinalização, o que dificultava, e muito, a viagem para todos os viajantes.

Nessa mesma época, o então pároco de O Cebreiro, Elías Valiña, já falamos dele no capítulo dos símbolos, restaurou esse pequeno povoado e criou o Museu Etnográfico. O padre Elías resolveu também estudar os antigos documentos para saber qual seria o traçado original do Caminho e teve a ideia de sinalizar toda a rota até Santiago, partindo da França, de acordo com suas descobertas passando pelo O Cebreiro. Dizem que ele foi a pessoa que inventou as setas amarelas, que pegou uma lata de tinta e

---

95 Para saber mais, acesse: https://www.caminodesantiago.gal/pt/descubra/origens-e--evolucao/de-fenomeno-religioso-a-experiencia-cultural .

saiu pintando setas por todo o Caminho. Portanto, é a ele que você tem de agradecer em suas orações, por conseguir chegar a Santiago sem se perder.

Dizem que "Quem não foi até O Cebreiro não fez o Caminho". Não importa o que digam nem todas as dificuldades por que passamos, subir O Cebreiro é um marco para qualquer peregrino e bicigrino. Dá para encarar se estiver bem-preparado, a vista da montanha, das florestas e dos vales é linda, faz jus ao desafio...

Apesar disso, com certeza, não me tocou tanto quanto a Cruz de Ferro. Outra curiosidade: o tempo na região é muito traiçoeiro e li em vários livros que mencionavam a possibilidade de frio intenso e muita chuva. A nossa glória foi que viajamos num lindo dia de sol e calor. De qualquer maneira, deixe separados casaco e capa de chuva! Amigos peregrinos que estiveram em O Cebreiro com névoa e assistiram a uma missa lá me descreveram um local quase místico. Aliás, na missa, peregrinos e bicigrinos são convidados a ler um trecho em seu idioma de origem e ganham uma pedra de lá.

Novamente, são coisas do Caminho: impressões e vivências diferentes.

De lá estávamos a apenas 150 km de Santiago de Compostela.

Nossas dificuldades tinham acabado, mas estávamos bem cansados, havíamos feito menos de 13 km em mais de três horas e ainda havia muito pela frente. Então saímos do Caminho e seguimos pela rodovia LU-633, que nos levaria direto até Triacastela. Na descida fiquei quase sem freio.

Não voltamos mais ao Caminho, fomos pelo asfalto, via LU-633 por mais 13 km, desde o quilômetro 665. Era o quarto dia com o meu primo, ele teve uma vantagem: a *bike* dele era mais leve. Foi um dia para comemorar. Afinal, disseram que não íamos conseguir. E foi o dia mais difícil de todos.

Triacastela foi fundada no século IX, e todos os três castelos que dão nome à cidade foram construídos no século X e já foram destruídos. Nada mais resta deles.

A cidade é minúscula (cerca de 600 habitantes[96]). E o hotel (Casa Rural Olga) foi o pior de todos em que ficamos por sua localização e suas instalações, mas a parada ali foi providencial após um dia muito puxado. Nosso quarto ficava em frente a uma árvore frutífera, que atraía muitos mosquitos, tive de fechar janela, sem ar-condicionado. Cuidado ao se hospedar em locais rurais, a natureza nem sempre traz apenas as coisas belas.

Casa Rural Olga: a pousada na qual nos hospedamos em Triacastela

Não existem outras opções por perto e por essa razão a cidade é bem movimentada.

---

96 Para mais informações, acesse: https://www.ine.es/nomen2/index.do?accion=busquedaAvanzada&entidad_amb=no&codProv=27&codMuni=62&codEC=0&codES=0&codNUC=0&denominacion_op=like&denominacion_txt=&L=0 .

Apesar de tudo, a cidade tem seu charme, sugiro que visite a igreja de Santiago, um monumento aos peregrinos (com foto dos peregrinos) e o cemitério. Comemos num lugar simpático um polvo local cozido, muito saboroso, e bebemos um bom vinho branco da região. A cidade oferece muitos restaurantes localizados numa única ruela. Poucos são os pontos turísticos.

Ruela cheia de restaurantes em Triacastela

Reencontramos também uma peregrina lituana que conhecemos em O Cebreiro. Ela chegou só à noite, e jantamos juntos, andava uma média de 50 km por dia e carregava um livro de Medicina imenso na mochila, que mais parecia uma Bíblia. Para mim, aquilo era alguma penitência que ela não quis contar, carregando um peso enorme nas costas.

Diário de bordo

14º dia: 23.09.2018

Trecho: Vega de Valcarce a Triacastela

→ Quilômetros pedalados: 33 km (grau de dificuldade: desafiador).

→ Melhor via: Caminho e LU-633.

→ Tempo gasto: quase 5 horas.

→ Hotel em Triacastela: Casa Rural Olga, mas sugiro que procure outras opções.

→ Facilidades: restaurantes e bares, farmácia, ponto de ônibus e informação ao peregrino

TRECHO 15 – TRIACASTELA A PORTOMARÍN

No dia seguinte, seguimos margeando a estrada LU-633, alternando com o Caminho até Sárria, onde finalmente parei para trocar as pastilhas de freio de *bike*. Fui salvo pelo querido Ramon, da Ciclos Ramon, que ajustou meus dois freios, trocando as pastilhas traseiras. Sua loja fica logo na entrada da cidade.

Se você preferir pedalar pelo Caminho não é difícil, é um trecho relativamente plano e tranquilo.

No caminho até Sárria, passamos por uma encantadora vila — Samos — onde vale a visita ao monastério Beneditino.

Sárria (quase 13.500 habitantes[97]) é uma cidade de médio porte com diversas atrações para você conhecer:

---

97 Acesse: https://www.ine.es/nomen2/index.do?accion=busquedaAvanzada&entidad_amb=no&codProv=27&codMuni=57&codEC=0&codES=0&codNUC=0&denominacion_op=like&denominacion_txt=&L=0 .

- → Igreja de Santa Maria;
- → Igreja del Salvador;
- → Mosteiro de Santa Maria Madalena;
- → Fortaleza e Torres de Sarriá.

Trocando meus freios em Sárria

> **Curiosidade:** Nossa seleção canarinho de 1982 ficou hospedada em Sárria, e também foi em Sárria que perdemos a Copa daquele ano, para a seleção da Itália, episódio que ficou conhecido como a Tragédia do Sárria. Este foi um dos melhores times que tivemos e a derrota para a Itália (que acabaria sendo campeã) aconteceu em 5 de julho daquele ano e o jogador Paolo Rossi, até hoje, é o único a ter feito um *hat-trick* na seleção brasileira (três gols em um único jogo, "o truque do chapéu").

Sárria é também um ponto de muito interesse para os peregrinos já que dista 100 km de Compostela, a distância mínima para conseguir o certificado andando. No caso dos bicigrinos, isso se dá a 200 km, portanto em Molinaseca.

Sárria é uma charmosa cidade no meio de um vale

Então, a partir de Sárria, o Caminho fica muito cheio de peregrinos e as estradas que acompanham o Caminho passam a ser a opção mais lógica para "fugir" do movimento e do trânsito de pessoas.

De Sárria até Portomarín, não temos alternativa a não ser o Caminho ou a LU-633, mas ela está mais distante e somente se encontra com o Caminho na chegada a Portomarín. Nesse trecho, o Caminho é feito de pequenas subidas e descidas até A Brea e depois descendo até Portomarín.

No trajeto havia uns dez pequenos lugarejos, mas nada de especial para olhar, contudo, a chegada a Portomarín vale o visual. Primeiro, passamos por uma ponte nova de 300 m de extensão e bem alta até o pé de uma enorme escadaria (de *bike* podemos pegar a rua lateral) e a cidade fica toda no topo. Subimos de nível para ver a "nova cidade". É extremamente pitoresca.

Portomarín (cerca de 1.400 habitantes[98]) nasceu e cresceu junto a uma ponte romana (reconstruída na Idade Média) sobre o rio Miño, que mais parece um lago e não um rio de tão largo. O Miño é resultado da inundação causada pela represa construída alguns quilômetros abaixo.

A cidade ficava onde hoje existe o lago. Ela foi transferida para uma área mais alta por causa da construção da barragem. A igreja de San Nicolás (também conhecida como igreja de São João) foi levada da parte antiga para a parte mais alta, pedra a pedra, uma obra incrível. Ainda é possível ver nas pedras a numeração utilizada para a transposição.[99]

Há pouco para fazer lá, visitar as duas igrejas, andar pelas ruas calmas da cidade, que tem muitas pensões e albergues, afinal, como falamos, daqui para a frente serão centenas de peregrinos em busca do certificado.

---

98 Saiba mais em: https://www.ine.es/nomen2/index.do?accion=busquedaAvanzada&entidad_amb=no&codProv=27&codMuni=49&codEC=0&codES=0&codNUC=0&denominacion_op=like&denominacion_txt=&L=0 .
99 Saiba mais em: https://www.meuscaminhos.com.br/30a-etapa-sarria-a-portomarin/ .

Portomarín é uma cidade reconstruída no topo do morro

Assistimos à missa do peregrino antes do jantar. É um programa abençoado, pois costuma estar cheia de pessoas e de boa energia. Ao passear pela cidade, não deixe de voltar à escadaria da entrada, que os bicigrinos não precisam subir, mas vale a foto e até descer e subir para experimentar aquilo que os peregrinos andarilhos fizeram ao chegar. Passeamos pela praça no final da rua Compostela para conferir a fonte e o Cruzeiro (uma cruz sobre um pedestal) na Rúa do Pelegrin na esquina da Rúa de Deputacion.

Estando na cidade, apreciamos essa vista da região

    Ficamos hospedados no agradável Hostal Casa do Maestro, hotel novo, moderninho, com um pequeno jardim encantador e colado ao centro. Não foi barato, mas valeu a pena, recomendo muito.

Hostal Casa do Maestro

Pudemos pendurar as roupas do lado de fora do quarto e deixamos as bicicletas nos jardins. No dia seguinte descobrimos nosso erro: as *bikes* estavam encharcadas graças ao sereno da noite e nossos bancos muito molhados, e o pior é que estava frio na manhã seguinte.

Portomarín é uma pequena cidade com vários restaurantes, hotéis e tem uma vista linda da ponte. Com barquinhos "estacionados" ao longo do rio. Com cara e clima de cidade de porto. Tudo o que eu imaginava e mais um pouco.

Diário de bordo

15º dia: 24.09.2018

Trecho: Triacastela a Portomarín

→ Quilômetros pedalados: 43 km (grau de dificuldade: fácil).

> → Melhor via: LU-633 até Sarriá e depois siga pelo Caminho.
>
> → Tempo gasto: pouco mais de quatro horas.
>
> → Hotel em Portomarín: Hostal Casa de Maestro.
>
> → Restaurante: muitas opções turísticas e caseiras, localizadas na rua Compostela
>
> → Facilidades: lojas de *souvenirs*, informações ao peregrino, ponto de ônibus, farmácia e mercado.

TRECHO 16 – PORTOMARÍN A ARZÚA

Pois é, a saída foi com chuvisco pela primeira vez e com nossos bancos ainda molhados pelo sereno, com frio e vento. Usei o casaco de chuva também pela primeira vez. Por sorte, foi por pouco tempo. Tirei o casaco logo, mas começamos a pedalar com temperatura abaixo de 9 °C.

A saída de Portomarín é confusa, é como se fosse para trás. O Caminho e a estrada saem juntos. Subimos com chuva pela estrada até Palas de Rei, e dali em diante fomos pelo Caminho.

Seguimos pela LU-633 até o Hospital de la Cruz e dali até Palas de Rei existe uma estrada secundária que serve de alternativa ao Caminho. Pequena e asfaltada, ela vai ao lado do Caminho o tempo todo, a C-535 que é uma ótima opção. O Caminho fica muito cheio a partir desse trecho.

Passamos por microcidades, como Ligonde e Abenostre, sem lugar para comer, por isso não paramos. Esse trecho é o mais chato e sem graça da viagem inteira, e não vimos nada mais de vinhedos pela frente. Paramos somente em Palas de Rei, que é um pouco maior (mais de 3 mil habitantes[100]), tem albergue, farmácia, ponto de ônibus etc. e pudemos comer e ver a Igreja de San Tirso e a praça principal.

---

100   Saiba mais em: https://www.ine.es/nomen2/index.do?accion=busquedaAvanzada&entidad_amb=no&codProv=27&codMuni=40&codEC=0&codES=0&codNUC=0&denominacion_op=like&denominacion_txt=&L=0 .

Parada para relaxar em Palas de Rei

De Palas até Arzúa o Caminho vai margeando a autopista N-547 — ótima opção. Há muito sobe e desce nesse trecho que passa por Casanova e Melide antes de chegar a Arzúa. Apenas um lembrete: se você optar pela autopista, não passará por muitas das cidades do Caminho.

Depois de Melide, que é famosa pela origem do prato *pulpo de Melide*, que aliás não paramos para provar, passamos por Boente onde na pequena Igreja Paroquial de Santiago de Boente — conhecida por ser um marco da peregrinação, sempre aberta aos peregrinos — fomos benzidos por dois padres que ficaram impressionados com o fato de dois brasileiros estarem pedalando por lá.

Foi uma igreja que, para nós, surgiu do nada. Era toda pintadinha de branco, tinha várias entradas, uma estava fechada e na outra demos de cara com os padres.

Nessa pequena igreja é possível ver, assim como na Catedral de Compostela, Santiago representado em suas três formas: apóstolo, peregrino e cavaleiro.

A pequena Igreja Paroquial de Santiago de Boente

Saímos de Boente, que é mais uma passagem do que outra coisa, aliás nem consta no *site* do "IBGE espanhol", o INE, e fomos sem parar até Arzúa (pouco mais de 6 mil habitantes[101]), que é uma cidade com economia voltada aos laticínios e famosa por seu queijo DOP — denominação de origem protegida Arzúa-Ulloa — selo de garantia de qualidade e origem conferido pela União Europeia.

---

101 https://www.ine.es/nomen2/index.do?accion=busquedaAvanzada&entidad_amb=no&codProv=15&codMuni=6&codEC=0&codES=0&codNUC=0&denominacion_op=like&denominacion_txt=&L=0 .

O queijo conhecido por Arzúa-Ulloa[102] é proveniente do leite de vaca pasteurizado. Tem uma textura semicremosa, com aroma amanteigado e sabor levemente salgado. É um queijo de cor uniforme, amarelo-pálido, de aspecto brilhante, sem fendas. Envelhece de 15 dias a 4 meses, dependendo do produtor. Chama-se queijo de "pasta lavada" pois a massa entra em contato com a água durante sua elaboração.

Na Espanha existem mais de 190 tipos de queijo; é um país tradicional da queijaria europeia.

Por fim, a praça central de Arzúa tem uma estátua de um fabricante de queijos. Em março, ocorre um festival anual do queijo na cidade, e são vendidas mais de 100 mil unidades para mais de 40 mil visitantes (uma enormidade em comparação ao número de habitantes.

Arzúa também tem vários pequenos hotéis e pensões e muitos restaurantes com sua comida especializada em frutos do mar e laticínios. É reconhecida por seu turismo verde e paisagístico. Paramos em Arzúa e comemos queijo derretido com batata.

Pontos para visitar lá, mas passei somente no primeiro:

→ Igreja de Arzúa (no centro);

→ Capela de Madalena;

→ Cachoeira das Hortas.

Curiosidade: em Arzúa, o Caminho Francês se junta ao Caminho do Norte até Santiago de Compostela.

---

102   Veja mais informações em: http://www.sequetin.blogspot.com/2010/08/queijos-da-espanha-arzua-ulloa-e.html .

Depois de comer e passear um pouco pela cidade, tivemos de voltar quase uns 5 km, pois nosso hotel — Pensión Ribadiso — ficava em Ribadiso de Baixo, numa fazenda próxima ao Rio Isso, um lugar paradisíaco. Foi ótimo, que já estávamos alimentados e um pouco descansados.

Poderíamos até ter passeado a cavalo na fazenda e nos arredores de Ribadiso de Baixo. Havia gramados belíssimos. Foi muito bom porque conhecemos não somente Arzúa como seus arredores encantadores e não precisamos parar no dia seguinte, que seria o último. E nosso hotel, apesar de ficar numa área campestre, era excelente. Estava com a lotação completa.

Nosso hotel numa fazenda em Ribadiso

Ficar em Ribadiso de Baixo foi daqueles erros a que o Booking induz. Não foi um *insight* meu, mas um *outsight* do Booking. Eu achei que havia feito a reserva em Arzúa, mas adorei a surpresa. Quem fica hospedado em Arzúa não verá a lindíssima paisagem de seus arredores. A *bike* ficou na varanda do hotel solta, mas coberta.

Fui dormir com a distância "39 km para Santiago de Compostela" na cabeça. O fim do Caminho estava próximo.

Diário de bordo

16º dia: 25.09.2018

Trecho: Portomarín a Arzúa

→ Quilômetros pedalados: 58 km (grau de dificuldade: moderado longo, a essa altura em que você já está próximo do final do Caminho).

→ Melhor via: LU-633, C-535 e N-547. Não recomendo fazer esse trecho pelo Caminho porque ele está muito cheio.

→ Tempo gasto: 4h30.

→ Hotel em Arzúa: Pensión Ribadiso (fica em Ribadiso de Baixo).

→ Restaurante: Jantamos no restaurante do albergue Los Caminantes, que fica ao lado da pensão, e não conhecemos mais nada na cidade de Arzúa

→ Facilidades: em Ribadiso nenhuma, mas Arzúa tem tudo: farmácia, ponto de ônibus, apoio ao peregrino, restaurantes e hotéis, pensões e albergues

TRECHO 17 - ARZÚA A SANTIAGO

Mesmo sendo o último dia de pedaladas, mantive a rotina. Acordei do mesmo jeito, às 6 horas e meditei; o clima estava fresco.

Eu não estava ansioso e, sim, feliz por estar tão próximo de Santiago de Compostela. Tomamos um bom café da manhã e logo nos pusemos a pedalar pelo Caminho.

A saída de Ribadiso foi tranquila, fácil. Já estávamos na boca da estrada. Seguimos por lá quase 25 km dos 39 km. Um trecho plano com pequenos sobes e desces.

A partir de Arzúa, o Caminho segue ao lado da N-547 até o aeroporto de Santiago de Compostela (mais ou menos 25 km de distância) e ali você começa a sentir a sua chegada com placas que indicam quantos quilômetros faltam até o fim — trecho emocionante, apesar de cheio de peregrinos.

Paramos em Pedrouzo, colada ao aeroporto, para comer. Ela fica a 19 km depois de Arzúa e é uma cidade maior pela qual os peregrinos não passam por estar à margem da rodovia.

Em San Paio, entramos no Caminho — eram os últimos 14 km. Eu queria chegar por lá. Foi confuso achar o Caminho: saímos para esquerda, não nos perdemos, mas era tumultuado, havia muitos carros.

Na região do aeroporto tudo ficou ainda mais confuso, pois a N-547 encontra a N-634, e esta segue até Santiago. Nossa opção foi já seguir na estrada secundária que margeia o Caminho até a chegada ao Monte do Gozo.

A parte alta do Monte estava lotada, pois de lá se vê a Catedral de Santiago — faltavam apenas 4 km. Nesse ponto, o primeiro lugar de onde os peregrinos conseguem ver a Catedral de Compostela, foi construído um grande centro turístico com albergues e pensões de modo que os peregrinos pudessem pernoitar e chegar a Compostela triunfantes na manhã seguinte.

Monumento em Monte do Gozo

Dali até a cidade dá para sentir o clima e a euforia da chegada, mesmo ainda passando por morros pequenos e até íngremes. O Caminho desemboca na cidade, na área urbana estendida.

A chegada à cidade em si não teve nada de especial, mas senti um gostinho de vitória. O que se passa na mente e no corpo é um cansaço apaziguador. Tivemos de reduzir a velocidade, pois o local estava cheio de peregrinos.

Passando por uma das portas de acesso ao centro histórico, seguimos no sentido da Catedral e da cidade velha. Notamos os bicigrinos empurrando as bicicletas e achamos estranho, pulamos de nossas *bikes* e começamos a empurrar e somente então vimos uma placa enorme avisando que bicicletas não podem transitar dentro da área do centro histórico. Senti um pouco de frustração nesse momento. Fiz o Caminho inteiro de *bike* e tive que saltar dela justamente na chegada. Achei que entraria pedalando de forma triunfante com a minha Dorothy, porém ela foi arrastada no momento final da viagem. Tivemos que descer uma pequena escadaria com elas nas mãos. Até hoje lembro-me exatamente do momento em que desci da *bike* e tive de empurrá-la, tenho a imagem precisa dessa cena registrada.

E o mais curioso é que não li essa informação em nenhum guia nem *site* que consultei antes de ir, e ninguém me falou disso durante o Caminho inteiro.

Assim, a partir da avenida de Lugo via rua dos Cocheiros, que vira rua de San Pedro, entramos na cidade velha sem pedalar pela Porta do Caminho.

Então lá estava ela, a catedral na praça do Obradoiro, deslumbrante e fascinante. E você não está sozinho. Naquele momento você é apenas mais um comemorando sua conquista. Todo mundo andando de mochila, não é um número absurdo de pessoas, mas para quem pedalou em silêncio e percorreu trechos com um número mais modesto de gente, parecia uma multidão. A praça é grande demais, poucas pessoas por metro quadrado, e por isso há espaço à beça. São em torno de mil peregrinos e bicigrinos chegando a Santiago de Compostela por dia, uma cidade de quase 100 mil habitantes[103]. O tempo todo chegam pessoas.

Não encontramos pessoas que havíamos conhecido ao longo do Caminho, afinal chegamos em tempos distintos. E assim com a máxima de um torcedor que "só abraça um desconhecido para comemorar gol do seu time", abracei meu primo apenas, e nós também nos sentamos, deitamo-nos no chão da praça, tiramos fotos, muitas fotos, como todo mundo fazia ao nosso redor.

---

103   Veja mais informações em: https://www.ine.es/nomen2/index.do?accion=busquedaAvanzada&entidad_amb=no&codProv=15&codMuni=78&codEC=0&codES=0&codNUC=0&denominacion_op=like&denominacion_txt=&L=0 .

Nós e nossas companheiras conquistando Compostela na frente da famosíssima catedral

O nível da minha emoção diante da Catedral não foi tão alto como pensei, estava anestesiado e com o sentimento de dever cumprido. Essa "surpresa" de chegar a pé tirou um pouco de magia da chegada, que senti somente no dia seguinte, cumprindo os rituais de buscar o certificado e assistir à famosa missa do peregrino.

Depois disso, fomos diretamente para o hotel. Ficamos num hotel sensacional. Nós nos demos esse luxo, mesmo assim me arrependi de não ter ficado no Parador Hostal dos Reis Católicos (de los Reyes Catolicos)[104]. É o mais caro, luxuoso e famoso do Caminho todo. Se puder, fique lá. Não perca!

---

104   https://www.parador.es/es/paradores/parador-de-santiago-de-compostela .

Dever cumprido: marcação da quilometragem percorrida no hodômetro da minha bike

Diário de bordo

17º dia: 26.09.2018

Trecho: Arzúa a Santiago de Compostela

→ Quilômetros rodados: 39 km (grau de dificuldade: moderado).

→ Melhor via: N-547 até o aeroporto e, dali em diante, o Caminho.

→ Tempo gasto: 3h30.

→ Hotel: Hotel Compostela – Calle Horreo, nº 1.

→ Restaurante: há muitos e você encontra diferentes gastronomias.

→ Facilidades: todas.

Escrevendo este trecho, revivi cada momento do final da minha viagem.

Agora prepare-se, pois no capítulo seguinte conto tudo sobre a cidade de Santiago de Compostela.

Capítulo 22

O FIM DA VIAGEM E A CIDADE DE SANTIAGO DE COMPOSTELA

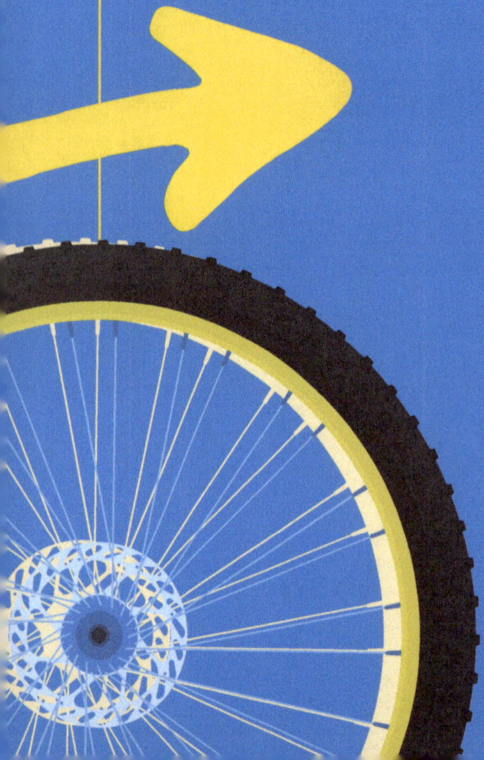

Chegamos à cidade e na frente da Catedral às 14 horas e depois daquele momento especial na Praça do Obradoiro, que descrevi no capítulo anterior, fomos nos ocupar do rito do final de viagem: limpar as bicicletas, verificar a chegada das malas, a caixa para guardar os alforjes, entre outras providências.

Seguimos para o hotel. Apesar de o centro histórico oferecer dezenas de opções de hospedagem, reservamos o Hotel Compostela (4 estrelas), que não ficava no centro histórico, mas era perto. Era bárbaro, quarto grande, a janela dava de frente para o campanário da Catedral e o café da manhã foi excelente.

Mesmo com tudo isso, devíamos ter ficado no Hostal de los Reyes Catolicos (custo diário de um pouco mais de 300 euros). Uma curiosidade deste hotel é que grande parte de seu edifício foi construído entre 1510 e 1511 e atualmente é um dos hotéis mais luxuosos de toda a Espanha. Não visitei as instalações, cozinha, quartos, fiquei apenas no *lobby*, que é grandioso e uma beleza. O Booking o classifica com localização 9,9 – 5 estrelas e nota geral 9,2 e fantástico. Era o dobro do valor do hotel em que fiquei, mas ainda assim teria valido a pena.

É um hotel de luxo pertencente à rede de paradores espanhóis. Na Idade Média, o Hostal de los Reyes Catolicos funcionava como hospital de peregrinos, depois foi usado como hospedagem dos reis católicos no final de suas peregrinações. Estes mandavam distribuir alimentos aos peregrinos e, para manter a tradição, o hotel oferece uma refeição ao peregrino que se apresentar às 8 horas, ao meio-dia ou às 18 horas na fila formada na entrada de serviços[105]. Confira antes de ir, algo pode ter mudado. Se tiver condições, não pense duas vezes, esse é o hotel para ficar em Santiago.

Bom, voltando ao nosso hotel, depois de conferir nossos pertences, aproveitamos que ainda estávamos sujos, limpamos as bicicletas, aliás, compramos no Caminho pano para limpá-las, fizemos uma limpeza geral, sem cuidados específicos, também compramos fita adesiva para selar as caixas. Não precisávamos desmontar as *bikes* e apesar de não haver multa estabelecida por entregar a bicicleta suja, foi uma delicadeza nossa limpá-las. Afinal, tudo deu tão certo e a Dorothy merecia voltar para casa dela quase limpinha.

Depois tomamos um banho e saímos para almoçar um menu do peregrino mesmo, pois reservamos o melhor jantar da viagem para a noite do dia seguinte. Por isso, acabamos jantando algo simples perto do hotel; estávamos cansados e o dia seguinte prometia.

O dia amanheceu e a ficha caiu. Era nosso último dia de viagem. No dia anterior o cansaço dos quase 800 km pesava mais sobre mim do que a conquista, creio que fiquei mais anestesiado do que emocionado.

Então, depois de uma noite bem dormida, acordamos e resolvemos nos entregar às emoções do fim do Caminho, pegar a nossa Compostela e assistir a missa. Esses são literalmente passeios obrigatórios para bicigrinos e peregrinos. Dedique um tempo ao local — Oficina del Peregrino — onde você pega os certificados (sim, são dois para quem quiser, como expliquei no capítulo 15), nele há uma bela construção arquitetônica, uma igrejinha e várias lembrancinhas, além do canudo para proteger os certificados na viagem de volta.

---

105   Leia mais em: https://www.elpelegrino.com.br/caminho/Frances/etapas/santiago_compostela.php .

Fomos cumprir o ritual dos certificados logo cedo e, antes de abrir a Oficina del Peregrino, já estávamos lá na espera com outros peregrinos e bicigrinos. Foi divertido, pois ouvimos várias histórias, saímos de lá e voltamos para o hotel para deixar nossos canudos. Ainda deu tempo de voltar e tomar o café do hotel, e então voltamos para a cidade, eram quase 10 horas da manhã, paramos num bar e tomamos uma taça de vinho. De lá vimos certo tumulto para entrar na Catedral, então nos apressamos para ir para até a igreja. A famosa missa do peregrino na Catedral de Compostela estava lotada. Ela começou ao meio-dia e nós a assistimos o tempo todo sentados no chão.

Lembre-se de que são mais de 500 pessoas na igreja, podendo chegar a mil.

A missa do peregrino na Catedral de Compostela com gente em todos os cantos

Em alguns instantes, eu olhava para os lados para observar aquele momento único: havia muita gente vestida de forma casual, com roupa de peregrino, gente de todas as nacionalidades, gente que havia acabado de chegar, que chegara no dia anterior e estava de banho tomado, mas o que importava é que todos estavam na mesma vibração.

Eu estava me sentindo gratificado por ter conquistado algo que eu planejara por mais de um ano. Agradeci a Deus e a minha família, rezei por todos e por tudo o que tinha dado certo até aquele ponto, afinal o que viesse a acontecer dali para a frente seria fácil de administrar. Até ali o incontrolável e o imprevisível poderiam ter sido piores. Dali em diante, tudo seria contornável.

A missa é celebrada na língua espanhola. Eles citam um a um o nome dos peregrinos que chegaram no dia anterior e mencionam seus respectivos países, com base nos dados que obtêm com a Oficina. Como pegamos nossa Compostela pela manhã nesse mesmo dia, o nosso nome foi lido no dia seguinte, quando já tínhamos deixado a cidade rumo ao Brasil.

Eu me comunguei com um padre brasileiro. E para fechar com chave de ouro ainda presenciamos o "espetáculo" com o *botafumeiro*, o maior do mundo. Ele pesa em torno 53 kg e mede 1,50 m de altura. A corda que o suspende, presa ao cimo do cruzeiro da Catedral, mede 65 m, tem 5 cm de diâmetro e pesa 90 kg. Ele é preenchido com cerca de 40 kg de carvão e incenso e é atado à corda. É elevado e movido ao longo da nave mediante um mecanismo de roldanas. Para tal, um grupo de oito homens, os chamados *tiraboleiros*, começa por empurrá-lo para colocá-lo em movimento e depois puxa um cabo preso à corda para ir mantendo a velocidade pendular, que pode chegar até a 68 km/h.[106]

Infelizmente, estão deixando de realizar a cerimônia com ele, por causa do alto custo, por isso é aceso somente nas missas do peregrino celebradas

---

106 Leia mais em: https://www.viajadaqui.com.br/2017/02/09/bate-volta-a-santiago-de-compostela/ .

aos domingos ou em Ano Santo Jacobeu ou em missas pré-ajustadas com a Catedral por causa da chegada de muitos peregrinos. Nós demos sorte. Eu não estava esperando por isso, nem sabia da existência dele, mas simplesmente adorei. Nunca vi nada parecido.

Saiba que o momento do *botafumeiro* é curto. Eles balançam aquele imenso incensário, e quando ele começa a atingir o topo da Catedral, já começam a parar! Deve durar menos de dois minutos.

Presenciar o botafumeiro na missa é uma rara oportunidade

Há quem diga que ele era usado como elemento purificador perante as multidões que se congregavam no interior do templo.

Outra explicação sobre a sua origem se deve à enorme chegada de peregrinos a Santiago de Compostela e ao interior da Catedral, que, portanto, ficaria com odores insuportáveis pela falta de higiene das pessoas que estavam durante semanas ou meses sem se banharem durante as peregrinações.

Por curiosidade, há também alguns relatos de acidentes como o do dia 25 de julho de 1499, com a presença no templo da rainha Catarina de Aragão, quando o *botafumeiro* saiu voando para estatelar-se contra a porta da praça de Praterías. Em 1622, rompeu-se a corda que o prendia e ele caiu no chão, e no século XX, fraturou as costelas e o nariz de um peregrino que se aproximou demasiadamente dele.

Depois da missa, há quem siga mais uma tradição, a de abraçar a imagem de Santiago e visitar a tumba onde descansam seus restos mortais. Eu acabei resolvendo não pegar mais esta fila.

> **Dica importante:** Não é permitido entrar na catedral com mochila. Então, se você quiser assistir à missa, terá de deixá-la num guarda-volumes ou com alguém do lado de fora. Isso está indicado na porta da igreja. As filas para as missas são sempre grandes, então, se você quiser garantir que vai assistir sentado, chegue cedo.

APROVEITANDO AS MARAVILHAS DA CIDADE DE SANTIAGO

Saímos para finalmente curtir a cidade e a nossa "vitória". Sentimos um clima de harmonia, as pessoas estavam em paz consigo mesmas, não percebi euforia nem gritaria, apenas tranquilidade.

Passeamos sem entrar em nada, pontos culturais e turísticos, com exceção da lojinha onde comprei alguns pequenos artefatos de ouro para a minha filha e para a minha esposa, além do meu pingente da Cruz de Santiago, que carrego comigo desde então. Aí, decidimos, meu primo e eu, nos separar, e fui fazer a minha barba, afinal eu teria um jantar especial de despedida pela frente e não podia chegar no Brasil tão barbudo como estava.

Eu nunca havia feito a barba fora de casa, numa barbearia com direito a toalha quente e tratamento *vip*. Gostei de ser bem cuidado.

Há muita coisa interessante para fazer e conhecer. Além da Praça do Obradoiro, nos arredores, você encontra os grandiosos edifícios da Catedral, dos Reis Católicos, que mencionei mais acima, e da prefeitura.

Os outros cantos do centro histórico, que é considerado parte do Patrimônio Mundial da Humanidade da Unesco, são compostos de ruelas pequenas com lojinhas, restaurantes e bombonieres. Creio que também há pessoas que moram nos predinhos baixos. E das ruelas, de repente, você sai num larguinho, encontra uma fonte e então uma área vasta.

Em toda a região do centro histórico não entram carros, bicicletas apenas empurradas, nem cavalos — trata-se de uma vasta região preservada. Para entrar lá, existem várias "portas" de acesso ao centro histórico feitas de pedra, que são os portais de entrada da antiga cidade medieval murada.

Tudo ali é feito 100% a pé. Perambulando por lá, vimos inúmeras placas cimentadas no chão de paralelepípedos com mensagens sobre o Caminho.

Santiago é como Pamplona: o centro é bem separado e cuidado, porém, é muitas vezes maior. Já em Burgos e León, os centros históricos se misturam com as ruas do entorno e têm movimento de carros bem próximo.

Para mim, Santiago é uma cidade totalmente visual com muito para admirar e explorar. Cheia de vida e de jovens por ser também uma cidade universitária. Ao redor do centro histórico, corre a avenida principal — De Lugo — que leva a outras partes da cidade.

Existe também uma parte moderna da cidade, mas que eu não conheci, pois fiquei uma tarde (a da minha chegada) e o dia seguinte somente no centro histórico. Se eu tivesse ficado mais, poderia ter explorado a cidade no todo.

Confesso que estava cansado, com vontade de voltar para casa e não tinha mais dias livres de férias. Sugiro, porém, que você pense em ficar três dias ao se programar, pois o ideal é fazer um término de Caminho com calma, em paz para curtir cada cantinho dessa cidade encantadora.

Ao escrever este capítulo, percebi que hoje eu teria ficado mais um dia para sorver melhor a minha conquista.

> **Chegada ao Fim do Mundo:** Ah, ainda há a possibilidade de você esticar até Finisterra, que já não faz parte do Caminho, mas que tem muita magia envolvida. Afinal é o "Fim do Mundo", o extremo mais ocidental da terra cristã.

Fica a 30 km de Santiago, à beira do mar. Não me organizei para ir lá. Ouvi dizer que é lindo, mas depende do clima: se pegar tempo frio e chuvoso, não é a mesma "viagem". Se estiver cansado e não fizer questão de mais um certificado, a Finisterrana, pode ir de ônibus ou táxi. Se for de bicicleta, levará duas horas. Para obter o certificado, você precisa ir até lá caminhando, o que dá em torno de seis horas de caminhada. Há também famosos rituais lá: o mais conhecido é o do Farol de Finisterra, em que se queima algum pertence ou roupa utilizado na peregrinação, mas hoje não se recomenda muito por causa da estiagem e do risco de queimada. O melhor mesmo é curtir o pôr do sol de lá.

A cidade de Santiago é totalmente voltada para o turismo, com arquitetura romana dos anos 800, construída em volta da sepultura do apóstolo, oferece uma gastronomia rica em variedade, da *paella* à *pizza*. Por estar perto do mar, há muito marisco na região. Eu nunca comi tanta torta de Santiago na minha vida: comemos uma inteira lá e ainda cada um de nós trouxe a sua para casa.

Deguste também os vinhos da região: Albariño e Ribeira, além dos deliciosos pratos de frutos do mar:

→ *Surtido de mariscos;*

→ *Polvo a feira* (grelhado);

→ Vieiras maravilhosas.

Se tiver tempo, entre nos locais de visitação. O meu tempo lá foi exíguo, por isso, entrei somente na Catedral. Tome nota:

→ Palácio de Raxoi;

→ Colégio de San Xerome;

→ Colégio de Fonseca;

→ Palácio de Xelmirez;

→ Museu da Catedral;

→ Convento de São Francisco (século XVIII);

→ Convento e Igreja de San Domingos de Bonaval;

→ Convento de San Agustin;

→ Igreja de Santa Maria del Caminho;

→ Igreja de Santa Maria Salomé;

→ Arco de Mazarelos;

→ Fonte de Santiago;

→ Igreja de San Frutoso.

Santiago também permite um passeio agradável durante a noite, é maravilhoso andar por lá. As cadeiras dos bares posicionadas na rua para simplesmente chegarmos, sentarmos e pedirmos umas tapas. Eu levaria a minha esposa com certeza e também a levaria a Burgos, León e Pamplona – dois a três dias em cada lugar.

E por falar em noite, escolhemos para o jantar o restaurante Casa Orixe, o mais caro da viagem inteira. Todo o dinheiro que não gastei até então, me dei o direito de gastar nesse jantar. O restaurante é galego com cozinha aparente (escolhemos pelo Trip Advisor) pequeno e realmente especial — fomos tratados de forma diferenciada. Queríamos comer maravilhosamente bem e conseguimos: de entrada, pedimos bolinho de bacalhau, escalopes, polvo; de prato principal, lombo de porco, vitela assada; e de sobremesa, torta de Santiago. Tudo isso com três garrafas de vinho para acompanhar: uma de Albariño e dois tintos de la Rioja.

Ao lado da nossa mesa, estavam doze franceses peregrinos e acabamos interagindo com eles. Nossa última noite foi perfeita.

Importante: se você não reservou passagem de avião de Santiago para Madri, porque achou caro ou pensou em fazer um excelente passeio de trem, saiba que existem poucos horários disponíveis e nem é tão imperdível assim. Se você tiver de ir de ônibus vai levar cerca de oito horas, e a viagem é bem ruim, conforme me contaram amigos. Cuidado para não perder o voo de volta. Além do que as estações de trem e ônibus ficam na periferia, distantes do aeroporto. Outra opção é voltar por Lisboa, que fica ainda mais perto de Compostela.

Para finalizar este capítulo apenas uma mensagem: o Caminho de Compostela é uma viagem que não termina nunca, ela passa a fazer parte de sua vida e de seu imaginário para sempre. E agora prepare seu coração, pois na Conclusão falo quanto essa experiência impactou a minha vida na volta para casa e para a minha rotina, onde somos novamente testados em nossa perseverança e sobre o que fomos buscar no Caminho.

TENHO CERTEZA DE QUE AQUELES QUE FAZEM O CAMINHO TÊM MUITAS CHANCES DE ENCONTRAR O QUE ESPERAM, NÃO FALTAM OPORTUNIDADES. SE A PESSOA DESEJA UMA BOA DOSE DE AVENTURA, ENCONTRAR LUGARES BONITOS, BONS VINHOS, BOA COMIDA, LUGAR PARA REZAR E MEDITAR, ENCONTRARÁ TUDO ISSO. O CAMINHO ACEITA TUDO E TODOS QUE ESTEJAM NESSA VIBRAÇÃO. AGORA, SE BUSCA CONFUSÃO E AGITO, NÃO VAI CONSEGUIR. ALI É LUGAR DE PAZ E NÃO DE TUMULTO. É CLARO QUE O CAMINHO SÓ ALCANÇA QUEM ESTÁ ABERTO, NÃO VEM POR MÁGICA, AS RESPOSTAS CHEGAM PARA QUEM QUER OUVI-LAS. NEM TODO MUNDO VAI MUDAR, MAS QUEM ESTÁ PRONTO E RECEPTIVO PODE RECEBER ESSAS BÊNÇÃOS.

Para terminar...

UMA VIAGEM QUE NÃO ACABA NUNCA!

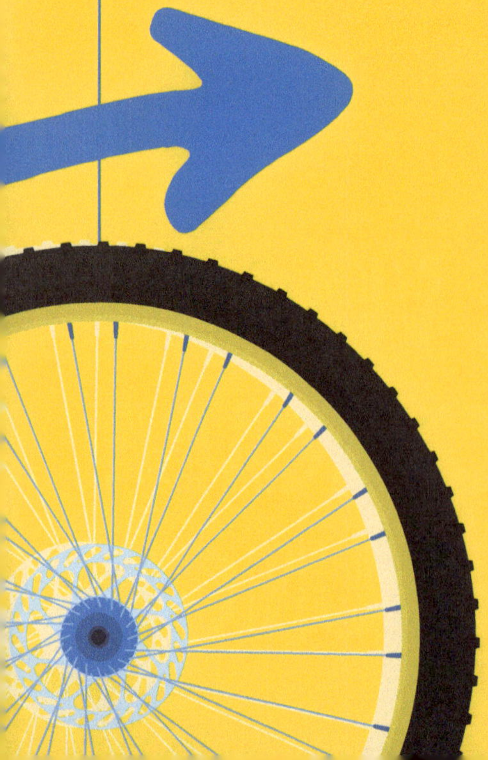

Enquanto escrevo estas páginas, penso que mais de quatro anos já se passaram desde que voltei do Caminho, e é incrível, pois ele continua muito presente em mim. Ainda hoje, com frequência, eu me pego relembrando os momentos que vivi lá. O Caminho de Santiago deixa uma marca profunda na gente.

Nos dias, semanas e meses seguintes ao meu retorno ao Brasil, fui contando as histórias aos poucos para minha esposa, meus filhos e minha irmã, detalhe por detalhe do que presenciei no Caminho. Fiz o mesmo ao encontrar meus amigos. A gente acaba falando muito sobre o Caminho e por muito tempo, mas cuidado — você não pode virar um chato que só fala disso.

Parece quase uma missão evangelizadora. Quem faz o Caminho quer convencer os mais próximos a desfrutarem desse grande bem-estar.

Eu sempre contava dos carimbos, que são inusitados e únicos, pensados para o Caminho. Depois de um tempo a prática de carimbar acabou influenciando outras peregrinações pelo Brasil e pelo mundo, que a adotaram. Por vários meses, os meus passaportes (2) do Caminho ficaram sempre comigo, aonde quer que eu fosse, eu queria mostrá-los para todo mundo. Apontar cada carimbo e relembrar cada cidade e comentar as que mais me encantaram.

Guardei na minha mochila de trabalho por muitos meses, não os emoldurei porque eles têm frente e verso. Em casa, deixei-os expostos por um tempo. Hoje repousam numa pasta de lembranças na minha estante de livros. Vou guardar para mostrar aos meus netos.

RETROSPECTIVA

Olho para trás e vejo que o tudo me levou e me levará novamente ao Caminho:

→ 2017 – fiz curso de meditação transcendental;

→ 2018 – de bicicleta fiz o Caminho completo aqui relatado;

→ 2019 – passei parte do ano com limitações de movimento por causa do meu quadril direito, acabei operando-o e no segundo semestre tive o *insight* de escrever este livro e comecei a me organizar para isso;

→ 2020 – comecei a fazer terapia e depois conheci o Eduardo Villela, *book advisor*, que me acompanhou ao longo de todo o processo de construção do livro, e juntos começamos a desenhar o projeto;

→ 2021 – eu me dediquei a escrever, escrever, escrever e fiz a cirurgia do quadril esquerdo em agosto;

→ Até 2022/2024 – se me recuperar bem do quadril, pretendo refazer o Caminho de forma mista, uma parte a pé e outra de *bike*. Silvia Prevideli, peregrina que já fez esse Caminho, uma das pessoas da equipe de Eduardo que me assessorou na construção deste livro, disse: "promessa feita deve ser cumprida. Veja lá, quero ver…", risos.

Agora, tenho ainda um conjunto de reflexões que quero dividir com você:

→ Resolvi o que eu buscava?

→ No que mudei?

→ O que as pessoas acharam de mim depois disso?

→ Hoje ainda mantenho o que conquistei no Caminho?

O Caminho curou a dor que eu estava sentindo, que no meu caso era raiva, mágoa e desencanto com coisas relacionadas ao meu trabalho. Sentimentos ruins e negativos em relação a pessoas. Fiquei muito desapontado, mas consegui voltar do Caminho com o filtro da indiferença acionado, não fiquei mais tão abalado.

Comentei esse "incômodo psicológico" no começo do livro, você deve-se lembrar. Não alardeei isso entre conhecidos, só a minha família sabia dele. Hoje, graças à superação, sinto-me confortável para mencionar, sem precisar detalhar. O que importa aqui é que, além de superar este problema, eu ainda mudei e considero que para melhor. Tive muitos ganhos no Caminho.

Todos à minha volta me acharam mais tranquilo, mais equilibrado, principalmente em casa. Tenho um nível de energia muito alto e nunca pensei em controlá-lo, sempre busquei canalizar toda essa energia da melhor forma possível. Infelizmente, porém, eu atropelava algumas coisas. Depois do Caminho, passei cada vez mais a controlar alguns ímpetos. Na minha primeira avaliação na empresa depois da viagem, tive um *feedback* positivo a esse respeito. Ouvi a seguinte frase do meu líder: "É incrível como você está mais calmo.".

Retornei mais introspectivo, mais reflexivo. O Caminho para mim foi uma excelente terapia: tive muitos momentos de reflexão, meditação, calmaria e celebração da vida. Ah, e é claro, também voltei 9 kg mais magro e já recuperei e perdi uma parte algumas vezes (a velha sanfona dos mais velhos, e olha que busco me cuidar).

O Caminho permite repensar, a si mesmo, autoanalisar-se. Você passa muitos dias sozinho, é impossível não repassar boa parte do filme da sua vida e refletir sobre o que deseja para o futuro. Como eu já comentei, eu precisava de uma viagem que me tirasse do dia a dia e me levasse para dentro de mim mesmo. Eu havia pensado num safari fotográfico, mas achei que seria uma viagem contemplativa e não meditativa. Escolhi o Caminho e não me arrependo.

Eu sempre acreditei que nada melhor entre um dia e outro do que uma noite de descanso; entre uma semana e outra do que um fim de semana para avaliar, pensar e respirar para tomar melhores decisões. Apesar de defender isso, não foram em todas as ocasiões que eu coloquei essa ideia em prática. Desde que voltei do Caminho, sigo-a à risca. Fiquei menos impulsivo, mas não perdi a capacidade de decisão.

Até o fato de resolver fazer terapia pela primeira vez na vida foi algo que o Caminho me trouxe. Eu me abri para essa oportunidade.

Digo com certeza que me apaixonei pelo Caminho, e o amor deixa seus rastros. Para mim, tudo foi absolutamente inesquecível, por isso, se eu puder, vou voltar. Curiosamente conheci lá vários peregrinos e bicigrinos que estavam fazendo a viagem pela segunda, terceira e até quarta vez.

Não conheço ninguém que não queira voltar, mesmo os que passaram perrengue ou sofreram muito. O Caminho deixa em nosso coração uma marca profunda de que jamais nos esquecemos.

Tenho certeza de que aqueles que fazem o Caminho têm muitas chances de encontrar o que esperam, não faltam oportunidades. Se a pessoa deseja uma boa dose de aventura, encontrar lugares bonitos, bons vinhos, boa comida, lugar para rezar e meditar, encontrará tudo isso. O Caminho aceita tudo e todos que estejam nessa vibração. Agora, se busca confusão e agito, não vai conseguir. Ali é lugar de paz e não de tumulto. É claro que o

Caminho só alcança quem está aberto, não vem por mágica, as respostas chegam para quem quer ouvi-las. Nem todo mundo vai mudar, mas quem está pronto e receptivo pode receber essas bênçãos.

O LIVRO

Você deve estar se perguntando agora: e o livro? Quando essa vontade começou? Bem, não foi a partir da viagem. Eu sempre quis, desde pequeno, cumprir a máxima: tenha um filho, plante uma árvore e escreva um livro.

Eu já havia alcançado as duas primeiras graças. Tenho dois filhos maravilhosos, plantei uma árvore no parque Lage quando pequeno (não me lembro o que plantei, mas foi numa visita durante aulas do Colégio Andrews). Assim, me faltava o livro. Até passar pela primeira cirurgia do quadril, eu não havia pensado no livro, mas durante o período de recuperação, veio o estalo daquela vontade de criança. Usei o tempo livre para organizar o material e os pensamentos.

Eu tinha tudo para isso: antes de ir, fiz um planejamento detalhado de cada trecho da viagem; durante a viagem, fiz anotações todas as noites sobre as minhas descobertas, reflexões e experiências, além de ter fotografado cada momento (e tenho tudo digital, revelado e guardado em quatro álbuns — são mais de mil fotos, algumas delas vocês viram aqui no livro); e na volta, coloquei no papel também minhas constatações e aprendizados.

Ao remexer nos "guardados" para o livro, revivi cada passo, cada detalhe, cada imagem, cada momento. No meu caso, são três cadernos lotados de ponta a ponta. Por isso, recomendo que eternize sua experiência: se você não escrever seu livro, faça um belo álbum, emoldure algumas lembranças, registre suas passagens durante a viagem, revele, se possível, todas as suas fotos, faça um vídeo com elas. Com certeza, será um registro inspirador.

Depois de um tempo organizando todos os meus registros, fotos e detalhes da viagem para poder iniciar a elaboração do livro, percebi que eu precisava de uma assessoria especializada — de um *book advisor* — para me acompanhar na escrita do livro. Foi numa conversa que meu amigo Wanderlei Passarella me falou de Eduardo, aí o sonho começou a virar realidade, e você está aqui agora com este livro nas mãos, dividindo essa emoção comigo. Com apoio profissional, eu fiz meu livro, com minhas ideias, lembranças e mensagens. E durante cada etapa da construção do projeto, revivi intensamente tudo o que presenciei e aprendi com o Caminho.

Com este livro, deixo aqui um pequeno legado para aqueles que acham impossível fazer o Caminho de bicicleta. Que este meu sonho realizado de completar o Caminho Francês de bicicleta sirva de inspiração para cada um que queira fazer essa aventura maravilhosa.

Hoje já não estou tão calmo, mas continuo meditativo, reflexivo, muito do que eu trouxe ficou comigo, na minha alma e no meu coração. E o hábito de andar de bicicleta e me manter condicionado para uma próxima "bicigrinação" ou, quem sabe, peregrinação continua firme: pedalo regularmente com meu primo. Andar de *bike* é para sempre e, antes de ir para o Caminho, eu treinava sem celular. Hoje ele está ao alcance da mão, não saio sem ele, pois continuo registrando tudo pelos meus caminhos.

MEU BALANÇO FINAL

Se valeu a pena?

Foi recompensador. Voltei no lucro de Santiago de Compostela. Eu já viajei pelo mundo inteiro e nunca vivi nada parecido. Hoje existem outros caminhos e peregrinações pelo Brasil e pelo mundo, com certeza eles têm propósitos semelhantes, mas o Caminho de Santiago é especial, exclusivo por tudo o que contei aqui.

O Caminho é um presente que você dá a si mesmo. Não tem como depois de andar tanto, seja a pé, seja de *bike*, não entrar em uma frequência diferente de reflexão, não se autoperceber e não desenvolver uma conexão íntima consigo mesmo.

Tudo superou minhas expectativas. E não digo isso por tudo que deu certo devido ao planejamento detalhado que fiz. O que me surpreendeu foi o lado emocional, ter me sentido acolhido e ter ficado nos lugares onde fiquei, ter alcançado a paz que eu esperava, e ainda com bônus. Ficou o gostinho de quero mais, principalmente por ter sido um bicigrino, e querer agora ser peregrino e conhecer as cidades por onde não passei. Mesmo que eu tenha qualquer decepção com elas, quero voltar. Mais do que querer mais é querer de novo!

Contudo, sempre considero que não farei peregrinações todos os anos, pois só tenho trinta dias de férias, e minha esposa também. E não abro mão de viajar com ela. Afinal, o meu Caminho só se deu porque a minha parceira de vida foi minha cúmplice, mesmo que a distância, e meus filhos foram meus incentivadores, sem eles não teria conseguido me preparar para realizar esse sonho.

Para você, querido(a) leitor(a), obrigado por investir tempo lendo este livro. Espero que você esteja completamente convencido de que é muito viável "bicigrinar" pelo Caminho de Santiago e embarque nessa aventura tão especial.

Desejo de coração que você alcance tantos benefícios quanto eu obtive.

Buen Camino!